Alexander von Prónay

Astrologie –
SPIEGEL DES LEBENS

INHALTSVERZEICHNIS

———————
═══════
———————

VORWORT

Seit homo sapiens die Erde bevölkert, hat er zum Himmel aufgeschaut. Was er dort bei Tag und in der Nacht sah, muß ihn berührt haben. Gewiß hat er versucht, das himmlische Geschehen zu verstehen und zu deuten, eine frühe Form der Astrologie. Das in grauer Vorzeit Wurzelnde hat sich im Laufe vieler zehntausend Jahre ausgezweigt und hat viele Lebensbereiche durchdrungen. Wer heute Astrologie nur nach Zeitungshoroskopen beurteilt, weiß nichts von ihrem hohen kulturellen Wert, von der geistigen Tiefe, die sich dem Kundigen erschließt.

Weil es nicht möglich ist, den ungeheuren Schatz an Wissen, Erkenntnissen und Erfahrungen komplex zu erfassen, wird jeder derartige Versuch Stückwerk bleiben. Da ist eine Anthologie zweckmäßiger. Gleich einem Mosaik besteht sie aus sehr unterschiedlichen Bausteinen. Manche faszinieren durch ihren Glanz, andere sind eher unscheinbar, doch wird die fortschreitende Lektüre nach und nach hinter dem Puzzle einen Zusammenhang erkennen lassen. Vieles ist berücksichtigt, Vergangenheit, Gegenwart und Künftiges, Geschichte, Kultur, Kunst, ebenso auch Zwischenmenschliches.

An diesem astrologischen Bilderbogen wird in erster Linie der interessierte astrologische Laie Gefallen finden, doch dürfte auch der Praktiker der Sterndeutung manche Anregungen und manches Bedenkenswerte darin finden.

Diese Anthologie könnte man auch »Lesebuch« nennen. Früher waren Lesebücher die erste geistige Nahrung der Jugend und all derer, die sich um Bildung bemühten. In Lesebüchern hat man immer wieder nachgeschlagen, Neues erfahren, Interessantes vertieft. So haben sich neue Perspektiven erschlossen. Leser meiner Bücher, meines »Urania-

Magazin« und nicht zuletzt des »Lorcher astrologischer Kalender« bzw. »Prónay, mein astrologisches Jahrbuch« werden auf Gedanken stoßen, die so oder in ähnlicher Form dort im Laufe der Jahre einmal abgehandelt wurden. Für viele Leser, die sich bisher nicht mit Astrologie befaßt haben, dürften einige Beiträge fachliche Fragen aufwerfen. Deshalb wird auf das Wesentliche, was man vom Horoskop und der astrologischen Praxis wissen sollte, in kurzer Form eingegangen. Damit erhält dieses Buch auch den Charakter eines Nachschlagewerkes.

Wenn die Lektüre Appetit macht, mehr über Astrologie zu erfahren, sie vielleicht sogar zum eigenen Hobby zu machen, wäre der Sinn meiner Arbeit erfüllt.

Meinem Sohn Andreas danke ich als meinem Freund und Mitarbeiter seit 25 Jahren für seinen Rat wie für seine Kritik. Seine Hilfe war mir unentbehrlich.

Alexander von Prónay

Was unsere fernen Ahnen
im himmlischen Bilderbuch lasen

———————
———————

Wer Astrologie in der Tiefe ihres Wesens begreifen will, muß sich mühen, zu ihren Wurzeln vorzustoßen. Diese ganz freizulegen, wird kaum gelingen; sie reichen zu weit in die dunklen Epochen der Menschheitsgeschichte. Einschlägige Lexika informieren den Leser, daß Astrologie eine große und lange Zeit verkannte geistesgeschichtliche Bedeutung habe. Vielfach wird freilich in abwertenden Äußerungen herausgestellt, daß es sich bei der Astrologie um den Versuch handelt, Wesen und Schicksal der Menschen aus Gestirnstellungen zu deuten, was sich auf die Vermutung einer erfahrbar geregelten Beziehung zwischen Gestirnwelt und irdischen Vorgängen, insbesondere der menschlichen Existenz gründe. »Die Überzeugung eines solchen Zusammenhanges ist eine vorwissenschaftliche Annahme mit stark mythisch-symbolischer Form der Deutungselemente« (Brockhaus Enzyklopädie, 1966). Dies klingt zwar wertfrei und zeigt, daß die Verfasser sich um Objektivität bemühen. Aber mit der Feststellung, daß es sich um ein »vorwissenschaftliche Annahme« handle, wird Astrologie in einer Epoche, die nur gelten läßt, was »wissenschaftlich« ist, dennoch abqualifiziert. Genau besehen war dies auch der Todesstoß, in dem die Nachfahren Galileis der Astrologie den Garaus zu machen versuchten. Sie warfen ihr, die in der Frühzeit Religion und Wissenschaft zugleich war, ihre mythologischen Voraussetzungen als Grundirrtum vor. Ein solcher ist aber bis in die Neuzeit hinein nicht aufgedeckt worden, was vermutlich daran liegt, daß in der Vergangenheit die mythologische Denkweise allgemein verbreitet war. Auch die zahlrei-

9

chen Kritiker der Astrologie blieben einst in dieser Denkkategorie befangen. Das konnte gar nicht anders sein, wie denn auch heute jeder wissenschaftliche Meinungsstreit auf dem Boden der gültigen Weltvorstellung ausgetragen wird, wodurch in der Gegenwart eben »Grenzwissenschaften« nicht objektiv beurteilt werden können. Von der Vorzeit an, in der Antike, vom Mittelalter bis in die Renaissance hinein, war dagegen jene »vorwissenschaftliche« Weltansicht allgemein gültig. Sie wird als das magische Weltbild bezeichnet. Man sollte treffender von einer »Weltanschauung« sprechen, wäre dieser Begriff durch den Nazismus nicht in Mißkredit geraten.

Er ist aber doch gerechtfertigt, wenn man danach die Welt aus einem einzigen Sinn interpretiert, der alles trägt, wie es beim Materialismus aus der »ratio« geschieht. Dazu äußert Will-Erich Peukert: »Und welche Grundbegriffe sind das Tragende einer astrologischen Weltanschauung? Ich meine, es ist zuerst ein Wissen um die kosmische Eingebundenheit. Wir leben auf einem der mehreren Planeten, die um unsere Sonne kreisen, und diese Sonne ist einer der ungezählten Fixsterne, die der Milchstraße angehören, und jenseits dieser wirbeln andere Milchstraßen, andere Sternnebel und -zyklone. Und alle sind einer und der nämlichen Ordnung unterstellt, sind einem nämlichen Werden und Vergehen und nämlichen Geschicken unterworfen. Und alle ›draußen, im Kosmos sich vollziehenden und ablaufenden Geschehen vollziehen sich drinnen‹, im begrenzten und uns näheren Raum der Erde. Und sie vollziehen sich endlich auch im Menschen, so daß richtig ist zu sagen, das ganze Sein sei nämlichen und stets gültigen Ordnungen unterworfen. Wir wachsen damit auf eine neue Makro-Mikrokosmoslehre zu.«[1] Eine solche Lehre aber führt in astrologische Bezirke.

Das Verlangen, die Natur zu erkennen, um sie zu beherrschen, ist wohl seit jeher das Bestreben des Menschen. Heute kommt dabei der Technik, die auf einer rationalistischen, mathematischen, mechanistischen Basis ruht, die Hauptrolle zu. Bis zur Renaissance ging man nicht den Weg der modernen exakten Wissenschaften, durch Experimente, Beobachtungen und Messungen Gesetzmäßigkeiten zu erkennen und diese dann zur Grundlage z.B. technischer Überlegungen zu machen. Vielmehr wurden die »ins Auge fallenden« Sachverhalte als gegeben hingenommen. Man suchte sie zu deuten und zu erklären, ging also ableitend, d.h. deduktiv vor. Es galt, offensichtlich vorhandene Gesetzmäßigkeiten zu untermauern. Dabei spielte die Naturphilosophie die Rolle einer Vorgängerin der heutigen Naturwissenschaften. Ihr Erkenntnisideal wurzelte in einer besonderen anthropologischen Haltung: Der Mensch sieht sich als eine Welt im Kleinen, als »Mikrokosmos«. Er wird als Organismus aufgefaßt und entspricht, gleich einem Abbild, dem Makrokosmos, der großen Welt, die ihrerseits ebenfalls als Organismus gilt. Weil nun der Mensch offensichtlich die Elemente und Strukturen der »großen Welt« in sich trägt, vermag er diese an sich zu begreifen. Aus der Möglichkeit, den Sinn und die Wirkungsweise der Phänomene zu erkennen, folgt die Möglichkeit, auf sie auch einzuwirken, z.B. durch besondere Rituale oder Verhaltensweisen. Das aber ist »Magie« im eigentlichen Sinne. Sie wird möglich für jene, deren Weltanschauung das magische Weltbild ist.

Die astrologische Auffassung »Wie oben, so unten« beruht auf dieser Art von Weltverständnis, bzw. nahm von hier ihren Ausgang. Die so gewonnenen Erkenntnisse werden in der Gegenwart dagegen durch andere Fakten gestützt, z.B. wissen wir heute, daß jenes Oben und Unten auch in direkter Verbindung steht, daß es, um nur ein Beispiel zu nennen, kosmisch-biologische Zusammenhänge gibt, die über ein Parallelverhältnis hinausgehen. Der Aufriß eines Horoskops wurde zum versachlichten Meßbild, gewissermaßen zu einem Wirkungsschema kosmischer Kräfte. In der Vorzeit und in der Antike beließ man es nicht beim Abbilden der kosmischen Zusammenhänge, sondern nahm, als logische Konsequenz, auch eine magische Haltung ein, die dann zu Sternzauber, Sternbeschwörungen und ähnlichen magischen Praktiken führte. Ihr Ziel war ohne Zweifel, den Menschen

11

in Übereinstimmung mit dem kosmischen Spannungsverhältnis zu setzen. Das geschieht heute nicht viel anders, nur versuchen wir bewußt, uns auf die Konstellationen einzustellen, uns den kosmischen Rhythmen anzupassen. Dies aber geschieht eben mit Hilfe der Ratio, der Vernunft. Der magisch verfaßte Mensch von einst übte seine Erkenntnisfunktion vor allem mit dem Auge aus, »der ersten Pforte, durch welche der Geist erkennt und genießt«. Das Ausüben magischer Macht erfolgt in dem weitesten Bereich dessen, was überhaupt vorstellbar ist, kennt also keine Grenze zwischen Wirklichem und Fiktivem. Die Ergebnisse parapsychologischer Forschung lassen uns heute ahnen, daß wir diese Grenze »exakt wissenschaftlich«, d.h. zu vordergründig gezogen haben. Wir bezweifeln insgeheim Hellsehen, Präkognition, Psychokinese oder andere, zur Zeit noch nicht restlos aufgehellte Phänomene, weil uns diese »Einheit der Vision« (Cassirer)[2] abgeht und wir zu sehr auf das rationalistische naturwissenschaftliche Weltbild eingeschworen sind, das als nicht existent erklärt, was nicht nach dem üblichen Denkschema zu begreifen ist. Uns geht die »exakt sinnliche Phantasie« ab, nach Goethe durchaus ein Werkzeug, um damit die Welt zu verstehen. Nach v. Renthe-Fink[3] wird später als Ordnung in Form eines mathematisch-abstrakten Schemas nachgewiesen, was im magischen Weltbild primär gestaltet und geformt ist. Goethe meint, daß das Schöne eine Manifestation geheimer Naturgesetze sei, die ohne dessen Erscheinung ewig verborgen bliebe.

Um die heutige Astrologie richtig einzuschätzen, müssen wir zu verstehen suchen, was sie einmal war. Als Kinder des zwanzigsten Jahrhunderts sehen wir die Geschichte durch die Brille unserer Zeit und haben Mühe, uns auf ein anderes Weltbild einzustellen, dessen Annahme aus Überzeugung es allein gestatten könnte, nachzuvollziehen, was Astrologie den Menschen damals bedeutet hat. Damals, das heißt vor vielleicht zehntausenden von Jahren oder auch zur Antike, die uns vertrauter erscheint. Ganz sicher unterliegen wir auch hierbei einem Irrtum.

Wir brauchen uns nur umzuschauen, wie schwer es der heutigen Jugend etwa fällt, die Handlungsweisen von Eltern oder Großeltern vor nur einigen Jahrzehnten zu begreifen und einen wirklichen Zugang zu deren Leben zu bekommen. Wenn aber jetzt schon Generationskonflikte aus Unkenntnis entstehen können – denn am guten Willen sollte es nicht liegen – wieviel schwerer muß es doch sein, nachzuempfinden, was z.B. »Leben« für einen Steinzeitmenschen oder einen Griechen oder Römer einst wirklich bedeutete. Ganz sicher haben sich die frühen Menschen, die als Jäger und Sammler ihr Leben fristeten, die viel später dann zu Hirten, Züchtern oder Ackerbauern wurden, naturgegeben auf ihren Instinkt verlassen können. Aber bereits in der Antike werden die Menschen ihr Dasein mit der Vernunft zu regeln versucht haben, was, wie die Geschichte lehrt, keineswegs immer zu befriedigenden »Ergebnissen« geführt hat. Was aus den längst zurückliegenden Perioden auf uns gekommen ist, sind kärgliche Reste. Selbst die babylonischen Ruinen oder die reichhaltigen altägyptischen Schatzkammern vermögen uns nicht umfassend über das Leben »damals« zu informieren. Unser Wissen ist auf Bruchstücke begrenzt, manches archäologische Fundgut erscheint uns rätselhaft, mag es sich wie bei den Pyramiden auch um äußerlich gewaltige Relikte handeln. In unseren Breiten regt Stonehenge zu Betrachtungen an.[4]

Angeblich lebten vor viertausend Jahren in England Steinzeitmenschen, die auf einer niedrigeren Zivilisationsstufe gestanden haben sollen als Babylonier oder Ägypter. Wie (und warum) aber brachten diese »Primitiven« es fertig, Steinpfeiler von 40 oder mehr Tonnen, die so hoch wie ein Einfamilienhaus aufragen, 400 Kilometer weit, nämlich von den Prescelly Hills in Wales zum heutigen Standort zu transportieren? Um einen von meterhohen, mit insgesamt dreißig gewaltigen Deckenplatten verbundenen hufeisenförmigen Ring läuft ein Graben mit 56 tiefen Löchern, nach dem Entdecker John Aubrey (1627-1697) Aubrey-Kreis genannt. Die gesamte Anlage hat einen Durchmesser von 115 Metern.

Nach Ansicht von Prof. Hawkins haben wir es mit einem steinzeitlichen Computer zu tun. Mit Hilfe von vier beweglichen Markierungssteinen, die in die Löcher gesteckt werden konnten, wurden Sonnen- und Mondfinsternisse exakt vorausberechnet. Die Anlage war zudem ein immerwährender Kalender und lieferte Angaben über die Sonnenwendtage. Von den ägyptischen Pyramiden ist bekannt, daß die ins Innere der monumentalen Grabstätten führenden Gänge wie eine Art Fernrohr ohne Linsen astronomische Beobachtungen erlaubten. Ähnliche »Instrumente« hatten zuvor wohl auch die Sumerer konstruiert, deren Astronomen vor über viertausend Jahren die Bahnen von Venus, Mars und Jupiter kontrollierten; sogar die Positionsänderungen der vier Jupitermonde, die mit freiem Auge gar nicht zu sehen sind, wurden aufgezeichnet. Auf ihren Keilschrifttafeln berechneten sie die Mondumlaufbahn auf 0,4 Sekunden genau. Sie stellten Berechnungen an, deren Zahlenwert 195 955 200 000 000 erreicht.

Schon diese wenigen Beispiele lassen staunen und weisen auf Leistungen, die den gegenwärtigen ebenbürtig sind. Es erhebt sich die Frage, in welchem Maße wir denn die Überlegeneren sind – wenn überhaupt. Über den Mondflug oder vergleichbare technische Großtaten läßt sich nicht streiten. Es ist der Stolz unserer Wissenschaften, das Wissen laufend zu vermehren. Dies geschieht zunehmend und in einem solchen Tempo in Richtung auf eine Spezialisierung, daß zum Beispiel in der Biologie, der Physik oder der Chemie ein Einzelner die Stoffülle gar nicht mehr erfassen und auswerten kann. Damit schwindet allerdings auch zunehmend die Hoffnung, Lebenszusammenhänge im großen und ganzen zu begreifen.

Dieses Mißverhältnis weckt das Interesse an einer ganzheitlichen Betrachtung. So lehrt gerade die moderne Medizin, in welchem Maße Krankheiten psychosomatisch bedingt sein können. Vergegenwärtigen wir uns die Fülle an Zivilisationsschäden, kommt vermutlich jeder zu der Überzeugung, daß wir gegenüber den Alten degeneriert sind. Vielleicht sollten wir nicht so sehr von »Entwicklung« sprechen, was Fortschritt postuliert. Denn wer von Entwicklung redet, unterstellt, daß die jüngste und höchste Entwicklungsstufe auch die wertvollste sei und somit eine höhere Qualität als die vorangegangenen haben müsse. Es wäre allerdings recht überheblich, wenn wir das Minus im Körperlichen durch zivilisatorischen »Fortschritt« ausgeglichen wähnen wollten. Angesichts selbstverschuldeter, gegen die Erhaltung der eigenen Art gerichteter politisch-wirtschaftlich-militärischer Katastrophen in diesem Jahrhundert, denen schon sehr bald neue, durch Umweltfrevel ausgelöste, folgen könnten, klänge ein Hinweis auf eventuell besser entwickelte geistige Fähigkeiten oder gar eine höhere Ethik recht seltsam. Vielmehr sollten wir in aller Bescheidenheit annehmen, daß die gern als primitiv bezeichneten Vorfahren uns gleichwertig, wenn nicht auf einzelnen Gebieten sogar überlegen gewesen waren. Es ist demnach nicht berechtigt, magisches Denken, die Grundlage aller vergangenen Hochkulturen, als minderwertig abzutun. Es als »vor-wissenschaftlich« zu definieren, kann höchstens zeitlich verstanden werden, ist aber keinesfalls qualitativ aufzufassen. Rationales und magisches Denken sind zwei verschiedene Kategorien, die sich im Grunde nicht vergleichen lassen, weil jeder, der dies tut, sich unbewußt auf eine der beiden Plattformen stellt. Zwangsläufig müssen Kritiker aus dem Lager der exakten Naturwissenschaften Astrologie nach ihrem Wesen und nach ihrer Bedeutung, die sie einstmals hatte, falsch einschätzen.

Der heutige Sprachgebrauch liefert ein beredtes Beispiel für die Fehlinterpretation. So wird Magie im allgemeinen als wirrer, abergläubischer Hokuspokus verstanden oder der Zauberkunst der Taschenspieler gleichgesetzt. Daß dem nicht so ist, wurde dargelegt. Auch magisches Denken versucht, die Welt zu begreifen. Sicher strebten auch die frühen Menschen danach, Erklärungen z.B. für das Naturgeschehen zu erhalten oder für jenes, was ihrem Stamm, der Sippe oder ihnen selbst widerfuhr. Im magischen Weltempfinden sieht sich der Mensch als Teil des Ganzen. Der erwähnte Makro-Mikrokosmos-Gedanke kann aber immer noch konstruiert erscheinen. Er ist schließlich auch nur das Ergebnis eines ganz bestimmten Lebensgefühls, das gleich einem Mosaik aus einer Unzahl von einzelnen Empfindungen oder Erfahrungen zusammengesetzt erscheint.

Heute meint der Mensch über der Natur zu stehen, rechnet sich kaum noch zu ihr, sieht keinerlei »Verwandtschaft« zwischen sich und der übrigen Welt. Für uns ist Materie »tot«, Pflanzen billigen wir eine sehr niedrige Lebensqualität zu, höheren Tieren allenfalls eine »Gruppenseele«. Vor Jahrzehnten gab es noch Naturvölker, bei denen Forscher jene animistischen Vorstellungen auffanden, die in der Vorzeit durchgängig gewesen sein dürften: Tiere und Pflanzen galten als beseelt.

Es ist interessant, daß neueste Forschungen ein bezeichnendes Licht auf die Beziehungen verschiedener Organismen werfen. Cleve Backster, ein führender amerikanischer Experte für Lügendetektoren, schloß eines Tages seinen Polygraphen an eine Pflanze an, um zu verfolgen, wie lange Feuchtigkeit braucht, um aufzusteigen. Die Aufzeichnung auf der Papierrolle glich der eines Menschen mit starken Gemütsbewegungen. Einem Impuls folgend, wollte Backster ein Blatt verbrennen. Doch noch bevor er das Streichholz anreißen konnte – praktisch als er den Gedanken faßte – schlug die Nadel des Polygraphen wie wild aus. Als erstaunlichste Tatsache zeigte sich jedoch, daß keine Reaktionen verzeichnet wurden, sobald er, ohne die ernste Absicht zu haben, nur vorgab die Pflanzen zu verbrennen. Nur bei einer echten Bedrohung des Lebens der Pflanzen wurden Reaktionen registriert. Bei einer Reihe sorgfältig kontrollierter Versuche stellte Backster anschließend fest, daß bei Pflanzen und Tieren ähnliche Reaktionen aufgezeichnet wurden. Philodendronpflanzen z.B. reagierten auf den Tod von Krabben in kochendem Wasser noch hinter verschiedenen geschlossenen Türen und in unterschiedlichen Räumen. Es kommt im botanischen Bereich wohl dem »Grauen« gleich ... Wenn Pflanzen übermächtiger Bedrohung oder Schädigung ausgesetzt werden, fallen sie in ›Ohnmacht‹.«[5]

Solche Forschungen führen nicht nur in Neuland. Sie liefern auch einen Schlüssel zum Verständnis magischen Handelns. Pflanzen und ihre Betreuer stehen in einem engen Verhältnis zueinander, das sogar durch Entfernungen von tausend und mehr Kilometern ebensowenig zu zerstören ist, wie durch Abschirmungen etwa mit Hilfe eines Faradayschen Käfigs. Es mutet als Sensation an, wenn der Elektroingenieur Paul Sauvin mit Hilfe eines Spezialgerätes erreichte, daß eine fünf Kilometer von ihm entfernte Philodendronpflanze auf seinen geistigen Befehl hin ein Signal aussandte, um den Motor seines Autos zu starten. Der Moment der Gedankenübertragung und der Empfang von der Pflanze wurden durch die 2000 Meilen entfernte Kurzwellen-Radiostation Boulder, Colorado, gleichzeitig gemessen.«[6]

Derartige Experimente lassen z.B. den Sinn von Predigten an die Tiere durch den hl. Franz von Assisi in einem neuen Licht erscheinen. Wer ein herzliches, d.h. »natürliches« Verhältnis zu Pflanzen und Tieren hat wie der Verhaltensforscher Konrad Lorenz, wird begreifen, warum eine der »vier Wahrheiten« des Buddhismus heißt: kein Lebewesen zu verletzen und alles Lebendige zu lieben. Kein Haustierfreund wird daran zweifeln, daß ein solches geistiges Band zwischen Mensch und Tier vorhanden ist. Wieviel mehr besteht dann aber auch die Wahrscheinlichkeit, daß eine unbewußte Brücke von Mensch zu Mensch existiert. Nur sind uns eben diese telepathischen Fähigkeiten vielfach verloren gegangen.

In der Astrologie symbolisiert der Planet Uranus (♅) jene blitzartigen Vorgänge, die wir als parapsychologische Phänomene einstufen. Er steht aber auch für die modernste Nachrichtentechnik, mit deren Hilfe wir verlorengegangene Fähigkeiten auszugleichen suchen. Wie es ist, wenn der natürlich-primitive Uranus und der zivilisierte aufeinanderprallen, dafür ein Beispiel: »Der Missionar will einen Schwarzen beeindrucken und fragt ihn, ob es nicht ein Wunder sei; er trete hier an diesen Kasten heran, und im Nu vermöge er mit seinem Vater zu sprechen und zu erfahren, wie es ihm gehe, obwohl er 1000 Meilen von ihm entfernt sei.

17

Der Primitive hat nur ein Lachen für diese umständliche Apparatur; unbeeindruckt versetzt er, er wisse, wie es seinem Vater gehe, der ebenfalls weit von ihm entfernt sei, und er vermöge auch ohne den Wunderkasten mit ihm zu sprechen, wann immer es ihm beliebe und sein Vater antworte ihm entsprechend.«[7] Neueste Ergebnisse der Parapsychologie lassen es übrigens als recht gesichert erscheinen, daß telepathische Fähigkeiten trainierbar sind. Vielleicht läßt sich daraus die Hoffnung schöpfen, daß der Mensch wieder in jenen natürlichen Bereich zurückfinden kann, aus dem er sich selbst entfernt hat, woraus ihm in letzter Konsequenz kaum Glück, eher die Gefahr erwuchs, ein heimatloser Fremdling auf dem Planeten Erde zu sein. Diese Ausführungen sind durchaus kein Abschweifen von unserem Thema Astrologie. Wir sind vielmehr dabei, ihren Wurzeln nachzugehen, die aus dem Magischen stammen und von dort her einst ihre Kräfte sogen. Es geht um die Zusammenhänge alles Lebendigen, um das intuitive Wissen des Menschen, ein Teil der Natur zu sein, woraus der Makro-Mikrokosmosgedanke entstand, die Grundvoraussetzung aller Astrologie.

Stonehenge im kalten Norden war eine Meisterleistung. Aber in jenen Gegenden, wo Forschung und Bibel die Wiege der Menschheit vermuten, im vorderasiatischen Mesopotamien, war der Blick zum Himmel gewiß umfassender und strebte noch mehr in die Tiefe. Mond und Planeten werden dort durch ihre Positionsänderungen seit jeher mehr Aufmerksamkeit erregt haben. Es ist himmlisches Geschehen, gleich dem Sturmwind und dem Regen. Eines mußte mit dem anderen zusammenhängen. Der Winter war im Zweistromland eine ausgesprochene Regenzeit. Wahrscheinlich wird man sich gedacht haben es wären die Sterne, die in diesen Wochen und Monaten herrschten, die diese herbeiführten. So dürfte man dazu gekommen sein, »regenhafte« Sterne als Ursache des Wettergeschehens anzunehmen, weil ja alle täglich spürbaren Erscheinungen eine Ursache haben mußten. Ziegenfisch (später Steinbock genannt), Wassermann oder die Fische beherrschten in dieser Zeit den Himmel. Plinius

18

schreibt dazu: »Jedes Gestirn, und zwar zunächst die Planeten, hat seine eigene Kraft und ist gemäß seiner Natur von entsprechender Wirkung. Die einen sind fruchtbar an ergiebigem Regen, die anderen an Reif, Schnee und Hagel, andere an milder Wärme und Hitze, wieder andere an Tau oder Kälte ... Bei ihrer Bewegung wirken sie gemäß ihrer natürlichen Beschaffenheit, zum Beispiel vollziehen sich die Übergänge des Saturn nie ohne Regengüsse. Und zwar lösen die Planeten durch ihr Hinzutreten die Kräfte der entsprechend geladenen Sternbilder erst aus« (Nat. Hist. II 105). Weiter bemerkt er, daß z.B. Capella (das Böcklein) und Arkturus »nie ohne Hagel und Sturm aufgehen«. Oder: »Plejaden und Hyaden sind nach altem Volksglauben Regensterne«. Hier wird ein kausaler Zusammenhang gesucht zwischen meteorologischen Wirkungen und astralen Ursachen. Gewissermaßen schienen die meteorologischen Vorkommnisse Emanationen, d.h. Aussendungen der göttlichen Sterne oder diese mindestens Mittler göttlichen Willens. Paracelsus handelt in seinem »Liber meteororum« von den »Früchten der Gestirne«. Ein jedes Element trägt seine Früchte. Die Sternzeichen aber sind die Verkörperung der bekannten vier Elemente Feuer, Erde, Luft und Wasser. »Ir sehent, was aus der erden wechst, das selbige hat seine greifliche füß und wurzen in der erden, als beume und gras etc. Nun aber die sternen seind frücht vom himel und seind des himels, aber sie wurzen nicht im himel, stehend unter dem himel fix on alte heb und anhang; ist gleich das Widerspil gegen der erden. .. einem stern gegeben ist der regen, dem andern der schnee, dem andern der hagel etc.« Sind Regen und Schnee als »Früchte der Sterne« reif, so fallen sie herab auf die Erde. Eine solche recht poetische Naturauffassung erschöpft sich nicht im Witterungsgeschehen.

Diese magische Haltung sieht z.B. im Sternenhimmel einen ganzen Königsstaat. So stellten sich die Ägypter die Sonne als König vor, sahen im Mond eine Königin, in den Planeten große Würdenträger und in den Fixsternen Soldaten und Hofstaat. Die Chaldäer bezeichnen die zwölf höchsten Götter als Herren der Tierkreisbilder. Die sieben Planeten verkünden als Herolde ihre Schicksalsbeschlüsse. C.G. Jung ist der Meinung, daß die Astrologie unbewußte Dominanten des Seelenlebens spiegelt. Sie werden aber nicht als zur Seele gehörig betrachtet, sondern als »Mächte« empfunden und an den Himmel projiziert.

»Nach der Jungschen Projektionsauffassung sind also ›Saturn‹, jener Vater aller Hindernisse, oder ein Glück, Erfolg und Aufstieg bringender ›Jupiter‹ Bilder für bestimmte Dominanten des Unbewußten. Deren Auswirkungen im bewußten Erleben erscheinen als Auswirkungen höherer Mächte, über deren Walten der Mensch keine Verfügung besitzt. So gesehen stelle also die Astrologie ein eindrucksvolles Zeugnis dar für das ganz ursprüngliche Bedürfnis der Seele, innere Wirklichkeiten als vom Objekt ausgehend zu empfinden, wobei der Mensch sich in keiner Weise seines Projizierens bewußt wird. Für die Projektionshypothese sprechen die alltäglichen Erfahrungen des Psychotherapeuten.«[8]

Die Projektionstheorie kann indessen wohl nur einen Teilaspekt des astrologischen Problems beleuchten. Immerhin könnte sie erklären, warum die Zuordnung bestimmter Planeten zu bestimmten Göttern, welche die Babylonier trafen, von den Griechen und Römern übernommen wurde. So wurde der »Stern des Marduk«, des obersten babylonischen Himmelsgottes, zum »Stern des Zeus« bzw. Jupiter oder der »Stern der Liebesgöttin Ischtar« zum »Stern der Aphrodite« bzw. Venus. Wohlgemerkt: Man machte durchaus einen Unterschied zwischen dem Stern und der Gottheit. Erst als die Götter des Olymps an Aussagekraft verloren, wurden die Planeten ihnen gleichgesetzt. Die »Versternung« heroischer Gestalten, z.B. des Orion, mag diese Entwicklung dann beschleunigt haben, ohne ihr den Tiefgang zu geben, der diese, z.T. vom Kaiser verordnete Religion hätte von Bestand sein lassen. Es entspricht dem uralten Wunsch des Menschen, nach dem Tode noch weiterleben zu können. Man lese Senecas ergreifende »Trostschrift für Marcia«, um den Menschen vor zwei Jahrtausenden nahe zu sein. Hoffnung spricht auch aus antiken Grabgedichten, wie Gundel eines mitteilt: »Mutter, weine nicht, was sollen deine Tränen, verehre mich vielmehr und staune, denn ein Stern bin ich geworden, ein göttlicher, der am Abendhimmel steht.« Oder auf dem Grabstein eines Achtjährigen steht: »Du durftest den Himmel schauen und leuchtest nun zugleich mit den Sternen. Du gehst neben dem Horn der olenischen Ziege – gemeint ist der Stern Capella im Fuhrmann –, leuchte jetzt den Knaben als Helfer in den flinken Palästren (d. i. Ringerschule), da Götter dir diese Gunst erwiesen.«[9] Es war die Jenseitshoffnung, die alle Arten der Versternung beflügelte. Beispiele dafür sind uralt, wenn auch nicht durchgehend so häufig wie in römischer Zeit nach Cäsar. Ursprünglich war die Versternung ein Vorrecht der Herrschenden, z.B. des ägyptischen Königs, der von der Göttin Sothis, die im Sirius residiert, das Königtum am Himmel verliehen bekommt und in sich den Sonnenkönig verkörpert. Auch Venus als Morgenstern oder Mars werden als Erscheinungsform des verstorbenen Königs genannt. »In den Sargtexten des zweiten Jahrtausends v. Chr. sagt der Tote, der ganz zum Gott Osiris (Orion) wird: Ich finde Orion am Wege stehend mit dem Szepter, das in seiner Hand ist, ich richte das Szepter auf und ergreife es, damit ich dadurch göttlich werde. Er gibt mir das Szepter, das in seiner Hand ist, und sagt: komm zu mir, mein Sohn! Dein Aufgang finde in Frieden statt; deine Mumie sei bei meinem Platze; du bist mein Sohn, der Herr meines Hauses. In einem Texte des ägyptischen Totenbuches sagt der Tote von sich: ich bin Orion, der sich seinem Lande naht, der die Sternenbahn des Himmels durchwandert, den Leib meiner Mutter Nut (der Himmelskönigin). Sie hat mich empfangen nach ihrem Wunsche, sie hat mich geboren, wann ihr Herz es ihr gab.«[10]

Die Vorstellung und Hoffnung der Versternung hat sich bei den Kulturvölkern lange erhalten. Noch die Bitte der Julia aus Shakespeares »Romeo und Julia« drückt dies aus: »Komm' holde, liebe Nacht mit schwarzen Brauen / Bring' Romeo her, und wann er einmal stirbt / Dann schneid ihn dir

21

entzwei in kleine Sterne / Des Himmels Antlitz wird er so verschönern / Daß alle Welt sich in die Nacht verliebt / Und nicht mehr kümmert um den Prunk der Sonne.«

Mannigfach sind die bildlichen Darstellungen, welche in den Mysterienreligionen der Antike jeweils den obersten Gott als Herrn der Sterne abbilden, etwa mit dem Band des Tierkreises als dem bezeichnenden Symbol um den Leib. Auch Christus ist in dieser Form dargestellt worden. Nach alter jüdischer und christlicher Auffassung sind die Sterne Lichtengel. Im äthiopischen Henochbuch heißen die Engel die Führer der Sterne. Sie wachen von den Sternen aus über die Menschen und ihre Sünden. Aber auch böse Mächte wurden in den Gestirnen gesehen, die den Menschen zu schaden vermögen. König Salomo beschwört die bösen Sterngeister und erfährt von ihnen, welche Macht sie haben und wie man sie brechen kann. Das geschieht in der Regel durch Gebete. Bei primitiven Völkern werden die Sterne mit ihren Namen angerufen, später bilden sich dann Kulte und Rituale aus, die Opfer und Gebet zum Inhalt haben.

Versöhnen kann man Gestirne bzw. ihre Götter auch durch Beinamen oder durch den Gebrauch magischer Zahlen, durch Zaubersprüche mit dem Geheimnamen des Sternengottes, womit man ihn bezwingen will. Es gibt aber auch objektive Gebete, die nur den latenten Wunsch enthalten, dem betenden Menschen Gnade zu gewähren. Dafür ein schönes Beispiel aus Ägypten: »Heil dir, Sothisgestirn, Isis, du Herrin des Himmels, du Königin der aufgehenden Seelen der Götter (Sternbilder). Strahlend am Himmel in der Nähe ihres Bruders Osiris (Orion) wandelt sie einher auf seiner Fußspur immerdar, indem sie abwehrt die Schlange Apophis durch die herrlichen Sprüche ihres Mundes. Du leuchtest am Himmel bei dem Taggotte Ra in jenem deinem Namen der Leuchtenden (chut). Du bist mächtig auf Erden bei dem Erdgotte Seb (Saturn) in jenem deinem Namen der Mächtigen. Du bist groß in der Tiefe in jenem deinem Namen der Tanert (d. i. der Großen). Du machst schwellen den Nil in jenem deinem Namen der göttlichen Sothis. Du umfängst und machst fruchtbar das Feld in jenem deinem Namen der Anket. Du erzeugst alles, was da ist, lebenspendend allen Menschen in jenem deinem Namen der Anket (= das Leben). Kreisend in der Nähe des Sahu-Gestirns (des Orion) und aufgehend im Osten des Himmels vereinigst du Dich mit dem Leben im Westen des Himmels.«[11]

Durch solche Rituale soll das unberechenbare Schicksal unter Kontrolle gebracht werden. Das ist aktive Magie. Sie ist vorwiegend praktisch orientiert. Der Mensch will Macht ausüben und durch Zauber oder Ritus Wirkungen erzielen. Hierbei scheint es notwendig, religiöse Haltungen gegenüber magischen abzugrenzen. Religionswissenschaftler wie Malinowski oder Trevor Ling betrachten Magie als eine festumrissene Methode, welche das Ungewisse und Unberechenbare im Schicksalsablauf durch Handlungen steuern, daher z.B. auf die Kräfte der Natur oder der Sterne Einfluß nehmen will, sehen dagegen im religiösen Glauben eine Überhöhung bestimmter wertvoller seelischer Haltungen. Im Laufe der Entwicklung würden aber Erkenntnisse gesammelt, die als Wissenschaft gelten, womit man den empirisch gewonnenen Wissensvorrat bezeichnen könnte.[12]

Eine solche Definition des Begriffs Wissenschaft erlaubt, Astrologie als eine solche zu bezeichnen. Es gibt eine ganze Reihe von Überlegungen, was Wissenschaft denn sei. Kant, zum Vergleich, versteht darunter »jede Lehre, die ein nach Prinzipien geordnetes Ganzes der Erkenntnis darstellt«.

Der Prozeß der Sonderung in Wissenschaft, d.h. einer aus Erfahrung gewonnenen Lehre, in Religion, d.h. Glaubenshaltung, und in Ritual und schließlich in Magie im eigentlichen Sinne, nämlich als eines Einwirkens auf das, was Schicksal schafft, hat über Jahrtausende gedauert. Es ist kaum möglich, Zäsuren zu setzen, etwa zu sagen, bis zu diesem Zeitpunkt war Astrologie religiöser Glaube, ab dann Magie, ab dieser Zeit Wissenschaft. Eines geht ins andere über oder besteht gleichzeitig. Nur der Zusammenhang offenbart, wo bei der Wechselwirkung ein Schwerpunkt zu setzen ist.

Je mehr sich der Mensch seiner selbst bewußt wurde, aus dem magischen Zusammenhalt alles Natürlichen heraustrat, um so mehr verlangte es ihn nach Deutung dessen, was ihn bewegte. Philosophie kommt auf. Während auf der einen Seite eine allmähliche Rationalisierung der Mythen einsetzt und aus der Tempelwissenschaft eine Deutungstechnik wird, die zur Voraussetzung hat, daß man ein vorhersehbares Schicksal mindestens als Tendenz annimmt, liefert andererseits die Philosophie unter Einbeziehung astronomisch-astrologischer Fakten Denkmodelle, um den Menschen im Rahmen einer Weltordnung zu verstehen.

In der Philosophie Platons (427-347 v. Chr.) ist die Welt, die wir mit unseren Sinnen wahrnehmen, nicht die einzige. Die uns umgebenden Dinge sind nur ein verschwommenes, gleichsam unvollkommenes Abbild, besser gesagt Scheinbild der immateriellen Formen der Welt der Ideen. Diese Vorstellungen kehren auch bei dem Neuplatoniker Plotin (205 - 270) wieder: Alle von den Sinnen aufgenommene Wirklichkeit ist nur eine verdünnte Emanation der wahren Wirklichkeit, der einen Einheit des Nous, des Einen, das wir vielleicht mit Geist bezeichnen können. Diese Weltseele ist aber letztlich verantwortlich für alles in der Natur, für Sonne, Mond und Sterne. Ist der alles umfassende Verstand unteilbar, so kann sich die Weltseele entweder ihre Identität bewahren oder sich aufspalten, um sich mit den individuellen Seelen der Menschen zu vereinigen. Im Menschen ist ein Funke des Einen. Die Einzelseele kommt nach Platon aus Gott. Droben am Himmel, in der Milchstraße, wählen sich die Seelen ihr künftiges Schicksal. Nachdem jede ihr Lebenslos gezogen hat, müssen sie durch den Thron der Göttin Ananke, der Notwendigkeit, hindurchgehen. Hier wird ihnen das Schicksal als unausweichliche kausale Folge, als »gezwungener Zwang« (Carl Spitteler) aufgeprägt. Es muß danach als Heimarmene, als eine Reihe der Ursachen, ablaufen. Chrysipp bestimmt Heimarmene als die natürliche Anordnung alles Geschehens, nach der von Ewigkeit her eins dem anderen folgt und nach einer unverbrüchlichen Verflechtung alles abrollt. Die drei Moiren bringen jedes Lebenslos am Himmel an und wachen fortan über dessen Einhaltung. Die Seelen aber springen davon, um einen Leib zu beseelen. Sie werden zu »springenden Sternen«, zu Sternschnuppen, die vielfach als Inkarnation der Seelen gelten.

Im »Phaidros« vergleicht Platon die Seele mit einem geflügelten Wesen. Es wohnt im Himmel und fährt in Gesellschaft der Götter. Den Wagen ziehen der Geist und das Verlangen, jedoch in entgegengesetzter Richtung. Er stürzt um, und die Seele fällt zur Erde. Sie verliert dabei ihre Flügel und ihr Gedächtnis und wird von einem Körper eingefangen. Mit dessen Tode reinigt sie sich vom Sinnenleib und beginnt, wieder aufwärts zu steigen, Stufe um Stufe, bis sie zur Gottheit zurückgefunden hat, von der sie ihren Ausgang nahm.

Da die Seele ein Funke des Einen ist, so ist auch Gott im Menschen. Wir können ihn ja auch deshalb erkennen, denn nur jenes wird erkannt, an dem man selbst Anteil hat. »Wär' nicht das Auge sonnenhaft, die Sonne könnt' es nie erblicken«, schrieb Goethe in den Zahmen Xenien. Das göttliche Wirken erfolgt in einer Richtung, von oben nach unten. Dieser Stufenkosmos, in dem jedem Planeten eine bestimmte Sphäre zugewiesen ist, wird erst durch Nikolaus Cusanus aufgelöst, der an Stelle des bisherigen einseitigen Abhängigkeitsverhältnisses zwischen der höheren und der niederen Welt ein Korrelationsverhältnis treten läßt. Gott und die Welt aber sind eins, daher auch die besondere innige Beziehung der Teile des großen Organismus, den wir den Makrokosmos nennen, und seiner Entsprechung, dem Mikrokosmos. Dies ist magisches Denken. In ihm wurzelt Astrologie. Ihr allgemeiner religiöser Gehalt besteht darin, daß sie auf den Weg der Erkenntnis führt. Im bürgerlichen Sinne tugendhaft zu sein, ist der erste Schritt. Weiter aber führt die Versenkung in Gott, die »unio mystica«, die mystische Vereinigung mit dem Höchsten.

Albertus Magnus unterschied zwischen der natürlichen Erkenntnis und der geoffenbarten Religion. Was durch das »natürliche Licht« gefunden wird, gilt auch für das Reich des Glaubens. Die Seele kann erkennen, was sie als Prinzip in sich trägt. Daher kann die Offenbarung dort weiterfahren, wo die Erkenntnis aufhört. Plotin sah darin den Weg des Wissens und den Weg der Gnade. Tausende Fäden verbinden Gott, den Menschen und die Welt. Nach Pico della Mirandola kommt dem Menschen dabei eine Mittlerrolle zu. Er ist in die Mitte alles Erschaffenen gestellt, ist ein Verbindungsglied zu allem Kreatürlichen und vermag die Natur zu erkennen und auf sie einzuwirken.

»Dies Wirken hinaus und in die Kräfte, die zwischen der Gottheit und der Menschheit sind, dieser Versuch sie zu bewegen, wird von den Menschen Magie genannt.«[13]

Die Naturphilosophie der Renaissance versuchte eine erkenntnistheoretische Begründung und Rechtfertigung der Magie. Sie wird, nach Campanella, möglich, weil sie demselben Prinzip entstammt wie die Erkenntnis. Wir »erkennen« einen Gegenstand nur dort vollkommen, wo wir mit ihm verschmelzen. Stellt sich der Sachverhalt im Wissen theoretisch, so drückt Magie ihn praktisch aus. Auf Grund der Identität zwischen Objekt und Subjekt kann das Subjekt das Objekt nicht nur begreifen, sondern kann es beherrschen, wie es die Natur nicht nur seinem Verstand, sondern auch seinem Willen unterwirft. »Damit ist die Magie – als ›natürliche‹, nicht als ›dämonische‹ gedacht – zum edelsten Teil der Naturerkenntnis und zur ›Vollendung der Philosophie‹ geworden«, – schreibt Cassirer.[14]

Von Babylon nach Griechenland – die Astrologie vor der Zeitwende

Um ihr Leben ordnen zu können, bedurften die Menschen schon sehr früh des Kalenders. Er orientierte sich nach den himmlischen Erscheinungen, bei den Nomadenvölkern des Orients vorzugsweise nach dem Mond, bei den seßhaften Bauern nach dem Jahreslauf der Sonne. Astrologie als eine schauende und gleichnishafte Deutung der Gestirne hat es sicher schon lange vor den frühen Hochkulturen gegeben, doch erst ihr Entstehen machte den entscheidenden Schritt zu einer registrierenden Beobachtung der Vorkommnisse am Himmel möglich. Denn solche schriftliche Aufzeichnungen erfordern Schreiben und Lesen, was an Hochkulturen gebunden ist. Daher ist die Zeit der Beschäftigung mit Kalenderwissenschaft, mit Astronomie und Astrologie zeitlich ziemlich einzugrenzen.

Schon sehr früh muß es zur zweckmäßigen, ja unerläßlichen Arbeitsteilung gekommen sein, da die schwierige Materie gewissermaßen den ganzen Mann beanspruchte. So hatten sich vor etwa 8000 Jahren im Zweistromland zwischen Euphrat und Tigris die Priester sozusagen beruflich zu Astronomen qualifiziert. Aus dem ersten Jahrtausend vor Christus stammen die tausenden Tontäfelchen, die vor rund 150 Jahren als Bibliothek des Königs Assurbanipal (680 v. Chr.) aus dem Wüstensand ausgegraben wurden. Sie enthalten nicht nur astronomische Beobachtungsergebnisse, sondern auch Aufzeichnungen von Ereignissen, die zu dieser Zeit stattgefunden haben bzw. stellen Schlußfolgerungen auf das künftige Eintreffen solcher dar, sozusagen als Folge himmlischer Erscheinungen. Über viele Jahrhunderte und damit über

Generationen haben sich diese Beobachtungen erstreckt, aus denen die astrologischen Konsequenzen gezogen wurden. Z.B. lautet ein Keilschrifttext: »Nähert sich Mars den Plejaden, so wird im Lande Amurro Zwietracht herrschen, der Bruder wird den Bruder töten.«[1] Hier beginnt jene astrologische Tradition, die von den Chaldäern schließlich zur Perfektion entwickelt wurde. Der Name dieses semitischen Volksstammes ging auf die Priesterastrologen über und wurde schließlich zur gängigen Bezeichnung der Astrologen im Raum um das Mittelmeer.

Tiberius Claudius Thrasyllus war einer der berühmtesten und am meisten geachteten, ein Freund des römischen Kaisers Tiberius, des Nachfolgers des Augustus. Doch war zu dieser Zeit der ehemals gute Ruf der Chaldäer bereits ruiniert, denn Tacitus schreibt, daß durch die Prognosen von Pfuschern und Schwindlern »der Glaube an eine Wissenschaft zerstört werde, von der sowohl die alte als auch die neue Zeit deutliche Beweisstücke geliefert haben«. Der Forscher Carl Bezold gibt an, daß die Chaldäer, denen wir die Tontäfelchen-Aufzeichnungen verdanken, auf diesen für Gott und Stern ein und dasselbe Zeichen verwendet haben.[2] Die Sterne waren gottheitähnliche, »obere« Wesen, konnten den entscheidenden Göttern einschränkende Bedingungen machen, auch dem König, der als göttlicher Abkunft galt. Ursprünglich war daher die Astrologie auch nur dem König gewidmet, sie war politisch-personenbezogen.

Was die Leistungen der Priesterastrologen angeht, so wußten sie z.B., daß Morgen- und Abendstern ein und derselbe Planet sind, doch deuteten sie beide verschieden. Die Ekliptik als Bahn der Finsternisse war ihnen bekannt. Sie verstanden es auch, Gestirnstellungen im voraus zu berechnen. Von Babylon strahlte Astrologie weit aus, zunächst nach Ägypten, dann nach Griechenland, von wo ihr Wissen und ihre Praktiken zu den Römern kamen. Die Helenen haben sich am längsten gesträubt, anzunehmen, was von Astrologie damals allgemein bekannt war, nämlich jene zauberischen Praktiken einer aktiven Magie, wie sie von den Priester-

28

astrologen auch geübt wurde. Was dann schließlich an eso-
terischem, d.h. verborgenem, geheimem Wissen durchsicker-
te, faszinierte Denker wie Platon oder Pythagoras. Den Griechen blieb es schließlich auch vorbehalten, die aus magisch-
anschaulich-bildhaftem Denken heraus entstandene Astrologie zu systematisieren und die bis dahin mehr oder weniger
allgemein verstandenen Hinweise, die man vom Himmel
ablas, nunmehr auf den Menschen als ein Individuum zu
beziehen.

Die Geschichte der sumerisch-babylonischen Astrologie ist
ein Beispiel für die Entwicklung ehemals animistischer Vorstellungen, die Religion und Naturerklärung zugleich waren,
hin zu einer bewußten »Sternenschau«. (Animismus ist die
Vorstellung, daß alle Dinge beseelt seien und die Seele den
Körper verlassen könne.) Durchaus dem Magischen verhaftet, besteht der Fortschritt und damit zugleich der Einstieg in
die historische Astrologie im schauenden Beobachten und im
Registrieren der Ereignisse am Himmel. »Nirgends finden
sich bei den Babyloniern Anzeichen einer zahlenmäßig rechnenden Sternkunde. Das mag verwunderlich erscheinen,
denn zur Zeit der letzten Fassung der Texte (um 680 v. Chr.)
war die babylonische Mathematik schon in hoher Blüte. Sie
benützte 2 Zahlensysteme mit Stellenwert, das dekadische
und das Sexadezimalsystem, sie kannte arithmetische und
geometrische Reihen, hatte Multiplikations- und Divisions-
tafeln, kannte Wurzeln und Potenzen bis zum 3. Grad, ebenso Gleichungen 2. und 3. Grades, kannte Flächen- und Kör-
perberechnungen etc.«[3]

Erst gegen Ende der babylonischen Herrschaft im fünften
Jahrhundert unternahmen es die Priesterastrologen, z.B. Finsternisse vorherzusagen. Die über Jahrhunderte durchge-
führten sorgfältigen Beobachtungen hatten es erlaubt, regelmäßig wiederkehrendes Geschehen am Himmel vom Seltsa-
men und Ungewöhnlichen, also von den Ausnahmefällen zu
unterscheiden. Waren astronomische Perioden oder Rhythmen dazu geeignet, irdisches Leben im Sinne des Kalenders
zu ordnen, sah man in den Ausnahmen die Zeichen der Göt-

ter. Sie allein waren »ominös«, d.h. zur Omendeutung geeignet. Den Priestern oblag es, durch magisches Verhalten die Götter zu besänftigen. Denn auf der Erde mußte wieder in Ordnung kommen, was offensichtlich eine Störung des Lebensablaufs war, da die Götter dies durch auffällige Zeichen bekundeten. 539 v. Chr. geriet Babylon unter Fremdherrschaft. Die Tempel, einst die Pflegestätten der Astrologie, verödeten, die astrologischen Lehren wurden überfremdet oder exportiert, z.B. nach Griechenland, wo sie neue und belebende Impulse erhielten.

Archäologische Ausgrabungen und die Berichte und Mitteilungen antiker Autoren informieren uns über die reiche und gegliederte Götterwelt der Griechen. Bis zur Zeit des Perikles (gest. 429 v. Chr.) kann bei ihnen indessen von einer direkten Astrologie noch nicht die Rede sein. Die ionischen Philosophen waren Astronomen, nicht Astrologen. Allerdings verdanken Thales und seine Nachfolger die Kenntnisse oder die Anregungen zu ihren Studien den Babyloniern. Bekannt war das Vorausbestimmen einer Sonnenfinsternis, die Kenntnis des Äquators, der Sonnen- und Planetenlaufbahnen, die Anzahl der Planeten und ihre Namen, Einteilung der Sternbilder des Tierkreises, die Zerlegung des Tages in zwölf Stunden.

Pythagoras empfand noch durchaus schauend die Ordnung des Kosmos als einen Ausdruck der Harmonie. Daß die Sterne als beseelt galten, wissen wir von Platon, der im »Timaios« in der Schöpfungsgeschichte berichtet, daß je einer Seele ein Stern zugeteilt wurde. »Und nachdem er sie so auf dieselben wie auf ein Fahrzeug gesetzt hatte, zeigte er ihnen die Natur des Alls und verkündete ihnen die vom Schicksal verhängten Gesetze« (nämlich der Wiedergeburt). Hier dringt Platon zur Religion bzw. Philosophie vor, welche das größte Gut ist, was dem sterblichen Geschlechte als eine Gabe der Götter zuteil ward und jemals zuteil werden wird. Platon lobt auch die Seherkunst, die er mit dem bewußtlosen

Teil der Menschenseele verknüpft sieht. An den Orakelstätten wie in Delphi oblag es den Deutern, die rätselhaften Aussprüche des Orakels auszulegen. Sie sind die Deuter der Weissagungen. Von der Astrologie als einer Deutungskunst ist aber noch nicht die Rede. Die Beziehungen des Menschen zu den Sternen wie zur Natur sind magischer Art. Als das Wirkliche gilt nicht, was wir mit den Sinnen auffassen, sondern die Ideen, die hinter den Dingen liegen. Platon sieht in ihnen die Götter dargestellt.

Nach Hegel sind die griechischen Götter »gedichtet, aber nicht erdichtet«. Sie verkörpern oder spiegeln Eigenschaften und Kräfte des Menschen und des Lebens.[4]

Nach Platon wachen die Planeten über die Einhaltung des Schicksalszwanges, dem der einzelne unterworfen ist. Wohl kann er vor seiner Inkarnation sein Schicksal wählen. Hat er dann die ihm zugemessene Zeit hindurch sittsam gelebt, soll er in die Behausung des ihm verwandten Gestirns zurückkehren. So stehen Sterne und Schicksal nach Platon in direktem Bezug, aber erst Theophrastus, ein Schüler des Aristoteles, der bekanntlich seinerseits ein Schüler Platons war, bewunderte ausdrücklich die Kunst der Chaldäer, Schicksal voraussagen zu können. Zu einer solchen Würdigung durch Aristoteles ist es allerdings nicht gekommen, obwohl er überzeugt war, daß aus der unveränderlichen Region der Fixsterne Kräfte und Wirkungen kommen. »Sie erzeugen durch ihre Bewegung das Warme und das Kalte, Trockene und Feuchte, und die vier Urqualitäten bewirken alles Werden und Vergehen in der vergänglichen Welt unter dem Monde.«[5]

Ciceros Lehrer, der syrische Philosoph Posidonios von Apameia (135-51 v. Chr.) legte das geistige Fundament zur griechischen Astrologie, indem er in der Sonne das verbindende Glied zwischen Physik und Theologie erkannte. Die Gestirne wirken nach Art der in ihnen vorhandenen Kräfte auf das Irdische ein, also im Sinne magischer Sympathie oder Teilhabe, doch zeigten sie auch den göttlichen Willen durch ihre Stellung an.

Wie aber diese göttlichen Kundgebungen für den einzelnen zu erforschen seien, das ist das Neue und die Leistung der großen Mathematiker und Astronomen, die in Alexandria, dem geistigen Zentrum der antiken Welt, lebten und forschten. Hier entstand das Vierbücherwerk des Claudios Ptolemaios, die Grundlage aller astrologischen Arbeiten für Forschung und Praxis bis zur Gegenwart.

PLANETENGÖTTER AM LIMES

Von Stoa und Mithraskult im Marchfeld und am Rhein

W er auf der gut ausgebauten Bundesstraße 9 von Wien parallel zur Donau ins weite Marchfeld hinaus nach Osten fährt, befindet sich auf geschichtsträchtigem Boden. Dies wird einem nach einer halben Fahrstunde bei Petronell bewußt, wo mitten aus den Getreidefeldern das »Heidentor« aufragt. Mit seinen 14 Metern Höhe ist es das höchste erhaltende Bauwerk aus römischer Zeit in dieser Gegend nördlich der Alpen, unübersehbar in der Ebene zwischen den sanften Hügelketten. Wahrscheinlich war es einst ein von vier Pfeilern gebildeter kultischer Bau, in dessen Mitte auf einem mächtigen Sockel das Standbild eines vergöttlichten Kaisers gethront hatte.

Hier, wo heute bei Bad Deutsch-Altenburg eine neue Brücke die Donau überspannt, kreuzte einst die uralte Bernsteinstraße den Fluß. An diesem wichtigen Schnittpunkt gründeten die Römer Carnuntum. Mehr als vierhundert Jahre bewachten hier ihre Soldaten dieses Einfallstor an der mittleren Donau.

Carnuntum verbindet Österreichs frühe Geschichte auch mit der römischen Astrologie. Hadrian, der Astrologe auf dem römischen Kaiserthron (117 – 138 n. Chr.), verlieh Carnuntum die Municipalrechte, und als wenig später die Markomannen und Quaden diesen militärischen Stützpunkt bedrohten, erschien der Kaiser Marcus Aurelius hier. Inmitten seiner Soldaten und während der Kämpfe schrieb er in Carnuntum das dritte Buch seiner Selbstbetrachtungen.

Marc Aurel war Stoiker, der sich die Lehren des Epiktet (60 – 110) zu eigen gemacht hatte. »Sage nicht: Ich Unglücklicher, daß mir dies widerfuhr, sondern: Ich Glücklicher, daß ich, wo mir dies begegnet ist, unbekümmert bleibe, weder wenn es gegenwärtig ist, niedergeschmettert, noch wenn es herankommt, voll Furcht. Denn begegnen konnte solches einem jeden, unbekümmert aber wäre nicht ein jeder geblieben.« (Viertes Buch)

Marc Aurel anerkennt als Stoiker die Astrologie und ihre Bedeutung, wenn er im siebten Buch rät: »Beschaue der Sternen Bahnen, die ringsum laufen, und bedenke dabei die Wandlung der Elemente. Denn die Vorstellungen darüber waschen den Schmutz des Erdenlebens hinweg, und wo über die Menschen zu sprechen ist, muß man auch das Irdische gleichsam von irgendeinem oberen Punkt herab anschauen ... Das Vergangene betrachten, so viele Wechsel der Herrschaften. Es ist möglich, auch das Zukünftige vorauszusehen. Denn es wird jedenfalls gleichförmig sein, und es ist nicht gestattet, aus der Ordnung des gegenwärtig Geschehenden herauszutreten. Deshalb ist auch innert vierzig Jahren das menschliche Leben zu erforschen gleich einem über zehntausend Jahre hin.«

Dies ist die Linie, die Vettius Valens vertritt, der sich als Astrologe einen »Soldaten des Schicksals« nannte: »Diejenigen, die sich mit der Voraussicht des Zukünftigen abgeben, erwerben sich eine ungeknechtete und freie Seele, verachten das Geschick, hängen nicht an einer Hoffnung ... Sie begnügen sich mit dem Gegenwärtigen; sie ersehnen nichts Unmögliches, ertragen beherrscht das vom Weltgeist Zugewiesene ... Sie sind Soldaten des Schicksals.«[1]

Zur Zeit Marc Aurels, im zweiten Jahrhundert, erfreute sich der astrologisch fundierte Kult des Mithras gerade unter den Soldaten einer besonderen Beliebtheit. (In der Gegenwart setzt sich der Name Mithras durch, vor allem für die römische Zeit, während für die persische Periode oft Mithra verwendet wird.) Perser wie Hindus beteten Mithras an. Nach dem Avesda, dem in altiranischer Sprache abgefaßten Grundtext der Religion des Zarathustra, ist Mithras der Genius des himmlischen Lichtes. Mit Sonne, Mond und Sternen überwacht er die Welt. Nichts entgeht ihm, niemand vermag ihn zu täuschen, so daß er zum Gott der Wahrheit und der Rechtschaffenheit wurde. Das Licht löst die Dunkelheit auf und führt die Freude und das Leben auf die Erde zurück, weshalb er auch zum »Herrn der weiten Fluren« wurde. Mithras läßt die Pflanzen sprießen, den Leib gesunden und schenkt eine glücklich veranlagte Nachkommenschaft. Er wurde nicht nur zum Spender materieller Vorteile, sondern verlieh auch seelische Eigenschaften. Mithras bekämpfte unermüdlich die Geister des Bösen und sicherte den Sieg des Guten. Das zoroastrische System übernahm seinen Kult, reduzierte jedoch Mithras Bedeutung. Die persischen Großkönige hegten für ihn eine spezielle Verehrung und sahen in ihm den Gott, der ihnen zum Sieg verhalf. Der Gott, zu dem sich die gesamte persische Aristokratie bekannte, war der einzige der persischen Götter, den die Griechen nicht durch ein Äquivalent ausdrückten, sondern ihn bei seinem Namen nannten.

Unter dem Einfluß babylonischer Glaubensvorstellungen verschmolzen persische und semitische Götter. Ein Keilschrifttext aus der Bibliothek des Assurbanipal setzt Mithras der Sonne, Schamasch, gleich. Mithras fährt im glänzenden Wagen über den Himmel, ist der Schirmherr der Könige und gibt den Kriegern den Sieg: Er garantiert die legitime Autorität. Durch den Zug Alexanders des Großen nach Persien vertieften sich die Beziehungen zwischen den verschiedenen Religionen und Kulten dieser Gebiete. Mithras wurde auch mit Helios, dem griechischen Sonnengott, verbunden, ohne daß freilich sein Kult in ihm aufging, denn in die hellenistische Welt fand Mithras keinen Zugang. Anders im Römerreich. Eine der Grundvoraussetzungen, daß die fremde Religion übernommen wurde, war im zweiten Jahrhundert v. Chr. erfüllt worden, als ein Bildhauer der Schule von Pergamon die ergreifende Gruppe des stiertötenden Mithras schuf.

In der Eingangshalle des Museums Carnuntinum in Deutsch-Altenburg befindet sich ein etliche Quadratmeter großes Kultbild des stiertötenden Gottes, als der Mithras dargestellt wird. Cautes und Cautopates, die Genien des Lebens und des Todes, sowie Sonne und Mond umgeben diese herrliche Darstellung. Soldaten der XV. Legion, die im Jahr 71 n. Chr. von dem Feldzug zur Eroberung Jerusalems zurückgekehrt waren, brachten die Religion an die Donau. Die Völkermischung im römischen Heer wie bei den Sklaven sorgte dafür, daß sich der Kult des Deus Sol Invictus, des Gottes der unbesiegbaren Sonne, in kürzester Zeit über das ganze Römerreich ausbreitete. Im Freilichtmuseum Carnuntum befindet sich ein Lapidarium, eine eindrucksvolle Schau römischer Grabdenkmäler, die durch ihre Inschriften zeigen, daß die Verstorbenen, meistens Soldaten, aus allen Teilen des römischen Reiches stammten.

Riten und Legenden des mithrischen Kultus lassen erkennen, daß dieser uralt ist und aus der Zeit des Hirtenlebens stammt. Als man noch keine Tempel baute, wurden dem Gott Höhlen in Bergen geweiht. Die Mysterien selbst muten roh an im Vergleich zu der sehr erhabenen Moral, dies ist ein weiterer Hinweis auf das uralte Herkommen und die lange zeitliche Entwicklung des Mithraismus. Die Glaubensvorstellungen, die man sich von Mithras bildete, wurden durch Zusätze erweitert, die auf alte iranische Vorstellungen zurückgehen. Dazu gehört die Lehre von der »Unendlichen Zeit«.

Der Gott der Unendlichen Zeit – der Schicksalsgott in der Mithrasreligion

In den Mithräen gab es das Standbild einer monströs anmutenden Menschengestalt mit einem Löwenkopf. Es ist der persische Gott Zervan (oder Zurvan). Mithrasforscher sehen in ihm Saturn/Chronos, den Gott der Zeit bei den Römern.

Zervan (auch Zurvan), der Gott der Unendlichen Zeit, muß als eine Schöpfung des persisch-babylonischen Priestertums angesehen werden. Es gibt ihn schon seit dem 12. Jahrhundert v. Chr. Als Schicksalsgott ist er mit dem griechischen

Gott Aion (Äon), dem Gott der Zeitalter, verwandt. Er gilt als Herr des Lichtes und der Finsternis, weshalb unter dem Einfluß Zarathustras Ahura Mazda, der Schöpfergott, das Prinzip des Guten, und Ahriman, der böse Geist, zu Zwillingsgeschöpfen Zervans wurden. Dieser soll die Gedanken der Gläubigen auf die Stunde des Endkampfes zwischen dem Guten und dem Bösen in der Welt lenken. Wenn Ahriman, der Gott des Bösen, die großen Plagen schickt, wird sich das Ende der Welt ankündigen, dann wird der wunderbare Urstier auf der Erde erscheinen und Mithras nahen. Es ist die Stunde des Gerichts, in welcher der Gott der Wahrheit die Guten für ihre Taten belohnen und von den Bösen scheiden wird. Noch einmal wird der Stier geopfert. Sein Fett wird mit geweihtem Wein zu einem Trank gemischt, der die Guten unsterblich machen wird. Die Bösen aber werden von dem furchtbaren Feuer verzehrt werden, das Jupiter (= Ahura Mazda) vom Himmel senden wird. Die Gerechten werden dem Weltbrand entrinnen und sich des ewigen und vollkommenen Glücks erfreuen, Ahriman, die Mächte des Bösen, und jene, die zu ihnen zählen, werden untergehen.

Zervan wird in der Regel als Jüngling in einer strengen Körperhaltung mit nebeneinander gesetzten Füßen dargestellt. Da aber die Genitalien nicht zu sehen sind, könnte es sich auch um einen Hermaphroditen handeln, also um ein doppeltgeschlechtliches Wesen. Bemerkenswert und schauerlich ist aber der Umstand, daß dieser Jüngling einen Löwenkopf trägt. Löwe symbolisiert das Feuer, sowohl das Element wie auch das große Ereignis beim Wellenbrand, wie er gemäß der Lehre Zarathustras ablaufen wird. Auf das Löwenhaupt (Löwe ist als Tierkreiszeichen der Sonne zugeordnet) bettet die Schlange ihren Kopf. Sie ist das Symbol alles Irdischen, das der Vergänglichkeit unterworfen ist. Als solches hat die Schlange auch Bezug auf die Zeit und wird zusammen mit Zervan-Aion eine Apotheose (= Vergöttlichung) derselben. Zervan steht für das Schicksal, dem Götter und Menschen unterworfen sind und das astrologisch bestimmbar ist. Ein

Novize, der diesem Bildwerk zum erstenmal gegenüberstand, mag erschaudert sein, während der Eingeweihte in ihm einen tiefen Sinn sah.

Wir wissen nicht, auf welche Art und Weise die Figur des Zervan in das mithrische Ritual einbezogen wurde, das sich im Laufe von Jahrhunderten nach und nach herausgebildet hat. Die Einführung von Zervan in den Kult muß als eine besondere intellektuelle Leistung angesehen werden. Sie kann nicht spontan erfolgt sein. Eher dürfte sie aus dem Bestreben hervorgegangen sein, den in gewisser Hinsicht unbefriedigenden persischen Dualismus monotheistisch zu überhöhen. Wahrscheinlich wird Gott Zervan ebenfalls an einer Umstimmung der Bewußtseinslage des Gläubigen beteiligt gewesen sein, die zu einem inneren Wandlungsprozeß führte.

Die Aufnahme von Zervan-Riten in den Mithras-Kult kann nur als aktivierende Kraft für das Seelenleben verstanden werden. Der Gläubige sollte sich selbst als Teil des Ganzen erleben und damit die Identität des menschlichen Mikrokosmos mit der größeren Welt, dem Makrokosmos, anerkennen. Dazu ist es nötig, das Äußerliche abzustreifen und in die Tiefe der eigenen Seele zu tauchen. Das aber bedeutet, die delphische Forderung nach Selbstverwirklichung anzunehmen: »Werde der, der Du bist!«

Dem Erlebnis des Göttlichen in sich selbst steht die Zeit entgegen. »Zeit« zu erleben, ist menschlich, von ihr erfaßt und – das sei im Hinblick auf unsere Gegenwart gesagt – getrieben zu werden, ist allzu menschlich. Daher war es stets das Ziel aller Weisen, aus der Zeit herauszutreten. An die Erde gebunden, erleben wir die Abfolge von Ursache und Wirkung und orientieren uns nach greifbaren Lebenszielen, denn »außer der Zeit gehört uns nichts« (Seneca). Schopenhauer meint, daß ein intelligenter Mensch versuchen wird, die Zeit zu nutzen, während gewöhnliche Menschen nur überlegen, wie sie die ihre verbringen können. Das sollte freilich nicht so weit gehen, daß »Zeit Geld ist«. Zu einer solchen Auffassung hatte östliches Denken nie Zugang, und auch der Welt des Mithras war es fremd. Wenn der Prediger Salomo im dritten Kapitel zu dem Schluß kommt, daß jegliches seine Zeit und alles Vornehme unter dem Himmel seine Stunde habe, daß alles an einen Ort fährt, von Staub gemacht ist und wieder zu Staub wird, so ist dies die grundlegende Erkenntnis einer jeden religiösen Auseinandersetzung mit dem Begriff Zeit.

Das Löwenhaupt des mithrischen Zeitgottes spricht eine deutliche Sprache. Mag das Raubtiergebiß an den »Zahn der Zeit« gemahnen, dem nichts widersteht, wird durch den geöffneten Rachen bildhaft ausgedrückt, daß die Zeit auch alles verschlingt.

Die zeitgenössische Darstellung des monströsen, schrecklichen Zervan geht tiefer als die Saturns, der als Chronos dem Menschen das Stundenglas vorhält oder der noch auf mittelalterlichen Holzschnitten als Sensenmann personifiziert ist. Die Abbildung des »Schnitters Tod«, der bei dem Kranken anklopft, dessen Uhr abgelaufen ist, erscheint gegen Zervan fast zahm und friedlich. Die Welt, in der sich das Volk bei Zirkusspielen ergötzte, bei denen Menschen von Bestien zerfleischt wurden, bedurfte einprägsamerer Mahnungen als das vergleichsweise milde Mittelalter tausend Jahre später.

Das Göttliche ist ohne Raum und ohne Zeit, denn es ist unendlich. Daher mußte die Unendliche Zeit die Würde eines Gottes erhalten, weil sie alles verzehrt, worin der Mensch lebt und denkt: Die Stunde mit ihren Minuten, der Tag, die Woche, das Jahr. Zervan war es, dem diese Zeitabschnitte gehörten, der sie schuf und tilgte. Daher verehrten die Mithrasten ihn und seine Werke, die Zeitabläufe. So beachteten sie genau, welcher Wochentag gerade war, welchem Planetengott man daher zu huldigen hatte, und sie feierten die jeweiligen Zeitabschnitte.

Neben diesen wurden die Jahreszeiten durch Feste begangen, da sie das Sterben und Wiedererwachen der Natur sinnfällig erkennen lassen. Daher lagen auch am Frühlingsanfang die bedeutsamen Einweihungszeremonien in den Kult des

Mithras. Mit den Terminen der Tag- und Nachtgleiche und denen der Sonnenwenden hatte die Natur einen religiösen Festtagskalender vorgegeben. So wurden die »Mithrakana« als das Hauptfest des Jahres begangen, wenn zur Wintersonnenwende den hoffenden Menschen das Tageslicht neu geschenkt wird. Man feierte die Geburt von Mithras, die Auferstehung des Lichtgottes, als den Tag der unbesiegbaren Sonne.

DER GEBURTSTAG DES LICHTGOTTES, DER GEBURTSTAG CHRISTI

Es war ein kluger und hochpolitischer Schachzug, als die christliche Kirche die Feier des Geburtstags Jesu vom 6. Januar, der bisher gegolten hatte, auf den 25. Dezember verlegte. Dies geschah erstmals in Rom im Jahre 354. Damit wurde erreicht, daß das Christfest zusammenfiel mit dem von Kaiser Aurelian 274 eingeführten Feiertag des Sol Invictus, des Geburtstags des mithrischen Erlösers.So war es den Christen in der religiösen Umbruchperiode des vierten Jahrhunderts möglich, an den eingefahrenen Traditionen anzuknüpfen. Es blieb der Feiertag als Geburtstag des Herrn, es wechselte lediglich die Bezugsperson. Anstelle des Gottes Sol Mithras trat der Gottessohn Jesus. Die junge christliche Kirche konnte es sich im vierten Jahrhundert ohne Gefahr für ihren Bestand einfach nicht leisten, die Existenz des höchsten mithrischen Feiertages zu ignorieren oder gar als Staatskirche darauf hinzuwirken, ihn zu verbieten.

Diese Tatsache widerlegt die Bemühungen christlicher Apologeten, die Bedeutung des Mithraskultes herunterzuspielen. Der löwenköpfige mithrische Gott der Unendlichen Zeit mahnte als symbolisches Menetekel nicht nur den einzelnen. Als Aion war er der Gott der Zeitalter, deren Abfolge wir uns nach orientalischer Auffassung nicht im Sinne einer geraden Entwicklung, sondern spiralförmig denken müssen. Es ist der Gedanke der Wiederkehr des Gleichen unter veränderten Umständen. Die Schlange, die Zervan-Aion umschlingt, ist nichts anderes als die Ekliptik, der Weg der Sonne durch die Bilder des Himmels. Auf dem Körper des Zervan sind die Tierkreiszeichen angebracht oder die Embleme der Jahreszeiten, welche diese begleiten. Außerdem ist die Figur geflügelt, was die Schnelligkeit des Laufs der Zeit versinnbildlicht, und sie führt das Zepter und den Blitz als souveräne Gottheit und Held. Auf manchen Darstellungen hält sie in jeder Hand einen Schlüssel als Herr des Himmels. Die »Unendliche Zeit« schafft und zerstört alle Dinge, regiert die vier Elemente, aus denen die Welt besteht und wird vielfach mit dem vorherbestimmten Schicksal identifiziert.

Für den einzelnen Menschen sind die Windungen der Zeitspirale der Weg zum Licht der Erkenntnis, zum Löwenhaupt, dem Sonnensymbol. Häufig sind es sieben Windungen in Übereinstimmung mit den sieben Planeten, oder es sind deren vier mit Bezug auf die vier Elemente.

Nach anderen Vorstellungen entspricht der Unendlichen Zeit das Urlicht oder Urfeuer. In den Basreliefs finden sich die bildlichen Darstellungen des Windes oder der vier Winde, sinnbildlich für die vier Jahreszeiten, meistens in den Ecken angeordnet, dazu häufig die allegorische Gruppe, welche die drei anderen der vier Elemente darstellt. Den Löwen, der das Feuer symbolisiert, ein Mischkessel, der dem Wasser entsprechen soll oder im Bezug auf das »Lebenswasser« zu verstehen ist. Dies wäre dann aber sinnbildlich für das Luftelement gemeint, und eine Schlange, welche die Erde darstellt.

In Hymnen von tiefem Symbolgehalt besangen die Gläubigen die Wandlungen, welche der Gegensatz der vier Prinzipien in der Welt hervorbringt. Die Anhänger des Mithras beteten die Sonne an, wie die alten Perser. Aber auch der Göttin Luna (= dem Mond) weihte man einen Kult. Sie wurde in einer Biga, einem Gefährt gezogen von weißen Stieren, abgebildet oder auf einer Mondsichel gezeigt. Die Priester der Religion waren »Magier«, die ihren Dienst oft in persischen Gewändern verrichteten.

Der Mithraskult war eine astrologische Religion, denn die meisten Opfer waren den Planetengöttern geweiht. Ihnen schrieb man besondere Kräfte und Beziehungen zu. Jeder Planet beherrschte einen Tag der Woche, jedem war ein Metall geheiligt und jeder war mit einer der sieben Stufen der Einweihung verbunden. Bei ihrer Herabkunft aus dem Himmel empfingen die Seelen, so glaubte man, von den Planeten nach und nach ihre Leidenschaften und Eigenheiten.

In den Mithräen, den in Form einer Krypta ausgebildeten Kultstätten, die an die Höhlen erinnern, wurden die zwölf Zeichen des Tierkreises in ihrer traditionellen Gestalt abgebildet. Jedes von ihnen wurde in der Zeit, in der es regierte, der Gegenstand einer besonderen Verehrung. Das Band des Tierkreises folgt entweder dem Bogenrand der Grotte, deren Gewölbe als Sinnbild des Firmaments betrachtet wurde, oder befindet sich über dem stiertötenden Mithras. In anderen Darstellungen umschlingt es ganz die Szene der Stieropferung. Auf einem römischen Basrelief umgibt das Tierkreisband den löwenköpfigen Kronos, auf anderen Darstellungen ist es zwischen den Windungen der Schlange angebracht. Verehrt wurden auch alle Abschnitte der als erste Ursache betrachteten Zeit, so Jahrhunderte, Jahre, Jahreszeiten, Monate, Tage und Stunden.[2]

Außer den Zeichen des Tierkreises hatten auch andere Sternbilder in den Mysterien ihren Sinn. Aber Planeten und Tierkreiszeichen kam stets die größte Bedeutung zu, weil sie nach astrologischer Auffassung das Dasein der Menschen und den Lauf der Geschehnisse regierten.

Auf babylonische Quellen geht der Glaube an das Verhängnis, die Idee eines unvermeidlichen Schicksals, zurück, welches die Ereignisse dieser Welt lenkt und mit dem Gang der Gestirne verknüpft ist. Das Schicksal, das man sich mit Kronos als der »Unendlichen Zeit« identifiziert vorstellte, hatte alles geschaffen und regierte das Universum. Der Gang der Gestirne und ihre gegenseitigen Aspekte sind das sichtbare Wirken der Götter und erzeugten nach der Vorstellung der Mithrasanhänger die Reihenfolge der irdischen Erscheinungen.

Wenn Astrologie in den ersten Jahrhunderten n. Chr. im Römerreich eine weite Verbreitung gefunden hatte, dann ist ein Grund darin zu suchen, daß sie den religiösen Vorstellungen des Mithraismus entsprach. Das unwissende Volk, das infolge mangelnder Bildung weder Zugang zu den Tiefen der Religion noch zu denen der Wissenschaft hatte, begnügte sich damals mit kultischen Handlungen wie beispielsweise den Orakelsprüchen »chaldäischer« Wahrsager, die auf allen Straßen Italiens zu finden waren und an denen es auch im übrigen Römerreich nicht gefehlt haben wird. Der Gläubige setzte sein Vertrauen auf den Beistand wohltätiger Mächte, die das Böse bekämpften.

Mithras war der Held frommer Legenden und spielte eine große Rolle, obwohl er in der Hierarchie der Götter nicht den obersten Rang einnahm. Mithras wurde als Gott des Lichts mit Schamasch, der Sonne, identifiziert. Sie aber stand nach chaldäischer Lehre an vierter Stelle im Planetenreigen. Das ist die Mitte, so daß Mithras auch als »Mittler« galt. Daher heiligte man ihm auch den sechzehnten Tag des Monats. Mithras wurde angerufen, weil er zwischen dem unzugänglichen und unerkennbaren Gott und dem Menschengeschlecht auf der Erde vermittelt. »Auch die griechischen Philosophen betrachteten die schimmernde Kugel, welche ihr Licht über uns ausgießt, als das stets gegenwärtige Bild des unsichtbaren Wesens, dessen Dasein nur unsere Vernunft erfaßt.«[3]

Als Sonnengenius wird Mithras häufig zwischen zwei Hirten abgebildet, von denen der eine die erhobene, der andere die gesenkte Fackel trägt und die Cautes und Cautopates genannt werden, die aber nur als duale Inkarnationen seiner eigenen Persönlichkeit anzusehen sind. »Diese beiden Dadophoren und der stiertötende Heros bildeten eine Trias, und man sah in diesem ›dreifachen Mithra‹ entweder das Tagesgestirn, dessen Aufgang am Morgen der Hahn verkündet, das mittags triumphierend den Zenit überschreitet und abends müde an den Horizont herabsinkt. . .«[4] Allerdings gibt es für diesen astronomischen Symbolismus auch andere Erklärungen.

Was die esoterischen Lehren enthüllten, läßt sich aus den Bas-Reliefs, die uns erhalten sind, vermuten. Mithras galt als der Gott aus dem Felsen. Denn das Licht, das aus dem als fest aufgefaßten Himmel, dem steinernen Gewölbe, entspringt, gleicht in der Mythologie dem Magier Mithras bei seiner Geburt, als er sich dem Felsen entrang. Das weist ihn als Himmlischen aus. Er war mit einem Messer bewaffnet, trug eine Fackel, welche die Finsternis erhellte und hatte auf dem Haupt eine phrygische Mütze. Mithras maß zuerst seine Kräfte mit dem Sonnengott, der dessen Überlegenheit anerkannte. Der Sieger setzte ihm die Strahlenkrone aufs Haupt, die Sol seither während des täglichen Laufes trug. Bekanntlich schmückten sich die Soldatenkaiser der spätrömischen Epoche ebenfalls mit einer Strahlenkrone und trugen u.a. den Titel »Invictus« (der Unbesiegbare) wie Mithras. Dieser kämpfte dann mit dem Stier, dem ersten lebenden Wesen, das von Jupiter geschaffen worden war. Mithras siegte und zog den Stier auf einem mit Hindernissen übersäten Weg in seine Höhle. »Dieser mühselige Übergang« (Transitus) des stiertragenden Gottes scheint zu einer Allegorie der menschlichen Prüfungen geworden zu sein.[5] Als der Stier flüchtete, befahl der Sonnengott dem Mithras, ihn zu jagen und zu töten. Das geschah dann in dem Augenblick, als das Tier sich in die Höhle flüchten wollte, die es verlassen hatte. »Da begab sich ein außerordentliches Wunder. Aus dem Körper des sterbenden Tieres entstanden alle heilsamen Kräuter und Pflanzen, welche die Erde mit ihrem Grün bedeckten. Aus seinem Rückenmark sproß das Getreide hervor, welches das Brot, und aus seinem Blut der Weinstock, der den heiligen Trank der Mysterien liefert. Eine wunderbare Vegetation, welche die Künstler diskret angedeutet haben, indem sie den Schweif in einem Ährenbüschel enden lassen. Mochte auch der böse Geist auf das zuckende Tier seine unreinen Kreaturen loslassen, um in ihm die Quelle des Lebens zu vergiften: Der Skorpion, die Ameise und die Schlange versuchten vergeblich, die Genitalien des fruchtbaren Vierfüßlers zu verzehren und sein Blut zu trinken; sie vermochten den Vollzug des Wunders nicht zu verhindern. Der von dem Mond (Luna) gesammelte und gereinigte Same des Stiers erzeugte alle Arten nützlicher Tiere und eine Seele. Von dem Hunde, dem treuen Begleiter Mithras, beschützt, erhob sich diese bis in die himmlischen Sphären, wo sie, zum Gott geworden, unter dem Namen Sylvanus die Herden in ihre Obhut nimmt. So war der stiertötende Heros durch das Opfer, zu dem er sich entschlossen hatte, der Schöpfer aller heilbringenden Wesen geworden, und aus dem Tode, den er herbeigeführt hatte, war ein neues, reicheres und fruchtbareres Leben geboren.«[6]

Der Kampf zwischen Gut und Böse setzt sich auf Erden fort. Er offenbart sich am Himmel im Gegensatz zwischen den günstigen und ungünstigen Sternen und vollzieht sich im Herzen der Menschen, die ein Mikrokosmos sind. Das Leben ist eine Prüfung, und um diese siegreich zu bestehen, muß man sich an die Gesetze halten, wie Mithras, als er der Aufforderung des Sonnengottes nachkam, den Stier zu töten. Welche Art Verpflichtungen im einzelnen den Eingeweihten der Lehre auferlegt wurden, kann nur vermutet werden.

Cumont ist der Auffassung, daß die Erhabenheit des Altpersischen sich gegenüber der Zügellosigkeit der babylonischen Kulte durchsetzte. Der Gläubige hat nach vollkommener Reinheit zu streben. Daher enthielt das Ritual auch wiederholte Waschungen. Keuschheit wurde als lobenswert angesehen. Der Gläubige war gehalten, für das Gute aktiv einzutreten. Das Starke galt mehr als das Milde, und der Mut wurde höher als die Sanftmut geschätzt. Die Betonung der militärischen Tugenden hatte zur Folge, daß der Mithraismus eine Religion der Soldaten wurde.

Die Mithrasten glaubten an das bewußte Fortleben der in uns wohnenden göttlichen Substanz und an Lohn und Strafe nach dem Tod. Nach diesem kämpften die Mächte der Finsternis und die Boten des Himmels um die Seele. Hatte diese sich durch ein unreines Leben befleckt, mußte sie in die Hölle oder den Leib eines unreinen Tieres bewohnen. Überwogen jedoch die Verdienste die Fehler, war der Weg, der durch sieben verschiedene Tore aus sieben verschiedenen Metallen in den Himmel führte, frei. Je weiter die Seele durch jene verschiedenen Zonen vordrang, um so mehr legte sie die Kleider, die Leidenschaften und Fähigkeiten ab, die sie empfangen hatte, als sie auf die Erde herniedergeschwebt: Sie ließ dem Mond ihre Lebens- und Ernährungskraft, dem Merkur ihre habsüchtigen Neigungen, der Venus ihre erotischen Gelüste, der Sonne ihre intellektuellen Fähigkeiten, dem Mars ihren kriegerischen Mut, dem Jupiter ihre ehrgeizigen Wünsche, dem Saturn ihren Hang zur Trägheit. Sie war nackt, befreit von allen Mängeln und aller Sinnlichkeit, wenn sie in den achten Himmel, zu den Götter gelangte, um dort als erhabenes Wesen im ewigen Licht eine endlose Seligkeit zu genießen.

Eine Lehre von der Auferstehung des Fleisches ergänzte die Vorstellung von der Unsterblichkeit der Seele.

Zur Bedeutung des Mithraismus sagt Cumont: »Er befriedigte zugleich den Verstand der Gebildeten und das Herz der Einfältigen. Die Apotheose der Zeit als erste Ursache und die der Sonne als ihrer sichtbaren Manifestation, welche die Wärme und das Leben auf der Erde erhält, waren hochphilosophische Konzeptionen. Der Kultus, den man den Planeten und den Sternbildern erwies, deren Lauf die irdischen Ereignisse bestimmten, wie den vier Elementen, deren unendliche Kombinationen alle Naturerscheinungen hervorbrachten, kam schließlich auf die Anbetung der Prinzipien oder wirkenden Kräfte hinaus, welche die antike Wissenschaft anerkannt hatte. Die Theologie der Mysterien war in dieser Beziehung lediglich die religiöse Verklärung der römischen Physik und Astronomie.«

Die Mithrasreligion wurde von keinem Stifter begründet. Ihr Inhalt bezieht sich nicht auf eine menschliche oder göttlich gedachte Persönlichkeit, die wirklich gelebt hätte. Vielmehr drücken Kultus und Lehre eine Geisteshaltung aus, die auf das Zukünftige gerichtet ist.

Wir verfügen heute nur über sehr wenige Texte, sodaß wir

darauf angewiesen sind, uns aufgrund von Bodenfunden ein Bild zu machen. Was die Kultstätten bzw. die Altarbilder und die aufgefundenen Kultgegenstände uns lehren, ist nur das äußere, gewissermaßen exoterische Bild einer Religion, während uns der esoterische Gehalt weithin verborgen bleibt. Sicher ist, daß der Mithrasdienst eine hohe Moralauffassung voraussetzte und nichts auf Auswüchse in sexuelle oder orgiastische Verirrungen hindeutet, wie sie in anderen Mysterienkulten häufig waren. Es gab weder prunkvolle Feste noch pompöse Sakralbauten, vielmehr müssen starke Impulse zur Verinnerlichung gegeben worden sein. Aber gerade dies macht es so schwer, den wahren Inhalt der Mithrasreligion nachzuempfinden.

Was uns christliche Schriftsteller wie Tertullian berichtet haben, geht nur auf das Hörensagen zurück, da die Mithrasbekenner zu strengster Geheimhaltung verpflichtet waren. Sicher ist nur, daß die Gläubigen erst nach und nach durch bestimmte Einweihungszeremonien Kenntnisse der Lehre erwarben.

Entsprechend der Siebenzahl der astrologischen Gestirne führten sieben Stufen in das Heiligtum, und die kultische Rangordnung kannte sieben Einweihungsgrade. Die Mithrasforscher sind sich bei deren Beurteilung aber keineswegs einig. Auf dem Aventin in Rom wurde bei der Kirche Santa Prisca ein Mithräum ausgegraben, dessen Fresken und Fundstücke es neben einem Mosaik aus Ostia möglich machen, die sieben Einweihungsgrade des Mithraskultes als eindeutig astrologisch begründet anzusehen. Dennoch erlebt man immer wieder, daß selbst anspruchsvolle Veröffentlichungen zum Thema Mithras geradezu akrobatische Gedächtnisübungen anstellen, um zu verschleiern, oder es einfach nicht wahrhaben wollen, daß wir es beim Mithraskult mit einer astrologisch orientierten Religion zu tun haben.

Die sieben Weihegrade heißen in deutscher Übersetzung: Rabe, Verborgener oder Braut, Soldat, Löwe, Perser, Sonnenläufer und Vater. Diese seltsam anmutenden Bezeichnungen irritierten die Mithrasforscher zu allen Zeiten, angefangen von zeitgenössischen apologetischen christlichen Schriftstellern, deren Berichte aus einer Art religiösem Konkurrenzdenken heraus entstanden sind.

Niedrigster Einweihungsgrad war der »Rabe«. Ein Rabe ist es, der von Sol, dem Sonnengott, ausgeschickt, dem Mithras den Befehl zur Tötung des Stiers überbringt. So ist der Rabe der Vermittler, und die Fresken von Santa Prisca zeigen nicht nur sein Bild, sondern stellen als sein Symbol den Caducäus dar, den Schlangenstab, das Symbol des Merkur. Bei besonderen kultischen Handlungen traten die Eingeweihten in einer Verkleidung auf, die ihrem Einweihungsgrad entsprach. Wir dürfen annehmen, daß es sich bei den Raben um Diener oder um allgemeine Teilnehmer handelt, die durch bestimmte Riten, die »corvina«, geweiht wurden. In Santa Prisca ist eine Inschrift zu entziffern: »Nama Coracibus tutela Mercurii« Heil den unter dem Schutze Merkurs stehenden Raben!

Der zweite Grad war der des »Nymphus«, einer »männlichen Braut«. Bei der Einweihung wurde eine mystische Hochzeit mit Mithras vollzogen. Der Brautschleier, der Spiegel und die Tatsache, daß Venus nach römischer Ansicht Bündnis und freundliche Verbindung schützt, sind Hinweise, daß allein Venus über diesen Weihegrad gebietet. Mosaikbilder weisen außerdem eine Lampe, ein Diadem und eine Fackel als Symbole auf, die man als Hochzeitsfackel deutet. Es ist bekannt, wie sehr in der Antike homosexuelle Praktiken verbreitet waren.

Keine Diskussion gibt es beim dritten Weihegrad, dem »Soldaten«. Lanze, Helm und Soldatensack deuten auf Mars als dem Schutzherrn der Glaubensstreiter.

Der vierte Einweihungsgrad ist der des »Löwen«. Er ist der mittlere der sieben und von besonderer Bedeutung. Als Symbol des Löwen ist eine Feuerschaufel bekannt, wie man sie auch tatsächlich als Kultgegenstand in den Mithräen gefunden hat. Weitere Hinweise auf das feurige Element sind eine Rassel, wie sie aus dem Isisdienst übernommen worden sein dürfte und ein Blitz oder Lichtbündel. Die »Löwen« nehmen in den Mysterien einen ganz besonderen Platz ein, und der Löwe läßt aus astrologischer Sicht keine andere Deutung zu, als daß wir es hier mit dem Sonnensymbol zu tun haben. Auch die ptolemäische Gestirnreihe hat die Sonne in der Mitte. Ptolemäus war nicht der Erfinder dieses Systems, sondern schreibt, daß er nur das alte Wissen aufzeichnet. Rein zeitlich fallen die Ausbildung des Mithraskultes und die ptolemäische Astrologie durchaus zusammen.

Der nächsthöhere Einweihungsgrad ist »Heliodromus«, der Sonnenläufer. Mosaike in Ostia geben die Fackel, einen Strahlenkranz mit Bändern und eine Peitsche als Sinnbilder an. Der Hinweis auf die Sonne liegt durch Fackel und Strahlenkranz nahe, die Peitsche weist auf Helios als den Führer des Sonnenwagens. Deutet man den »Löwen« als Einweihungsgrad der Sonne, müßte der Heliodromus als dem Jupiter unterstellt gelten. Dafür könnte ein Indiz sein, daß auch ein Iuppiter Lucetius, der italienische Gott des lichten Himmels, Lichtbringer war. Als solcher kann er durchaus Schutzgott des sechsten Weihegrades sein.

Siebter und letzter Einweihungsgrad ist der »Vater«. Er nimmt den höchsten Rang im Mithrasdienst ein, ist somit gewissermaßen der irdische Stellvertreter des Gottes selbst. Er ist der Magier, der Oberpriester, der Pater sacrorum, der Vater der Mysterien, als solcher auch ein studiosus astrologiae. Über seinem Bild steht in Santa Prisca »Heil den Vätern, vom Osten bis zum Westen, unter Schutz und Schirm von Saturn!« Ein Mosaik aus Ostia zeigt als Attribute die Sichel des Saturn, die phrygische Mütze, Stab und Ring des weisen Meisters. Saturn – Chronos hat auch den stärksten Bezug auf die Verklärung der Zeit als der ersten Ursache. Er steht somit den Göttern auch am nächsten.

Zu jedem Mithräum gehörte ein Taurobolium, eine ausgemauerte Grube, über welcher das Stieropfer vollzogen wurde. Das Blut des Tieres tropfte auf den Mysten. Wir dürfen eine solche Zeremonie nicht nach heutigen ästhetischen

Maßstäben messen, vielmehr ist es eine kultische Handlung, bei der etwa die Sünden des Mysten durch das Blut abgewaschen werden. Das Hinabsteigen des Mysten in die Grube, durch Trauerweisen begleitet, symbolisierte Abschied, Opfer und Entsagung, war ein bildhaftes Begräbnis, dem die Auferstehung folgte. Eine solche vergeistigte Betrachtung legt den Schluß nahe, daß es sich hierbei um eine Kulthandlung von besonderem Symbolgehalt gehandelt hat. Die Gegner des Mithraismus verurteilten freilich das rituelle Opfer besonders hart und nahmen es zum Anlaß, gegen den Kult als solchen vorzugehen. Wir dürfen jedoch sicher sein, daß grausame Zeremonien in römischer Zeit schon stark gemildert waren, und auch die Bekenner, zum größten Teil aus dem Soldatenstand stammend bzw. mit ihm verbunden, ein gewisses Maß an blutigem Geschehen als nicht ungewöhnlich akzeptiert haben.

Die mithrischen Gemeinden waren als Bruderschaften organisiert, die auch irdische Interessen wahrnahmen. Gefeiert wurden der Sonntag, die Solstitien (Beginn von Sommer und Winter) wie die Äquinoktien (Daten der Tag- und Nachtgleiche, also Frühlings- und Herbstbeginn) als hervorragende Feiertage und besonders der 25. Dezember, die Wiedergeburt der Sonne.

Frauen waren zu den Mysterien des Mithras allerdings nicht zugelassen. Darin liegt ein weiterer Gegensatz zu den meisten orientalischen Kulten, bei denen Frauen geradezu eine ausschlaggebende Rolle gespielt haben. Wahrscheinlich ist die Begrenzung der Mithrasreligion allein auf die Männer auch einer der Hauptgründe gewesen, daß in der Auseinandersetzung mit dem Christentum der Mithraismus schließlich unterlag, obwohl er mit diesem manche Ähnlichkeit hatte.

Kehren wir zum Ausgangspunkt unserer Betrachtungen zurück. Wir finden überall im Römerreich Mithrasheiligtümer, vorzugsweise entlang des Limes, des römischen Grenzwalls, in Deutschland besonders um Frankfurt a. M. und Wiesbaden. Im Museum Carnuntinum in Österreich befindet sich ein Denkmal von welthistorischer Bedeutung. Es ist der große Weihestein aus dem Jahre 307, als sich die Kaiser Diocletian, Maximian, Galerius und Licinius in Carnuntum trafen. Dies war für die Mithrasbekenner damals der Anlaß, das dortige Mithrasheiligtum zu restaurieren. Vor dem mächtigen Reliefbild, das wir heute bewundern können, steht der Opferaltar mit der personifizierten Darstellung der Winde und der Jahreszeiten, zwischen ihnen Cälus, der Träger des Himmelsgewölbes. Der Mithrasforscher Cumont stellte zur Bedeutung des Kaisertreffens in Carnuntum fest: »Niemals, nicht einmal zur Zeit der mohammedanischen Invasion, schien Europa mehr in Gefahr, asiatisch zu werden, als in diesem Augenblick.« Daß es nicht dazu kam, lag daran, daß Mithras bereits den Kulminationspunkt seines Einflusses überschritten hatte. Damals war bereits die Gegnerschaft zwischen Mithrasten und Christen unübersehbar. Mit Konstantin d. Gr. errang das Christentum den entscheidenden Sieg, wenn auch unter Julian (361-363) noch einmal der Mithraskult eine vorübergehende Blüte feierte. Es ist innerhalb der historischen Entwicklung allerdings die letzte Epoche, in der Astrologie die Grundlage für eine nach damaligem Maßstab weltweite Staatsreligion auf europäischem Boden abgab. Die Nachwirkungen des Mithraismus sollten noch Jahrhunderte später in der Religions-, Kultur- bzw. Geistesgeschichte ihre Spuren hinterlassen.

ASTROLOGIE UND MENSCHENBILD
IN DER RENAISSANCE

Es geschah nicht von ungefähr, daß in der Renaissance verschiedene Richtungen in der Astrologie aufbrachen oder, besser gesagt, sichtbar wurden. Denn Zeiten des Umbruchs lassen stets den Verlauf geistiger Strömungen deutlicher erkennen als Jahrzehnte, in denen das geistige, wirtschaftliche und soziale Leben in geordneten Bahnen übersichtlich dahinfließt. Thomas von Aquino hatte für das Mittelalter die Stellung der Astrologie recht genau bezeichnet. Ihre Position war bis zum 15. Jahrhundert im großen und ganzen unangefochten, zumal Forschungsergebnisse arabischer Astrologen, seit den Kreuzzügen zugänglich geworden, die Deutungspraxis bereichert hatten. Die großen Erfindungen, allen voran der Buchdruck, später auch die geographischen Entdeckungen prägten das 15. und 16. Jahrhundert. Sie standen in Wechselwirkung mit den geistigen Strömungen des Humanismus und der Renaissance, wodurch es schließlich nicht ausbleiben konnte, daß Astrologie im besten Sinne des Wortes in Frage gestellt wurde.

Damals begann der Mensch, seine Welt auszuweiten. Er versuchte Fesseln abzustreifen und Schranken zu durchbrechen. Sein Humanitätsideal orientierte sich an der Antike, in der Astrologie durchaus anerkannt war. Sie wurde daher keineswegs grundsätzlich abgelehnt, zumal sie ja an zahlreichen Universitäten gelehrt wurde. Vielmehr ging es bei der Diskussion darum, welchen Freiheitsraum der einzelne Mensch habe, der sich seiner selbst nun mehr bewußt wurde und nach Sicherung seiner geistigen Freiheiten strebte.

Verfall des Rittertums, Umschichtungen innerhalb des

Ständewesens, Auflösung der alten städtischen Ordnung, neue Methoden der Kriegsführung, wie sie durch die mit Schußwaffen ausgerüsteten Landsknechte aufkamen, formten das Lebensgefühl der Epoche. Dem Bildungshunger einzelner stand die Unwissenheit breiter Massen gegenüber, die sich über soziale Ungerechtigkeiten und kirchliche Mißstände erregten. Religiöse Erneuerungsbewegungen kündigten sich an. Aus Lebensangst flüchteten sich die Menschen in den Aberglauben. Wahrsager und falsche Propheten nützten die Leichtgläubigkeit aus. Magische Praktiken waren weit verbreitet. Kein Wunder, daß auch Astrologie, soweit sie von zweifelhaften »Chaldäern« betrieben wurde, in den Sog der Niederungen geriet.

Es fehlte nicht an Kritikern, die, wie der junge Graf Pico della Mirandola (24.2.1463–17.11.1494), gegen diese Auswüchse zu Feld zogen. Pico sprach sich aber auch gegen Astrologie aus, weil er durch ihren damaligen Totalitätsanspruch die Würde des Menschen beeinträchtigt glaubte. Pico sah im Menschen durchaus einen Mikrokosmos. Doch er war davon überzeugt, daß er sich, entsprechend seiner Entwicklungsstufe, frei entscheiden könne. Damit wurde er zum Vertreter jener Bestrebungen, die Astrologie bekämpften, weil sie durch sie ihre Freiheit eingeschränkt sahen. Aus dieser Sicht war Pico progressiv. Er stand damit im Gegensatz zu dem Philosophen und Astrologen Pietro Pomponazzi (16.9.1462–18.5.1525), der als Professor in Padua, Ferrara und Bologna u. a. Astrologie lehrte. Pomponazzi vertrat einen totalen Determinismus. Er hat sich in vielen Schriften mit der Naturphilosophie, der Vorläuferin unserer Naturwissenschaften, auseinandergesetzt. Die Wissenschaften nahmen erst mit Galilei und Newton ihren Anfang. Bis dahin wurde nicht experimentiert, beobachtet, gemessen oder verglichen, sondern die Natur nach ihren eigenen Prinzipien, nach den sichtbaren Kräften erklärt. Da sich diese in der Bewegung der Himmelskörper am deutlichsten zeigten, wurde die Abhängigkeit vom Naturgeschehen, einschließlich der menschlichen Existenz, als selbstverständlich hingenommen. Grenzwissenschaftliche Phänomene erregten Picos und auch Pomponazzis Aufmerksamkeit. Während sich Pico mit der jüdischen Kabbala auseinandersetzte, beschäftigte sich Pomponazzi mit den verschiedenen Formen von Mantik und Magie. Obwohl skeptisch eingestellt, zog er sie nicht in Zweifel, sondern beschränkte sich auf das Ordnen der Phänomene. Was ihm durch Erfahrung verbürgt schien, nahm er als erwiesen an. Das entsprach durchaus der allgemeinen Auffassung von wissenschaftlichem Vorgehen. Pomponazzi suchte, wie Vertreter unserer heutigen Naturwissenschaften, Gesetze aufzudecken. Nur wählte er eben den deduktiven Weg, schloß von Vereinzelungen auf das Ganze. Es wurde von ihm nicht untersucht, wie eine astrologische Konstellation statistisch oder auf eine andere Art und Weise sich »beweisen« ließe, sondern die durch Erfahrung gewonnenen Einsichten wurden verallgemeinert, um daraus auf die Ursachen allen Seins und Werdens zu schließen. Pomponazzi war von der Wirksamkeit der Himmelskörper überzeugt. Er nahm eine durchgehende Kausalität an. Seine Hypothese ging dahin, alles Sein und eine jegliche Handlung auf kosmische Ursachen zurückzuführen. Eine solche Auffassung mußte der von Pico postulierten Entscheidungsfreiheit des Menschen zuwiderlaufen, denn Pomponazzi glaubte, keine einzige Ausnahme zulassen zu können, um die Naturordnung nicht zu gefährden. So hatten nach Pomponazzi weder Engel noch Dämonen Macht über die Menschen, ja, er ging in der konsequenten logischen Durchführung seiner Theorie sogar so weit, daß selbst Gott, mochte er auch der Ursprung alles Geschehens sein, in jene Ordnung einbezogen wurde, die in seinen Augen für die ganze Welt Gültigkeit hatte.

Damit wurde der Versuch Zecco d'Ascolis toleriert, der 1327 auf dem Scheiterhaufen sterben mußte, u.a. weil er versucht hatte, das Horoskop Christi zu berechnen. Für Pomponazzi war es selbstverständlich, daß auch ein Religionsstifter mit ganz besonderen Anlagen geboren wurde, die ihn veranlaßten, so und nicht anders zu handeln. In Konsequenz dieses Gedankens führte Pomponazzi dann aus, daß alles Entstehen und Vergehen sich nach den gleichen Gesetzen vollziehe, denen somit auch der Glaube unterworfen sei. Das Heidentum z.B. entwickelte sich und verging, ein Schicksal, das auch der christliche Glaube haben müsse. Es ist klar, daß die Kirche eine solche Auffassung nicht billigen konnte. Doch Pomponazzi brachte sich mit der Annahme einer durchgehenden Kausalität, der alles irdische Geschehen unterworfen sei, auch in Gegensatz zu dem neuen Lebensgefühl, wie es durch Pico della Mirandola verkörpert wurde. Dieser starb bereits im Alter von 31 Jahren. Das veranlaßte die Leute zu dem Urteil, die Sterne hätten wider Pico gesiegt, denn drei Astrologen hatten dem Grafen vorausgesagt, er würde das dreiunddreißigste Jahr nicht erreichen. Pomponazzi überlebte seinen ideologischen Widerpart um drei Jahrzehnte. Er starb den freiwilligen Hungertod. Mit ihm hatte die wissenschaftliche, durch Kausalität begründete Astrologie ihren Höhepunkt erreicht.

Der Anspruch einer totalen Abhängigkeit alles Geschehens von Ursache und Wirkung war astrologisch auf die Dauer nicht zu rechtfertigen. Er wurde erst über zweihundert Jahre später von Laplace aus anderer Sicht rückhaltlos im Sinne des kausalen-mechanistischen Weltverständnisses vertreten. Die Tragik liegt darin, daß durch Persönlichkeiten wie Pico dem »Fortschritt« eine Bahn gebrochen wurde, die zu eben jener Tyrannei der mechanistischen Weltauffassung führte, die von ihm als inhuman bekämpft wurde. Für die Gebildeten der Renaissance war die Sachlage natürlich nicht so durchsichtig, wie sie sich uns heute darstellt. Astrologie zählte schließlich zu den etablierten Wissenschaften. Die Kritik setzte daher auch vorwiegend an ihren Auswüchsen an. Sie wurde durch Pico della Mirandola, einer der leuchtenden Gestalten dieser Zeit vorgetragen, die durch den Fürsten Cosimo de Medici (27.9.1389 – 1.8.1464) wesentlich beeinflußt bzw. angeregt wurde. Dieser entstammte einem Florentiner Bürgergeschlecht, das seit dem 13. Jahrhundert durch geschäftliche Erfolge zu Reichtum und Ansehen gelangt war und das im 15. Jahrhundert die eigentliche Herrschaft über Florenz ausübte.

Cosimo de Medici förderte in unvergleichlicher Weise die Künste und die Wissenschaften. Vor allem nahm er zahlreiche Künstler und Gelehrte in seine Dienste. Einer von ihnen war Marsilio Ficino (1433 – 1499). Seinem Leben gab Cosimo de Medici Inhalt und Richtung, wie er auch von großem Einfluß auf Pico werden sollte. Cosimo de Medici beauftragte den gelehrten Marsilio Ficino, die Werke Platons aus dem Griechischen zu übersetzen und zu kommentieren. Durch diese Tat standen schließlich Platons Gesamtwerk, aber auch die Schriften der Neuplatoniker, die hermetische Literatur und zahlreiche weitere Werke nicht nur der Florentiner Elite, sondern der ganzen gebildeten Welt zu Verfügung. Von Florenz aus verbreiteten sich Ficinos Gedanken, und der Platonismus konnte zur Philosophie der Renaissance werden. Dies vor allem, weil die Philosophie Platons durch Ficino zur christlichen Offenbarung in Beziehung gesetzt wurde. Es ist das große Verdienst Ficinos, die Brücke zwischen Christentum und Antike geschlagen zu haben. Er vertrat die Auffassung, daß im Christentum die göttliche Uroffenbarung bewußt gemacht wurde und, wie bei Platon, sei die menschliche Seele aus Gott und strebe nach Wiedervereinigung mit ihm. Im engen Geflecht von Philosophie und Religion hatte Astrologie ihren festumrissenen Platz, zumal auch die mittelalterlichen Naturwissenschaften, vor allem die Medizin, mit astrologischen Elementen durchsetzt waren. In den einfacheren Schichten des Volkes war der Glaube an ein astrologisches Fatum (Schicksal) vorhanden, wie es Pomponazzi vertrat und Pico della Mirandola angriff. Jedoch setzte sich im 15. Jahrhundert immer mehr die von der Kirche geduldete Ansicht durch, daß den Gestirnen keine selbständige Macht zukomme, daß sie vielmehr als Werkzeuge Gottes anzusehen seien. Diese Vorstellung wurde durch Ficinos Tat, Platon mit dem Christentum zu verbinden, entscheidend vertieft.

Dante verstand Astrologie als ein Prinzip des weltlichen

Wissens. Wie er ist Ficino der Ansicht, daß die Planeten zwar Macht über den Körper des Menschen besitzen, aber keinen Zwang auf seinen Geist und seinen Willen ausüben können. In seinen drei Büchern »De vita« versucht Ficino einen Gesamtaufbau der Medizin auf astrologischer Grundlage zu geben.[1,2] Als Gelehrter unternahm er es, ein naturwissenschaftliches Projekt anzugehen, obwohl ihn vor allem doch die philosophische Grundlage der Astrologie interessierte.

Ficino selbst war durchaus sternengläubig und damit ein Kind seiner Zeit. Der Schicksalsplanet Saturn im Aszendenten seines Horoskops beschäftigte ihn sein ganzes Leben. Auf diese Konstellation führte er zurück, daß es ihm nicht gegeben war, so leicht und unbeschwert zu handeln, wie dies Jupiter- oder Venus»kinder« vermochten. Aber er wußte, daß er innerhalb der Grenzen, die ihm als »Saturnkind« gezogen waren, doch die Möglichkeit hatte, sich zu entscheiden. Jedes Gestirn, auch Saturn, symbolisiert Positives und Negatives. Es bleibt nach Ficino dem Menschen unbenommen, sich für die Richtung seines Wollens zu entscheiden, also nach der positiven Seite hin zu streben oder zum Negativen abzugleiten. Setzt Saturn Grenzen und steckt einen engen Lebensrahmen ab, erlaubt er doch, einen Höhenweg zu gehen, von Trübsinn und kraftloser Melancholie aufzusteigen zu Kontemplation, Konzentration und weiser Einsicht. Amor fati, die Liebe zum Schicksal, ist die Bejahung der »Planetenkindschaft«, aber auch die bewußte Orientierung nach den Chancen, die ein solches Abhängigkeitsverhältnis vom Gestirn bietet.

Nach Ficino stellt die Welt ein Stufenreich dar, dessen Teile gemäß ihrer Art zur Vollkommenheit gelangen könnten. Dreifach sieht er die Ordnung der Dinge: Vorsehung (providentia), Schicksal (fatum) und Natur (natura). Vorsehung ist jener Teil des seelischen Lebens, durch den der Mensch als Geisteswesen mit der Welt in Verbindung steht. Der Weg zur Vervollkommnung führt in dieser Richtung zu Gott. Unsere Vorstellungen und die Sinnlichkeit bewirken das Fatum, die schicksalhafte Ordnung, an der wir durch unsere Seele

Anteil haben. Der Körper aber ist ein Teil der Natur. Dieser Bereich drückt das Notwendige aus, dem wir uns nicht entziehen können. Durch seinen freien Willen kann sich der Mensch den Fesseln des Notwendigen entziehen und nach höherer Vollkommenheit streben, soweit dies in den von der Natur gezogenen Grenzen möglich ist. Deshalb wird ein Weiser die wohltätige Kraft seines Sternes aufgreifen und das Schädliche abwenden können.

In seiner Darstellung des Systems der Astrologie in der Schrift »De vita triplici« sprach Ficino den Gedanken aus, daß die Welt ein beseelter Organismus sei, also mehr als eine Ansammlung toter Elemente. Das Ganze gilt mehr als die Summe seiner Teile, die Organen gleichen, weil sie im Kosmos, in dem sie an bestimmter Stelle angeordnet sind, Aufgaben zu erfüllen haben. Die »concordia mundi« erscheint als hierarchisch gegliedertes Wechselspiel von Kräften, die ineinander greifen. Gemäß den Vorstellungen Platons wirkt das Universum von oben nach unten, vom Reich des Geistigen auf das Sinnliche. Damit sind der Selbstbestimmung des Menschen im Rahmen seiner kosmischen Bindungen unüberschreitbare Grenzen gezogen.

An dem Stufen-Kosmos wird sichtbar, daß Ficino den mittelalterlichen Vorstellungen verhaftet bleibt. Makrokosmos und Mikrokosmos sind durch Kausalität verknüpft: Was am Himmel geschieht, hat auf der Erde seine Folgen. Es blieb Nicolaus Cusanus (1401–1464) vorbehalten, das bisher einseitig verstandene Abhängigkeitsverhältnis zwischen der niederen und der höheren Welt neu zu interpretieren. Es gibt kein absolutes »Oben« und »Unten« mehr, somit auch keine »Einbahnstraße« des Wirkens. Vielmehr muß man sich den Zusammenhang der großen und der kleinen Welt im Sinne eines Verhältnisses der Korrelation denken.

Den Zeitgenossen waren solche Vorstellungen noch fremd. Einer griff sie allerdings auf und zog daraus weitergehende Schlußfolgerungen für Medizin und Astrologie. Es war Paracelsus (1493–1541). Er dachte sich Makro- und Mikrokosmos als Parallele. So wurde erst durch Paracelsus eine Neuorientierung im Grundsätzlichen möglich, denn dem Schicksalsmotiv der alten Astrologie trat nunmehr die ethische Selbstbestimmung des Menschen gegenüber. Diese aber war kennzeichnend für das neue Lebensgefühl, das die Renaissance weckte, das Selbstbewußtsein.

Marsilio Ficino konnte diese Entwicklung weder voraussehen noch gar an ihr teilhaben. Seine astrologische Überzeugung war zu sehr von Platon beeinflußt. Aber gerade dadurch wurde es ihm möglich, sich die Welt als einen beseelten Organismus zu denken und von dem als zwingend gedachten Fatum abzurücken, was es wiederum Paracelsus ermöglicht hat, das Lehrgebäude der Astrologie zu reformieren.

PARACELSUS,
DER GROSSE ARZT UND ASTROLOGE

F ür die Ärzte ist er einer ihrer ganz Großen, die Chemiker proklamieren ihn als Alchemisten, als einen Vorläufer ihrer Wissenschaft, denn er begründete die pharmazeutische Chemie und auch die Chemotherapie, weil er vermehrt Mineralien als Arzneien verwendete. Nicht zuletzt gilt er mit Recht neben Johannes Kepler als der bedeutendste Astrologe seit dem Mittelalter.

DAS NEUE ASTROLOGISCHE DENKMODELL

Ein neues, modernes Astrologieverständnis geschaffen zu haben, ist sein Verdienst. Nach Paracelsus sind die Gestirne nur »Kennmarken der Bildekräfte des Organischen«, eines Spannungsgefüges, das an den Konstellationen des Horoskops abgelesen werden kann. So formulierte Thomas Ring in seiner »revidierten Astrologie« diese moderne Auffassung. Die Geburt eines Menschen erfolgt auch nicht zufällig, sondern sie steuert auf einen Zeitpunkt zu, auf die »Stunde der Concordanz«, in der das kosmische Spannungsgefüge den Anlagen des neuen Menschen adäquat ist. Im Horoskop sah er ein Hilfsmittel für den Arzt, ganz wie in unserer Zeit der Tiefenpsychologe C. G. Jung.

Paracelsus rückte durchaus ab von der marktschreierischen Schicksalswahrsagerei, die es zu allen Zeiten gab. Vielmehr war er ein Astrosoph, für den die Sternkunde ein Weg der Erkenntnis vom Wirken Gottes in der Natur war. So sah es auch sein Zeitgenosse Philipp Melanchthon (1496–1665), der protestantische Theologe und Gelehrte, der an der Universität in Wittenberg astrologische Vorlesungen hielt. Ein anderer Zeitgenosse war der geniale Arzt, Mathematiker, Naturforscher und Philosoph Girolamo Cardano (1501–1576), der an den Universitäten Pavia und Bologna lehrte. Er schlug u.a. neue astrologische Techniken vor. Die Zeit der Renaissance bedeutete auch für die Astrologie eine Neugeburt. An ihr hatte Paracelsus entscheidend Anteil.

PARACELSUS (1493–1541)

Sein bürgerlicher Name war Theophrastus Bombastus Aureolus Philippus von Hohenheim. Nach einem berühmten Autor medizinischer Bücher aus der Zeit um Christi Geburt A. Cornelius Celsus nannte er sich Paracelsus, das heißt »zur Seite des Celsus«. Geboren wurde er vermutlich am 10. November 1493 in dem Marktflecken Maria-Einsiedeln, einem bekannten Wallfahrtsort nahe Zürich. Nach dem Freitod seiner Mutter 1502 wurde er von seinem Vater, einem Arzt, aufgezogen, der im selben Jahr nach Villach übersiedelte. 1515 machte Paracelsus seinen Doktor der Medizin an der Universität Ferrara, die wie Padua, Pavia und Bologna eine Hochburg astrologischer Gelehrsamkeit war. Paracelsus war ein universeller Geist, den größten Gelehrten seiner Zeit mindestens ebenbürtig. Damals, als das Reisen noch beschwerlich war, hatte er rastlos ganz Europa durchwandert und so im wahrsten Sinne des Wortes vieles »erfahren«. Durch die Begegnung mit sehr verschiedenen Menschen konnte er beobachten und nachprüfen, daß es eine Parallelität zwischen kosmischen Vorgängen einerseits, dem Leben und dem Schicksalsverlauf der Menschen andererseits gibt. Auf seinen ausgedehnten Reisen, auf Feldzügen, an denen er teilnahm, bei ungezählten Krankenbesuchen und durch das Studium von Krankengeschichten, durch die Diskussion mit den bekanntesten Gelehrten, aber auch durch die von ihm immer geschätzte Unterhaltung mit einfachen Menschen hatte er Einblick in unsere Natur gewonnen. Paracelsus fand: Es gibt Menschen, die sich völlig treiben lassen und die daher auch gänzlich abhängig sind von ihren Trieben. Andere wieder versuchten, ihr Los zu meistern oder zu ändern, doch nur den wenigsten gelang es, weise zu sein, »ihre Gestirne zu beherrschen«.

Die Kosmologie des Paracelsus

Das Verständnis der Kosmologie des Paracelsus steht und fällt mit dem Begriff »Gestirn« bzw. mit der Interpretation dieses Begriffes.

Man hat nicht ganz unrecht, wenn man Paracelsus einen Okkultisten nennt, denn nach Agrippa von Nettesheim (1486-1535), der den Begriff aufbrachte, bezeichnet Okkultismus das Wissen um das Verborgene, um die Wirklichkeit hinter dem Schleier. Denn Paracelsus ging es darum, das Hintergründige aufzudecken, also jene Kräfte sichtbar zu machen, die uns steuern.

Was wir als »Gestirn« ansehen, ist nach Paracelsus nur die äußere materielle Hülle. Das eigentliche Wesen des Gestirns bleibt uns verborgen: »Das Gestirn hat nie keiner gesehen, aber seinen corpus; wie ein Seel im Menschen, die ist auch nicht sichtbar«. Unser Auge schaut am Himmel die Planeten. In ihnen repräsentiert sich »das Elementische«, der »greifliche Leib«. Das andere, was wir nicht sehen, sind die unsichtbar wirkenden Kräfte, die Leben schaffen, für Wachstum und Vermehrung sorgen. Diese Kräfte sind für Paracelsus das Gestirn im eigentlichen Sinn. Sie stehen als geistiges Prinzip dem vegetativen Prinzip gegenüber. Diese Kräfte sind im Menschen existent, steuern aber auch den Lauf der Wandelsterne: »Nun wissent aber weiter auf das, das Gestirn teilt sich in zween Teil. Das ein ist im Himmel in den Sternen, das ander Gestirn ist in der Globul der Erden.«

Immer ging es Paracelsus um den Menschen. So legte er, ganz modern, großen Wert auf die vorbeugende und heilende Auswirkung einer naturgemäßen Lebensweise. Es gelte die natürliche Lebenskraft zu erhalten und zu pflegen.

DAS FIRMAMENT IM MENSCHEN

Paracelsus schrieb seine Werke in Latein oder Frühneuhochdeutsch. Er bemühte sich um anschauliche Darstellung und machte bildkräftige Aussagen. Da ihm aber doch noch gewisse Begriffe fehlen, die für uns gebräuchlich und durchaus eindeutig sind, muß man beachten und unterscheiden, was er meint, wenn er von Gestirn, Firmament oder Himmel spricht. Damit bezeichnet er vor allem »das Gestirn in uns«, das »natürliche Licht«, das als göttlicher Funke in allen Menschen ist. »Nicht allein die Sternen oder Mond machen den Himmel, sondern es seind Sternen bei uns, die selbigen machen ihn auch, die wir nit sehen und in uns seind.«[1]

Das »Firmament im Menschen« zu deuten, ist das zentrale Anliegen des Paracelsus in der »Astronomia magna oder die ganze Philosophia sagax der großen und der kleinen Welt« (1537-38).

Dies ist tatsächlich eine Interpretation des Zusammenhangs des »Oben« mit dem »Unten«, in dem es nicht mehr um irgendwelche »Einflüsse« geht. Es ist kein Zufall, wenn dieser bedeutende Kopf, der jahrhundertelang mißdeutet und falsch interpretiert wurde, heute erst zu Ansehen gelangt. Goethe hatte Paracelsus verstanden, die Romantiker haben ihn geschätzt, trotz oder gerade wegen der Gegenpropaganda der Aufklärer. In der Zeit einer Abkehr vom mechanistischen Weltbild und einer Besinnung auf humanistische Ideale ist es nur folgerichtig, bei jenem Mann anzuknüpfen, der die Theorie der Astrologie bewußt umkehrte, »vom Kopf auf die Füße« stellte.

Wenn Thomas Ring heute formuliert, daß die physikalischen und chemischen Prozesse durch transzendentale Bildekräfte gesteuert werden, entspricht das der Erkenntnis des Paracelsus, daß das Siderische das Elementische lenkt. Das

Gestirn (worunter also das geistige Prinzip zu verstehen ist) im Menschen ist »in drei gesetzt, in das Gemüt, Weisheit und Kunst«.

Tiere werden total geleitet, ihre Sinne werden durch das Gestirn vollkommen gesteuert. Beim Menschen ist es der mehr oder weniger starke Anteil am Animalischen d.h. Triebhaften, der durch die Sinne, nicht durch die Vernunft bestimmt wird. Sie aber macht eigentlich aus, was Paracelsus Gemüt, Weisheit und Kunst nennt. Es ist zugleich das Kriterium, um den wirklichen, den hohen Menschen, in dem das »natürliche Licht« am reinsten enthalten ist, vom Tier zu unterscheiden. »Ob ich gleichwohl den Menschen ein Tier nenne, so weiß ich doch wohl die Unterscheidung zwischen dem Menschen und den Tieren, die liegt allein in der Biltnus und im Geist« (12, 17).

Nur im Menschen sind das Elementische (das vegetative Prinzip) und das »Gestirn« in seiner edelsten und umfassendsten Art wirksam. In ihm sind alle Kräfte und Stoffe der Welt enthalten: »Also wisset, daß der Mensch auf zwei Teil gestellt ist; der eine Teil ist von den Elementen, der ist Fleisch und Blut worden, der ander Teil seind die Sinn und Gedanken, welche aus dem Gestirn zogen sind. ... .Also wird Fleisch und Blut erhalten von den Elementen, Sinn und Gedanken sind von dem Gestirn. Also ist der natürlich Mensch ein Mikrokosmus, der sinnliche Mensch« (12, 28).

Daß der Mensch der Welt des Körperlichen und des Geistigen angehöre, ist ein Gedanke, den Philosophen von Platon bis zur Gegenwart immer wieder aufgreifen: Der Mensch kann daher nur im Kosmos, der Kosmos im Menschen begriffen werden. »Denn der Himmel ist der Mensch und der Mensch ist der Himmel« (8, 100). »... der Mensch ist eine kleine Welt, das ist der Mikrokosmus. Aus der Ursachen, daß er die ganze Welt ist, indem daß er ist ein Auszug aus allen Sternen, aus allen Planeten, aus dem ganzen Firmament, aus aller Erden und allen Elementen...« (10, 648).

Weil nun »im Menschen sind Sonn, Mond, Saturnus,

Mars, Mercurius, Venus und all Zeichen, der Polus arcticus und antarcticus und alle Quart in Zodiaco« (8, 164) deshalb kann auch aus einer Sphäre auf die andere geschlossen werden. Deshalb spricht E. Anrich von der Astrologie als einer Methode des Übersetzens.

So »funktioniert« Astrologie nach der Vorstellung des Paracelsus

Paracelsus meint, »daß der Mensch ein siderischen Leib in ihm (d.h. in sich) hat, der vereinigt ist mit dem äußern Gestirn, und die zwei fabulieren miteinander« (12, 210). Damit erhebt sich die Frage, wie die Übereinstimmung zu denken sei. Dazu Paracelsus: »Es muß etwas im Leib sein, das die Gestirn annimbt, so sie im Leib wirken.« – »Also verstehet, daß das Hirn ist der Mond, das Herz die Sonn, die Milz Saturnus, die Lunge Mercurius...« (1, 205). – »Die Gall ist der Mars, aber er vergleicht sich nit in seinem Wesen dem Marti aus Ursachen, daß jedweders Firmament sein sundern Brauch und Wesen hat auf sein Subjekt, da es hin verordnet ist.« – »Also ist die Gall in der Substanz wie der Mars im Geist und ist in ihrem Geist wie der Mars im Lauf.«

Damit greift Paracelsus die alte Zuordnungslehre auf, nach der bestimmte Organe ganz bestimmten Planeten entsprechen. Venus z.B. vermag als Gestirn am Himmel nichts, wirkt jedoch durch die Nieren: »Also dient die Kraft der Nieren auf die menschliche Frucht, also daß Venus nichts im Leibe wirket noch anzündt, allein die renes haben des Gewalt und kein anderes.« – »... wo die Lebern nicht wär, da würd nichts Guts im ganzen Leib, als auch jupiter tut durch sein Güti all Unstümikeit mildern und sind beide gleichen Laufs und gleicher Übung jetlichs an seinem Firmament.« (1, 208)

Das Horoskop ist das Bild der vegetativen, animalischen und geistigen Kräfte, denn es entspricht dem planetarischen System, wie es zur Geburtszeit angeordnet ist, denn »wie der groß Himmel stehet, also imprimiert er den Himmel (gemeint ist im Menschen) in der Geburt«. So heißt es im Paragranum (8, 101).

Jeder Mensch hat das Prinzip Jupiter, das Prinzip Saturn, das Prinzip Sonne usw. mit den entsprechenden Kräften in sich, ebenso wie in jedem menschlichen Körper Leber, Milz, Herz usw. vorkommen. Die Potenzen sind ausnahmslos vorhanden, unterschiedlich aber ist die Qualität der Kräfte. Der Astrologe kann nach dem Horoskop erkennen, welche Planeten stark oder schwach gestellt sind. Er kann, nach Paracelsus, daher auch ableiten, welche planetarischen Prinzipien im Individuum stärker sind als andere. Das gilt für den körperlichen wie geistig-charakterlichen Bereich.

Paracelsus nimmt keinen »Sterneneinfluß« im Sinne von Ursache und Wirkung an, das ist für seine Zeit neu. »Denn die Gestirne haben gar keine Gewalt, den Menschen nach sich geneigt zu machen. Versteht das so: Da sind zwei zornige Kriegsmänner. Welcher hat die Natur vom andern? Keiner. Zwei Zwillinge, welche einander gleich sehen: welcher hat's vom andern, daß er dem andern gleich sieht? Keiner. Was sollen wir uns jovische Kinder heißen und mondische, dieweilen wir sind gegeneinander wie die Zwillinge?« (1, 179)

Damit will Paracelsus sagen, daß in Mensch und Planet das gleiche Prinzip wirksam ist, daß sie daher einander gleichen, nicht aber, daß der Planet etwas »macht«. Daß die Menschen so sind, wie wir ihnen begegnen, nämlich von unterschiedlicher Art, liegt daran, wie der Himmel sie »imprimiert«. Jedoch ist der einzelne Mensch kein Zufallsprodukt: »Denn er wird geboren in der Stund der Concordanz und nit außerhalb derselbigen; denn es müssen alle Astra in Conception stehen.« Das heißt, daß die Geburt auf einen Zeitpunkt zusteuert, zu welchem die kosmische Rhythmenlage derjenigen der Natur des Kindes entspricht. Thomas Ring hat diesen Gedanken naturwissenschaftlich untermauert. E. Anrich hat ein treffendes Bild gebraucht, um sich das Wirken der »Gestirne« zu veranschaulichen: »Die Art und Weise, wie nun diese Potenz Gestirn in der ganzen Welt wirksam wird, möchte man sich am liebsten am Bild der Flüssigkeit in kommunizierenden Röhren vorstellen. Steigt das Prinzip Jupiter, so steigt es überall, fällt das Prinzip Saturn, so fällt es überall. Die direkte Wirkung besteht nur durch diese Kommunikation.«

PARALLELITÄT STATT KAUSALITÄT

Wir haben es hier mit Parallelität zu tun, nicht mit einer kausalen Verknüpfung des Menschen mit den Konstellationen. Wieweit diese »Gestirnwirkung« nun geht, hängt von der Entwicklungshöhe des einzelnen ab. Ein Mensch, der gedankenlos in den Tag hineinlebt, ist vollkommen in die kosmischen Spannungen einbezogen. Darin ähnelt er den Tieren: »Denn ein unvernünftig Mensch und ein Tier ist ein gleich Ding gegen dem Gestirn« (12, 214).

»Darauf so wisset, daß der weis Mann das Gestirn regieren und meistern kann und das Gestirn nicht ihn. Das Gestirn ist ihm unterworfen, muß ihm nachfolgen und er nit dem Gestirn. Einen viehischen Menschen aber regiert, meistert, zwinget und nötiget das Gestirn, also daß er dem Gestirn muß nachgeben« (11, 378).

Der »weise Mann« tut also gut, sein Horoskop zu studieren. Die Astrologie lehrt »einen jeden Menschen erkennen, wie sein Gemüt, Herz und Gedanken stehen, falsch, gerecht oder gut, in was Art sie schlägt, tückisch oder nicht, was dieselbig Stund der Conception getan hat und wirken wolle durch dasselbige Kind, so es dem nachgeht, in das es geboren ist und lernet einen jeglichen seinen Lehrmeister suchen und wie er ihn suchen soll« (12, 169).

Das Horoskop unterrichtet über die kosmischen Spannungsverhältnisse und weist damit Wege: Venus führt den Menschen zur Kunst, Mars zur Arbeit, Saturn offenbart die Grenzen des persönlichen Wirkens. Es wird »das Gestirn unser natürlicher Schulmeister« (12, 21).

Praktischen Wert kann Astrologie vor allem für den Arzt

haben, denn »Allein die äußern Ding geben die Erkenntnis des Innern, sonst mag kein inner Ding erkannt werden«. Der rechte Arzt soll Astrologe sein: »Dieweil er nun des Leibs Gesundheit und Krankheit antrifft, so ist von nöten, daß ein Arzt der Aszendent, der Coniunctionen, der Planeten Exaltion etc und alle Constellation erkenne, verstande und wisse...« (8, 100).

Wenn ein Mensch erkrankt, so ist das harmonische Verhältnis der »Gestirnkräfte« in ihm gestört. Die Heilung muß darauf abzielen, dieses wiederherzustellen. In jeder Pflanze, in jedem Mineral sind »arcana«, das sind Geheimnisse, enthalten. Sie machen die Eigenart aus, in welcher sie wirksam sind. Paracelsus spricht von »Tugent«. Der Arzt kann sich zunutze machen, daß in Mineralien und Pflanzen die verschiedenen Gestirnkräfte (als manifestierte, Substanz gewordene Prinzipien) in verschiedener Stärke und Konzentration vorhanden sind. »Was ist ferrum? Nichts denn Mars. Was ist Mars? Nichts denn ferrum. Beide Mars, beide Eisen« (8, 78). Ist das Marsprinzip gestört, kann es durch eine entsprechende Zufuhr gestärkt werden. Es kommt darauf an, »den astralischen Mars und den gewachsenen Mars einander untertänig zu machen und zu konjugieren und zu vergleichen.«

»Die Tugend des Arzneimittels, seine Gestirnskraft tritt zu dem innern Firmament des Erkrankten hinzu, sie wird für ihn ein Teil (wenn vielleicht auch nur ein winziges) seines persönlichen Firmaments. So wird die Arznei zum Gestirn!«, erläutert E. Anrich das paracelsische Medizinverständnis.

Obwohl Paracelsus ein gläubiger Mensch war, stand er etwas außerhalb der Kirche. Er war überzeugt, daß Gott den sichtbaren Himmel und die Sterne geschaffen hat, dem Menschen zur Orientierungshilfe: »Denn das sollet ihr hier wissen, daß Gott die Planeten und alle andern Gestirn des Himmels nit darumb hat erschaffen in der Meinung, daß sie den Menschen regieren und desselbigen Herrn sein sollen, sondern zum Dienst der Menschen, daß sie ihm als andere Creaturen dienen« (11, 380).

Ohne Zweifel war Paracelsus von Nicolaus Cusanus (1401-1464) beeinflußt. Dieser gab der Theologie neue Impulse, als er in Gott das Zusammenfallen aller Gegensätze sah. Es trägt der Mensch als Mikrokosmos geistig die ganze Welt in sich und spiegelt auch das Göttliche wider. Zwar betont der Cusaner, daß Gott absolut und jenseitig sei, aber er hat ihn doch in diese Welt hereingeholt. Damit war das bisherige einseitige Abhängigkeitsverhältnis zwischen der niederen und der höheren Welt aufgehoben. Wie Ernst Cassirer feststellt (Individuum und Kosmos in der Philosophie der Renaissance, Darmstadt 1963), nimmt es seit Cusanus mehr und mehr die Form eines Korrelationsverhältnisses an.

Zweihundert Jahre nach Cusanus endet Giordano Bruno auf dem Scheiterhaufen der Inquisition. Für ihn war Gott ebenfalls der Inbegriff aller Gegensätze, das Größte und das Kleinste, Möglichkeit und Wirklichkeit in einem. Aber er war nicht dabei stehengeblieben, sondern einen Schritt weiter auf den Pantheismus zugegangen. Für Bruno war Gott zugleich in der Welt als ein beseelendes Prinzip. Paracelsus ging nicht so weit, stellte sich aber doch außerhalb der Konfessionen – was ihm die Feindschaft der Kirche eintrug.

Lebensausgang

Paracelsus bereicherte die Medizin durch seine scharfe Kritik an ihrem Lehrgebäude und legte den Grundstein zur neuzeitlichen biologisch-chemischen Betrachtung. Seine glücklichen Heilerfolge hatten ihn berühmt gemacht. Er lebte und wirkte vor allem an vielen Orten Süddeutschlands, der Schweiz und Österreichs. 1540 berief ihn der Erzbischof, der ein Verehrer der Astrologie und der Naturwissenschaften war, nach Salzburg. Die Früchte seines Ruhmes und seiner vieljährigen Arbeit konnte Paracelsus nur kurz genießen. Schon am 24. September 1541 starb er nach kurzem Krankenlager. Er wurde auf dem Kirchhofe zu St. Sebastian begraben. 1752 wurden seine Gebeine wieder ausgegraben und an der Hinterwand des Vorplatzes der an die St.-Sebastians-Kirche angebauten Kapelle des hl. Ph. Nerius beigesetzt. Hinter dem Schild im oberen Teil des marmornen Denkmals wird Paracelsus' Schädel aufbewahrt.

Die Brennessel,
die Feuerpflanze des Mars

Wohl jeder hat in den Kindertagen seine schmerzliche Erfahrungen mit ihr gemacht. Auf Schutt- und Geröllhalden, auf Brachland, in Gebüschen und an Zäunen ist diese Feuerpflanze Zuhause. Unscheinbare, kleine grüne Blüten zieren von Juni bis September beide Arten, die Große Brennessel (Urtica dioica), die bis 1,5 Meter hoch wird, wie die Kleine Brennessel (Urtica urens), die eine Höhe von 60 Zentimetern erreicht. Ihren Namen haben sie von den kleinen stechenden Haaren. Das kleine Köpfchen an ihrer Spitze bricht bei der leisesten Berührung ab und dringt in die menschliche Haut ein. Hervorgerufen wird das lästige Brennen und Jucken durch das Nesselgift, das u.a. aus Ameisensäure, Histamin und Enzymen besteht. Diese Lieblingspflanze von Tagpfauenauge, Admiral und dem kleinen Fuchs zeigt an, daß der Boden stickstoffhaltig ist. Die drei Schmetterlinge legen ihre Eier auf den Blättern ab, und die Raupen ernähren sich ausschließlich von ihr.

Auf einem Bild Dürers trägt ein Engel eine Brennesselpflanze zum Thron Gottes. Sie spielte im Mittelalter in der Volksmedizin und als Orakelpflanze eine große Rolle. Man goß den Urin des Kranken auf Nesselpflanzen. Blieben sie grün, genas er, wenn nicht, würde er sterben. Oder: Wenn durch den Urin eines Mädchens die Brennesseln verdorren, ist sie keine Jungfrau mehr.
   Plinius erwähnt die Brennessel als kultische Speise. Im Frühjahr genossen, bewahrt sie das ganze Jahr vor Krankheit. Tatsächlich ist die Brennessel blutreinigend und blutbil-

dend, fördert die Verdauung und entwässert, löst den Schleim.

Als Pflanze des Mars, er ist in der germanischen Mythologie der Donnergott, schützt sie vor Blitzen (niederdeutsch heißt sie »Dunnernettel«) wie auch vor der Einwirkung böser Hexen, denn sie gilt als antidämonisch. So sollen Brennesseln die Menschen gegen die Anfechtungen des Teufels und das Vieh vor Verwünschungen schützen.

Die Praxis einer Berliner Milchhändlerin, an einem heißen Sommertag die Milch durch Einlegen von Brennesseln vor dem Sauerwerden zu bewahren, führte zu einer Klage wegen Lebensmittelfälschung. Die Milchhändlerin wurde freigesprochen, weil sie »ein allgemein geübtes Verfahren« anwendete. Das geschah im Jahr 1902.

Auch beim Bierbrauen kam dem Gebrauch von Brennesseln eine Schutzfunktion zu. Tatsächlich hemmen die in der Pflanze vorhandenen Stoffe die Entwicklung von Essigsäurebakterien.

Plinius berichtet, daß die Brennessel das drei-, viertägige Fieber (eine Krankheit des Mars) heilt. Nicht nur, weil sie wie Feuer brennt, ist die Brennessel dem Mars zugeordnet. Er regiert im Körper die Ausscheidungsorgane. Mit Erfolg werden Urtica-Präparate medizinisch als Mittel der Wahl bei Beschwerden beim Harnlassen oder vorbeugend (Prostata) verordnet. In der Antike verwendete man den Samen der Pflanze als Aphrodisiakum, das zum Beischlaf anregt. Die Pflanze hat einen hohen Gehalt an Chlorophyll, Eisen (Mars!) und Vitamin C. Außer bei Urinverhaltung wurde sie seit jeher auch bei Gicht, Rücken- und Ischiasschmerzen eingesetzt. Den Absud benützte man bei Haarausfall und als Mittel gegen Schuppen. Man schätzte die jungen Triebe als aromatisch- würziges Gemüse, etwa mit Butter und Knoblauch (auch eine Marspflanze) gedünstet. Brennesselsaft wird als Frühjahrskur zur Blutreinigung verwendet. Er regt Nieren, Blase und Magen an. Einen ähnlichen Effekt erzielt man mit Brennesseltee. Bei Magenschmerzen, Sodbrennen wie auch äußerlich zum Desinfizieren von Wunden wird Brennesselschnaps angewendet.

Es steckt viel altes Wissen in Volkstum und Überlieferung, wie auch Astrologie und Medizin durch Traditionen eng verbunden sind. Stellte Paracelsus, der sowohl Arzt wie Astrologe war, fest, daß ein Patient in seinem Horoskop einen schwach gestellten Mars hat, kurierte er ihn mit Mars-Gaben, d.h. mit eisenhaltigen Stoffen, auch mit Brennesseln.

Astrologie und Kirche

Befürworter und Kritiker lassen bei einer Diskussion des Themas Astrologie vielfach außer acht, in welchem Maße es statthaft ist, Feststellungen oder Behauptungen zu verallgemeinern. Denn im Grunde genommen ist es nicht möglich, von Astrologie an sich zu sprechen, da es »die« Astrologie gar nicht gibt, oder, um eine Einschränkung zu machen, ebensowenig wie »das« Christentum oder »die« Malerei.

Der Volksmund sagt zu Recht, daß Vergleiche hinken, aber sie machen einen Sachverhalt einsichtiger. Zugleich wird es dadurch möglich, unser Thema in Beziehung zu setzen zu zwei Begriffen, die auf den ersten Blick nichts miteinander und nichts mit der Sache zu tun zu haben scheinen.

Das Lexikon definiert z.B. Christentum schlicht als eine Weltreligion, die als solche an ihre Träger, an die Christen und damit an die Menschen als Einzelwesen gebunden ist. Gemeinsam sind ihnen das Bekenntnis zu Gott in Jesus Christus, die Bibel, der Kult und eine eigene Ethik. Das ist gewiß viel, genügt aber kaum als Basis von Diskussionen. Unbeachtet bleibt z.B. bei einer solchen auf den kleinsten gemeinsamen Nenner abgestimmten Definition, daß es vier große christliche Gruppen gibt, Katholiken, Protestanten und zur Ostkirche Gehörende, dazu die große Anzahl von Sekten und viele individualistische Christen. Es gibt viel Trennendes. Unchristlicher Hader und blutige Kriege zwischen den Konfessionen weisen auf verschiedene grundsätzliche Alternativen. Wir haben es hierbei mit bestimmten Aussagen hinsichtlich der Qualität, des Inhalts des Begriffes Christentum zu tun. Entscheidend und durch eine solche Aufzählung nicht zu erfassen ist jedoch, wieweit der Einzelne überhaupt Christ ist, das heißt, ob er sein ganzes Leben nach den Grundsätzen seiner Religion ausrichtet oder ob er das nur halben Herzens tut, sei es, daß kirchliche Feste gefeiert oder Traditionen beachtet werden, sei es, daß man nur eine lose Verbindung zur Gemeinde oder der Kirche hat, oder daß man gar nur einmal im Monat daran erinnert wird, daß man Christ ist, wenn nämlich der Lohnzettel ausweist, daß Kirchensteuer gezahlt wurde. Auch solches gehört zum Christentum. Doch es wäre unrecht, wollte man es an Verkaufspraktiken oder am Umsatz von Verkaufsbuden messen, die in Wallfahrtsorten Devotionalien feilbieten, oder an der marktschreierischen Missionsarbeit eines »Maschinengewehrs Gottes« alias Billy Graham. Höchst unterschiedlich sind auch die Gründe, welche die Menschen veranlassen, sich zu dieser und keiner anderen Religionsgemeinschaft zu zählen. Christ ist man durch Geburt, durch Bekehrung, durch Einsicht oder wird es durch eine persönliche Erfahrung, die zum Glauben führt. Unterschiedlich ist sicher auch der Zweck christlicher Betätigung, sei es der Selbstzweck, rechtzeitig für das eigene Seelenheil vorzusorgen, sei es aus Nächstenliebe. Nie aber würde jemand auf den Gedanken kommen, christlichen Glauben oder christliche Betätigung, auch nicht eine solche im karitativen Sinne, etwa als »Hobby« zu bezeichnen oder sie als eine Kulturtechnik wie Autofahren, Maschineschreiben oder Fotografieren anzusehen.

Für Millionen Menschen auf der Welt sind Lesen und Schreiben noch durchaus nicht selbstverständlich, Fotografieren noch viel weniger. Bei uns gehört dies zu unserem Lebensstil. Aber es unterscheiden sich beruflich tätige Lichtbildner, Reporter oder Fotografen, Künstler vom großen Heer der Knipser, denen vielleicht die mindere Qualität ihrer gewiß mit Liebe hergestellten Fotos gar nicht auffällt. Fotografieren dürfte als Hobby kaum etwas mit religiösen Empfindungen zu tun haben. Jedoch kann ein Foto durchaus Gefühle ausdrücken oder durch seinen Inhalt, auch durch seine Gestaltung, zu uns sprechen, in uns frohe oder bedrückende Empfindungen auslösen, eventuell sogar eine positive Stimmung für Religiöses erzeugen, wie dies Werke der sakralen Kunst seit jeher sollten oder vermochten.

Malerei hatte vielfach eine solche Mittlerfunktion, ohne daß dies grundsätzlich für alle Formen dieser Kunst gelten könnte, deren Ausübung heute vielfach zu einem Hobby geworden ist. Darin sehe ich durchaus keine Abwertung zu einem Freizeitvergnügen, vielmehr finde ich es ganz vorzüglich, daß relativ preiswertes Material heute viele in den Stand setzt, ihre Persönlichkeit derart zu entfalten. Zeichnen und Malen sind heute keine Kulturtechniken, anders etwa zur Postkutschenzeit. Wer wie Goethe zu einer Bildungsreise nach Italien unterwegs war, führte ein Skizzenheft bei sich, um das Bemerkenswerte mit wenigen, aber gekonnten Strichen festzuhalten. Eigentlich traurig, daß unsere Touristen meistens erst nach ihrer Heimkehr an den Farbdias feststellen, wie schön es da oder dort war und welche Einzelheiten man übersehen hat. Malen und Zeichnen sind heute nicht nur keine Kulturtechniken mehr, sie haben auch ganz die kultische Bedeutung eingebüßt, die sie hatten, wenn man z.B. an die steinzeitlichen Höhlenmalereien von Altamira denkt, die vor Tausenden von Jahren aus magisch-religiösen Gründen entstanden sind. Das schließt natürlich nicht aus, daß es heute noch einzelne Künstler gibt, die ihre Tätigkeit mit Farbe oder Pinsel in Art einer magisch-rituellen Handlung ausüben, was durchaus nicht heißt, daß ihre Bilder einmal einer sakralen Erbauung dienen müssen.

Astrologie ist älter als Christentum und älter als jede Malerei. Nur ist diese alte Astrologie eben grundverschieden von dem, was wir heute auch immer darunter verstehen mögen. In der Vorzeit oder der Antike war es esoterisches Geheimwissen, an Priester gebunden, eine Tempelwissenschaft. Was jene frühen Astrologen mit den heutigen gemeinsam haben, ist nicht viel mehr als die Überzeugung, daß es einen Zusammenhang zwischen dem Oben und dem Unten gibt. Des Menschen Leben, seine Natur und gewisse Tendenzen, sein

Schicksal zu erleben stehen in Konnex mit dem Gang der Planeten bzw. dem astronomischen Kosmos. Die Zeichen am Himmel sind in Grenzen deutbar.

Heute ist die Horoskopzeichnung, das mathematisch fundierte Meßbild, die Grundlage einer Auslegung, die weder mit Hellsehen noch mit Mantik etwas zu tun hat. Beachtet werden überlieferte Regeln, die durch die Praxis immer wieder als gültig bestätigt werden. Aber auch eine solche Definition geht vielleicht schon zu weit, denn es gibt durchaus verschiedene Richtungen, Schulen, »Konfessionen« oder Sekten und jede Menge Individualisten unter den Astrologen. Mißverständnisse und Hader untereinander haben zwar nie zu blutigen Auseinandersetzungen geführt, doch haben menschliche Unzulänglichkeiten wie Neid, böswillige oder überhebliche Kritik das gemeinsame Anliegen verdunkelt und es erschwert, den edlen Kern der Sache zu erkennen. Heute wandelt sich nicht zuletzt durch den Einsatz des Computers Astrologie zum Hobby, wird vielleicht einmal eine Art Kulturtechnik, die völlig wertfrei zu handhaben ist.

Einst gehörten astrologische Kenntnisse durchaus zur Allgemeinbildung. Wegen der ehemals schwer zu erwerbenden mathematischen Vorkenntnisse, die heute nicht mehr nötig sind, da es außer guten Tabellen hervorragende Computerprogramme gibt, war die praktische Ausübung einst in der Regel auf den Fachmann beschränkt. Was die einzelnen Astrologen heute unterscheidet, sind vor allem fachliche, also qualitative Überlegungen, z.B. ob und in welchem Maße die Mondknoten bei einer Horoskopdeutung beachtet werden sollten, ob es ratsam ist, das astrologische Meßbild in zwölf Sektoren, die sog. Häuser, zu unterteilen und wie das im einzelnen am zweckmäßigsten, d.h. »richtig« zu geschehen habe, welche Bedeutung den Planetenachsen zukommt oder ähnliches. Wer sich als Kritiker unterfängt, an dieser oder jener fachspezifischen Ansicht Astrologie als Ganzes aus den Angeln heben zu wollen, begibt sich auf das Terrain jener, die z.B. »das« Christentum an der dogmatischen Eigenheit einer Sekte messen. Oder um im Bilde zu bleiben: Die katholische Kirche hat einen Papst, in der Astrologie gibt es deren viele, anders gesagt, so mancher Astrologe hält seine Meinung für das Nonplusultra und maßt sich an, für alle zu sprechen. So kommt das Mißverständnis der Verallgemeinerung auch auf das Schuldenkonto der Astrologen selbst.

Auch entsteht leicht ein Wirrwarr in prinzipiellen Belangen, z.b. hinsichtlich der Frage, was als »Schicksal« anzusehen sei oder wieweit es denn eine »Vorbestimmung« gibt. Astrologie kann wertfrei, realitätsbezogen und ohne Rücksicht auf gesellschaftliche Bezüge oder weltanschauliche bzw. religiöse Motivation gehandhabt werden. Der Katholik kann sich mit seinem Horoskop genauso auseinandersetzen wie ein Moslem, Buddhist oder ein Atheist. Welche Schlußfolgerungen der einzelne aus der Einsicht in die Zusammenhänge zieht, ist ihm überlassen. Mit derselben Schreibmaschine lassen sich antikirchliche Pamphlete ebenso tippen wie fromme Bibelverse.

Es kann jemand sein ganzes Leben nach einer astrologischen Überzeugung ausrichten, z.B. als einfacher Bauer nach den Konstellationen den Zeitpunkt der Saat und Ernte bestimmen oder als mächtiger Zeitungszar wie einst Axel Springer den Starttermin seiner »Bild«-Zeitung festlegen. Es kann dieser oder jener missionarischen Eifer entfalten, um andere zu seinen ganz persönlichen Ansichten zu bekehren. Es kann aber einer auch sich nur ganz gelegentlich einmal mit dem Horoskop beschäftigen, wie es eben auch Sonntagsmaler und Sonntagschristen gibt. Bei der Bewertung des Engagements des Einzelnen überschneiden sich Fragen der Qualität und der Quantität. Streng genommen kann heute gar nicht über »die« Astrologie geurteilt werden, sondern nur über diesen oder jenen Astrologen.

Zu prüfen wäre jedoch, warum jemand sich mit Astrologie befaßt. Philosophische oder religiöse Beweggründe sind gewiß vorhanden, wohl aber nur bei wenigen. Die meisten erhoffen sich durch die Astrologie eine bessere Realisierung ihrer privaten oder geschäftlichen Anliegen. Hierbei muß es nicht immer um eine Prognose des Zukünftigen gehen, vielmehr sind es Fragen, die eine Berufswahl, eine Partnerschaft betreffen oder die sich auf die Gesundheit beziehen. Verkehrt wäre es, im Astrologen eine Art Konkurrenten des Arztes zu sehen. Wohl ist es möglich, durch ein horoskopisches Gutachten eine medizinische Prognose abzustützen. So ist bekannt, daß der Schweizer Tiefenpsychologe C. G. Jung in seiner Praxis als Nervenarzt bei besonderen Fällen stets auch das Horoskop seines Patienten zu Rate zog. Es zeigte ihm Zusammenhänge, die sonst nicht sichtbar wurden.

Gern wird den Astrologen angekreidet, daß sie sich um Lebenshilfe bemühten. Doch sollte es nicht jedem überlassen bleiben, wen man in dieser oder jener Angelegenheit um einen Rat fragt? Es gibt seriöse Astrologen wie es seriöse Anwälte gibt, und man findet fragwürdige Existenzen in beiden Gruppen. Wer auf den Jahrmarkt geht, sollte wissen, was er dort kaufen kann.

Es mag typisch für unsere Zeit sein, daß der Erfolg das Kriterium ist, an dem wir und unsere Aktionen gemessen werden. So schwindet für den Bereich der Medizin auch beim einfachen Menschen der Respekt vor Ehrfurcht erheischenden akademischen Titeln. Es gilt der Satz: Wer heilt, hat Recht. Unerheblich ist, wie »Experten« über dieses oder jenes Heilverfahren urteilen. Ob ein Mensch sich gesund fühlt, kann er schließlich allein am besten beurteilen.

Mit unserem Thema Astrologie ist es nicht anders. Was Experten aller möglichen Couleur an Für und Wider vorgebracht haben, hat die Meinungsbildung viel weniger beeinflußt als die eigene Probe aufs Exempel. Deswegen darf man annehmen, daß es die persönlichen Erfolge sind, welche die Menschen in zunehmendem Maße davon überzeugen, daß Astrologie mehr ist als Spekulation oder Unterhaltung. Wer eine astrologische Beratungspraxis ausübt, könnte jede Menge Dankschreiben vorweisen, verböte dies nicht der Ehrenkodex, der Diskretion zum obersten Gebot macht.

Der »Lorcher astrologischer Kalender« bringt jedes Jahr einige kurze Beispielhoroskope Prominenter, allerdings nur in geringerem Umfang. Daher können diese Kurzhoroskope nur komprimiert das Wesentlichste bieten. So auch das Horoskop Carl Zuckmayers.

Dazu schrieb er mir in einem zur Veröffentlichung bestimmten Brief:

»Der Lorcher astrologischer Kalender kam gerade in einem Augenblick zu mir, in dem ich mich fast verzagend fragte: Warum muß ich eigentlich so hart arbeiten, – warum kommen gerade, wenn mich nach Ruhe verlangt, immer wieder neue, unabweisbare Aufgaben auf mich zu, denen ich andererseits auch nicht aus dem Wege gehen kann, oder will? Warum muß ich, in meiner Arbeit, immer erst am Irrweg, oder Umweg, den Weg finden? Da hat mich Ihr Horoskop zutiefst ermutigt und gestärkt. Ich verstehe nichts von Astrologie. Vielleicht hat sie mehr mit Intuition und Weisheit als mit exakter Wissenschaft zu tun, – was man ja auch von der Poesie sagen kann. Jedenfalls – seien Sie von Herzen bedankt! Ihr Carl Zuckmayer.«

Dieser Brief hat ein besonderes Gewicht, nicht nur, weil er von einem der größten deutschen Dramatiker unserer Zeit stammt, sondern weil hier ein lebenserfahrener Mensch in wenigen Worten ein Urteil über die Astrologie spricht, mit der er sich bisher nicht befaßt hat. Es ist ausgewogen und lapidar. Kriterium ist der Erfolg, hier der Wert der persönlichen Bereicherung, des Aufschlusses über sich selbst.

Es mag sein, daß andere gegenteilige Erfahrungen gemacht haben oder machen. Persönliche Lebensumstände und Interessen, die wiederum auf die Veranlagung zurückgeführt werden können, dürften dabei mitsprechen, nicht zuletzt auch der Umstand, den Golo Mann in seinem »Wallenstein« andeutet, daß es eben auch von der Person des Astrologen abhängt, wie das Horoskop ausfällt.

Bibliotheksdirektor Wilhelm Knappich, Wien, einer der bedeutendsten Sachkenner, bringt dafür ein beredtes Beispiel, Martin Luther betreffend.[1]

Es lag im Zuge der Zeit, an den veränderten gesellschaftlichen und wirtschaftlichen Verhältnissen, dem Humanismus
und natürlich auch an den kirchlichen Mißständen, daß
schon viele Jahrzehnte vor Luther der Ruf nach einer Reformation immer lauter wurde. Bekannte Astrologen der damaligen Zeit griffen ihn auf, so auch der Hausastrologe des
Papstes, Paulus von Middelburg (1486) und der des Kaisers,
Johann Lichtenberger (1488). Sie prophezeiten das Auftreten
eines geistlichen Mannes von großer Heiligkeit bald nach
1485, denn zuvor hatte eine bemerkenswerte »große Konjunktion« mit nachfolgender Finsternis stattgefunden. Man
würde nicht nur neue Gesetze machen und adlige Privilegien
abschaffen, wie es ja auch im Bauernkrieg geschah. Dann
sprechen die Gutachten noch »vom Auftreten falscher Propheten, die großen Aufruhr in der Christenheit verursachen
werden, bis endlich ein kleiner Prophet erstehen wird, ein
geistlicher Mann, trefflich in der Auslegung der Schrift und
daß darnach eine gute Reformatio und Besserung in der Kirche eintreten werde«.

Luther verstand sich bis 1527 als jener kleine Prophet
und gab die Prophezeiung mit einer Vorrede selbst in
Druck. Knappich gibt an, daß Luther bis 1524 sicher selbst
an den »Einfluß der Sterne« glaubte und die Konstellationen für göttliche Warnzeichen ansah. Später, als seine politischen Gegner insgesamt sechs Varianten seines Horoskops mit unterschiedlichen Geburtsdaten in Umlauf
brachten, um ihn in Verruf zu bringen, verurteilte Luther
die Astrologie. So hatte der Italiener Gauricus ein für den
22. Oktober 1484 aufgestelltes Horoskop veröffentlicht,
das für den Reformator äußerst ungünstig war, weil es ihn
als Verkörperung des Antichristen erscheinen lassen mußte.
Auch waren Luthers eigene Prophezeiungen über den
Untergang des Papsttums nicht eingetroffen. Erst mehr als
zweihundert Jahre nach Luther wurde das tatsächliche, von
ihm selbst und seiner Mutter bestätigte Geburtsdatum, der

10. November 1483, mit einer Geburtszeit gegen Mitternacht, bekannt.

Während Luther also aus verständlichem Zorn sich zu einem Gegner der Astrologie entwickelte, blieb »Dominus Philippus« allezeit ihr Bewunderer und wärmster Befürworter. Philipp Melanchthon hielt an der Wittenberger Universität astrologische Vorlesungen und schrieb, nach Knappich, in seiner »Einleitung in die Physik« »den Gestirnen nicht bloß Einfluß auf das Wetter, sondern auch auf das menschliche Schicksal zu, er lehrt, daß die natürlichen Ursachen stets mit Notwendigkeit einwirken, sofern nicht Gott selbst den Modus agendi ordinatus unterbricht. Im übrigen verteidigt er aber die menschliche Willensfreiheit, denn das uns von Gott verliehene lumen naturale läßt uns die siderischen Einflüsse erkennen und lehrt uns, sie zu bemeistern«.

1553 gab Melanchthon die »Astrologenbibel«, die Tetrabiblos des Claudius Ptolemäus, neu heraus und schrieb darin in der schönen Vorrede: »Denn dieses eine steht fest: Wertvoll und wahrhaftig ist die Wissenschaft der Astrologie, eine Krone ist sie des Menschengeschlechtes und ihre ganz ehrwürdige Weisheit ein Zeugnis Gottes. Dieser Schriftsteller (Ptolemäus) hat die Überreste alter göttlicher Weisheit, die aus der Stellung der Gestirne die Anlagen der menschlichen Seele und alle ihre Folgen bestimmt, in einem kleinen Bande zusammengefaßt, den wir aus solchen Gründen studieren und uns zum Nutzen erhalten sollen, damit wir durch ihn zu erkennen vermögen, was in dieser Wissenschaft wirklich alte Erkenntnis ist, und in Bescheidenheit aus den natürlichen Ursachen die vielen Bedeutungen für das Leben erschließen können.«[2]

THOMAS VON AQUINO

Echte Astrologie hatte seit jeher das Interesse kirchlicher Gelehrter gefunden. Im Mittelalter hatte sie in den Klöstern eine Heimstätte. Zwei Dominikaner und zwei Franziskaner äußerten sich in ihren Werken richtungweisend für die folgenden Jahrhunderte zu Problemen der Astrologie. Es waren Albertus Magnus, Thomas von Aquino, Johannes Duns Scotus und Roger Bacon. Der von der Kirche heilig gesprochene Albertus Magnus war einer der bedeutendsten Kirchenlehrer. Er schrieb ein grundlegendes Werk der Astrologie, zu der er sich bekannte. Da kein gelehrter Astrologe die Notwendigkeit eines fatalistischen Schicksalszwanges gelehrt habe, sei sie mit dem Christentum vereinbar. Sie führe vielmehr die Gedanken des Menschen zu Gott. Aus dieser Sicht und aus den Zeitumständen ist es verständlich, daß sich des Albertus Magnus Schüler, Thomas von Aquino, ebenfalls zu Fragen der Astrologie äußerte.

Es sind erst 120 Jahre her, daß der Thomismus zur offiziellen Philosophie der katholischen Kirche erhoben wurde (1879). Bei der Neuordnung des kirchlichen Hochschulunterrichts 1931 wurden Lehren und Prinzipien des hl. Thomas als richtungweisend angesehen. Das Papstwort: »Gehet zu Thomas!« hat für die katholische Kirche in der Gegenwart noch durchaus seine Berechtigung. Wie ein Architekt den Plan eines Hauses bereitstellt, wollte der heilige Thomas durch die Theologie das Fundament für die Seelsorge liefern. Sein Ruf als Theologe ging durch ganz Europa. So konnte nicht ausbleiben, daß in vielen Streitfällen seine Meinung gesucht wurde. Dabei ging es nicht nur um Angelegenheiten, für die siebenhundert Jahre später allenfalls Theologen oder Historiker ein Interesse haben könnten, sondern auch um Probleme, mit denen wir uns im 20. Jahrhundert noch auseinandersetzen müssen, z.B. mit der Stellung des Menschen im Kosmos. Dieses aber ist seit Jahrtausenden auch das zentrale Thema der Astrologie. Wenn diese von der durch Erfahrung begründeten Annahme ausgeht, daß es einen Zusammenhang zwischen dem Lauf der Gestirne und der menschlichen Existenz gibt, mußte es auch für Thomas nicht nur sinnvoll, sondern notwendig sein, dazu Überlegungen anzustellen.

Durch den Sündenfall hatten sich die Menschen der

Erkenntnisfähigkeit Gottes beraubt. Nun galt es, Gott als den tiefsten Sinn des Universums durch die geoffenbarten Glaubenswahrheiten zu erkennen. Beweise für das Wirken Gottes in der Natur konnten demnach nur deduktiv gefunden werden. Einen Beweis für die Existenz Gottes leitete Thomas von der Bewegung und dem Wesen der Ursache ab. Gott ist für Thomas der erste Beweger, die erste wirkende Ursache. Auch in den Himmelskörpern sieht Thomas wirkende Kräfte. Sie sind aber nur die zweite Ursache der Bewegung und wirken als Werkzeuge der göttlichen Vorsehung. Wie Thomas in den »Quaestiones disputatae de veritate« [3] schreibt, sei es nicht gegen den Glauben, »daß eine Natur von der anderen in Bewegung gesetzt wird«. Denn dies geschehe im Hinblick auf das Bündnis zwischen Gestirnen und Menschen »unter Voraussetzungen der natürlichen Kräfte, die beiden Geschöpfen durch den Willen zuerteilt ist.«

Daher ist es möglich, daß die Himmelskörper durchaus Ursachen der irdischen Dinge und ihrer Bewegungen seien. Die Frage, welche die Gemüter damals wie heute beschäftigt, war nur, wieweit sich der Einfluß der Himmelskörper und ihrer Bewegungen auf das menschliche Individuum erstreckte. Dazu meinte Thomas, daß sich Materielles nur auf Materielles, niemals auf Geistiges auswirken könne. Nur der Körper und die Kräfte, die an den Körper gebunden sind, hingen vom Einfluß der Gestirne ab. Verstand und Wille als höchste geistige Seelenkräfte seien aber unabhängig. Damit bezog Thomas Stellung gegen Gelehrte der Pariser Universität, die »Averroisten«, welche die persönliche Unsterblichkeit leugneten und die Einheit des Intellekts von Menschenseele und Weltseele betonten und die einem vollkommenen Determinismus huldigten, demzufolge alles vorbestimmt sei und die Himmelskörper sowohl den menschlichen Körper, aber auch Verstand und Willen lenkten. Thomas meint, daß der Herrschaft des Willens z.B. die Akte des Ernährungs- und Zeugungsvermögens nicht unterstünden. Der vom Sternenlauf abhängige Körper beeinflusse auch in gewisser Weise den Willen: »z.B. neigen die Choleriker auf Grund ihrer natürlichen Konstitution zum Zorn; aber ein Choleriker kann durch den Willen dieser Neigung widerstehen.« Nun macht Thomas jedoch sogleich eine Einschränkung: »Allerdings widerstehen den körperlichen Neigungen nur die Weisen, deren Zahl gering ist im Verhältnis zu der Zahl der Toren; denn die Zahl der Toren ist unendlich.« Dieses aber ist genau die Auffassung, die in der modernen Astrologie mit der Formel »die Sterne machen geneigt, sie zwingen nicht« bezeichnet wird.

Der Mensch kann sich im Rahmen seiner Möglichkeiten frei entscheiden. Verstand und Wille sind nach Thomas die beiden Seelenkräfte, mit deren Hilfe der Mensch von den durch die Konstellationen vorgezeichneten Bahnen abweichen könnte. Je bewußter er lebt, um so besser kann er astrologisch Vorgegebenes verarbeiten und zu seinem Nutzen umformen. Je weniger ein Mensch seine Triebe beherrscht, um so mehr wird er erfüllen, was sein Horoskop anzeigt. Immer aber gilt: »Der Weise gebietet den Sternen«.

Mehrfach betont Thomas, daß »Himmelskörper nicht unmittelbar auf die vernunftbegabte Seele wirken und die Freiheit der Entscheidung behindern«. Jedoch sieht er vielfältige Einschränkungen: »Aus der angebotenen Anlage aber ergibt sich im Körper des Geborenen eine Erschaffenheit ... wodurch die Seele geneigt gemacht wird, etwas zu wählen.« Es hat der Wille die Fähigkeit Störungen abzuweisen, und der Verstand kann Einsicht in die Zusammenhänge nehmen. Im Horoskop als dem astrologischen Meßbild spiegeln Sonne, Mars und Merkur diese Erfahrung. Die Sonne symbolisiert das höhere geistige Wollen, Mars das Triebhafte und Merkur den Intellekt. Ihr Zusammenspiel im Geburtsbild ist ein Hinweis darauf, in welchem Umfang ein Mensch den ihm gegebenen Freiheitsraum ausschöpfen kann, und die Transitkonstellationen ermöglichen Schlußfolgerungen hinsichtlich der Termine, zu denen er »in Form« sein wird, z.B. den Kampf gegen Versuchungen zu bestehen, bzw. wann er auf der Hut sein muß, ihnen nicht zu erliegen. Die kosmischen Strömungen aufgreifen, heißt nach Thomas die mittelbaren Auswirkungen auf die körperlichen Funktionen berücksichtigen. Damit wird bereits die astrologische Praxis berührt. Es geht um das Problem des Vorauswissens des Künftigen. Thomas untersucht, wieweit es möglich ist, daß die Dinge im voraus existieren, denn nur dann sei ein Vorauswissen möglich. Eine Ordnung in der Vorsehung gebe es in doppelter Hinsicht. z.b. bewegen sich die Himmelskörper gemäß der Notwendigkeit in der Natur. Demgemäß sind Prognosen von Ereignissen möglich, die sich nach den Naturgesetzen vollziehen. Eine solche Erkenntnis hält Thomas für einen Akt der Vernunft, der Klugheit und gewissenhaftes Vergleichen erfordert. Er kommt zu dem Schluß, daß es nicht nur erlaubt, sondern sehr verdienstvoll sei, natürliche Geschehnisse wie Finsternisse, Seuchen und Katastrophen vorauszusagen.

Im Gegensatz zu damals werden heutzutage in der Mundanastrologie so weitgehende Schlußfolgerungen wie das Aufkommen von Seuchen oder bestimmter Katastrophen nur sehr vorsichtig gemacht und allenfalls als Tendenz angegeben. Ereignisse aber, die absichtslos oder zufällig geschehen, können nach Thomas nicht vorhergesagt werden. Dazu rechnet, was vom freien Willen des Menschen abhängig ist. Allerdings läßt es Vermutungen zu, in welcher Richtung es sich entwickeln oder in welcher Weise es sich verwirklichen könnte. Dies aber entspricht der astrologischen Praxis, welche darauf hinausläuft, auf Grund von Erfahrungen auf Künftiges zu schließen, nämlich darauf, wie zukünftige Konstellationen im Geburtshoroskop vorgegebene anregen. Dazu der bekannte Vergleich mit der Stimmgabel zur Resonanz: Ihr Anschlagen versetzt gleichgestimmte Saiten dazu, mitzuschwingen.

Eine solche auf Erfahrung gegründete Vorhersage vergleicht Thomas mit der Prognose eines Arztes, der unter Umständen den Fall des Ablebens voraussieht. Er nennt eine solche Vorausschau eine Kunst (ars), nicht zu vergleichen mit der göttlichen Prophetie, dem höheren Schauen (divinatio). Göttliche Prophetie vermutet nicht mit Wahrscheinlichkeit und schließt nicht durch Analogien. Solches aber tut die »natürliche Prophetie« »kraft geschaffener Ursachen«, sie bedeutet aber keinen Zwang. Obwohl Gott die Zukunft kennt, ist dadurch die menschliche Handlungsfreiheit nicht im voraus festgelegt. Thomas erläutert an einem schönen Beispiel, daß es für Gott »Zeit« nicht gibt, sondern daß für ihn alles Gegenwart ist. Wer sich unter den Menschen in einer schmalen Gasse befindet, sieht die Hindurchgehenden anders als einer, der dem Treiben von außen zuschaut.

Thomas geht es darum, das Verhältnis des Menschen zu Gott zu erkennen. Er billigt ihm Freiheit des Verstandes und des Willens zu, weil nur so eine Stellungnahme für Gott und das Gute möglich wird. Die moderne Astrologie überschneidet sich mit den Auffassungen Thomas von Aquinos, wenn auch für sie, soweit man das generalisierend sagen kann, religiöse oder philosophische Motivationen nur gegeben sein können, soweit sich der einzelne Astrologe durch diese motiviert fühlt. Ein Horoskop läßt die Strukturen einer Persönlichkeit erkennen und enthüllt, vorsichtig und verantwortungsbewußt gehandhabt, als Schicksalspsychologie Tendenzen künftiger Entwicklungen. Damit leistet sie einen Beitrag zur Standortbestimmung des Menschen. Es hilft ein Fahrplan, die günstigsten Anschlüsse zu finden. Sie dann auszunutzen, ist eine andere Sache. Da aber dem Reisenden an einem raschen und möglichst glatten Vorankommen gelegen sein wird, dürfte es nicht schwer fallen, auch jene Anschlüsse aufzufinden, für die jemand sich entscheiden wird. Ob nun ein Mensch sich bewußt zu seinen Anlagen bekennt, sie aufgreift und das beste daraus zu machen versucht, gemäß der Forderung des delphischen Orakels »Werde der, der du bist!«, oder ob der Mensch in einem mißverstandenen Freiheitsdrang sich gegen seine Natur entscheidet, ist keine astrologische, sondern eine philosophische oder religiöse Frage.

Astrologie ist ganz sicher kein Blendwerk des Teufels. Sie bietet dem Suchenden eine Chance, sich in kosmische

Bezüge eingebettet zu sehen und nimmt ihm das Gefühl der Heimatlosigkeit. Sie steht damit nicht in Konkurrenz zu irgendwelchen Kirchen. Wenn Pfarrer Friedrich-Wilhelm Haack in seiner Schrift »Astrologie« der evangelischen Schriftenmission aus seiner Sicht nachprüft, »ob christlicher Glaube und Astrologie sich nicht doch unter einen Hut bringen lassen« und er kommt zur Schlußfolgerung, »von der Astrologie aus ginge das schon«, ist dagegen absolut nichts einzuwenden. Wenn er aber fortfährt, »vom christlichen Glauben her ist die Astrologie unnötig«, ist einiges darauf zu erwidern, allerdings nicht mehr vom Standpunkt eines Astrologen aus. Denn die Feststellung, daß Astrologie nicht gegen das Christentum gerichtet ist, wie auch gegen keine andere Religion, bringt sie in eine neutrale Position. Wie christliche Missionstätigkeit beweist, ist es für einen Christen nicht nötig, lesen und schreiben zu können. Wenn aber einer davon Gebrauch macht, kann er diese Kenntnisse natürlich zum Bibellesen verwenden, was ihn in seinem Glauben bestärken könnte. Es ist allerdings auch möglich, daß solche Kenntnisse zu rein weltlichen Zwecken verwendet werden, vielleicht sogar vom Glauben ablenken. Aber dies ist, von der Kirche aus gesehen, das Risiko, das jeder Bildungserwerb mit sich bringt. Überschaut man die Entwicklung der menschlichen Zivilisation, werden sehr deutlich jene Bestrebungen erkennbar, in denen die Theologen gegen die Naturwissenschaften zu Felde zogen. Heute werden diese akzeptiert. Man ist versucht, sich an den Rat Roger Bacons (1214-1294) zu erinnern, der den Kirchenoberen vorschlug, die Kirche sollte sich um die Führung und Förderung der Astrologie kümmern, um damit selbst die Autorität zu übernehmen und sie nicht anderen zu überlassen.

Im Hinblick auf die Naturwissenschaften haben die Kirchen versucht, sich anzupassen. Im Falle der Astrologie schien das in der heutigen Zeit nicht mehr nötig zu sein, denn anders als zu den Zeiten der Hochscholastik oder der Renaissance spielt Astrologie z.Zt. nur noch eine sehr untergeordnete Rolle. Ja, es gibt, wie dargelegt, »die« Astrologie ebensowenig, wie man von »der« Malerei sprechen sollte, um damit Wesentliches über eine ganze Kunstgattung auszusagen. Es gibt aber auch nicht »den« christlichen Glauben, denn die Unterschiede zwischen den Konfessionen waren nicht nur so schwerwiegend, daß sie zu unchristlichen Vernichtungskriegen führten, sondern sie sind auch heute noch evident.

Wenn also in der erwähnten Broschüre von Pfarrer Haack, dem »Astrologische Auskunftsbogen Nr. 150« des Baumgartner-Verlages, zitiert wird, Astrologie sei Religion, die einzige wahre Religion, der einzige Gottesbeweis, ist das eine Behauptung, die ein offensichtlich antikirchlich eingestellter Autor vertritt. Es ist einfach nicht objektiv, wenn eine solche Einstellung allen angelastet wird, nur weil sie von manchen Astrologen vertreten wird. Man muß gar nicht auf Melanchthon zurückgehen, es gibt auch in unserer Zeit fest im christlichen Glauben stehende Astrologen, die durchaus nicht, wie Pfarrer Haack behauptet, die Astrologie zur eigenen Religion machen: »Sie muß dann ihre eigenen Vorstellungen denen des christlichen Glaubens überordnen, muß zu Fälschungen erklären, was nicht in das gewünschte Bild paßt.«
Als Beispiele solcher gläubiger Christen nenne ich die Autoren Alfons Rosenberg (Zeichen am Himmel) und Arthur Schult (Astrosophie). Es gibt deren mehr, ungezählte, aus allen christlichen Konfessionen. Es geht dabei um »den astrologischen Glauben«. Dabei wird übersehen, daß es sich bei diesem vielmehr um ein Überzeugtsein auf Grund gewonnener Erfahrungswerte handelt. Sie beruhen nicht nur auf langjährigen theoretischen Studien, sondern auf der banalen Erkenntnis, daß Horoskopie als die praktische Grundlage der Astrologie »funktioniert«.
Es geht Pfarrer Haack darum, der ernstgemeinten Astrologie, denn fairer Weise sucht er nur die Konfrontation mit dieser und nicht mit dem astrologischen Jahrmarkt der Medien, die Qualifikation einer Lebenshilfe abzusprechen. Eine solche erteilen zu können, billigt er allein dem Arzt, dem

Anwalt oder dem Seelsorger zu. Man müßte wohl klären, was Lebenshilfe eigentlich ausmacht und wer dazu berufen ist. So wird etwa ein gläubiger evangelischer Christ sich in Gewissensnöten sicher mit seinem Pfarrer besprechen, ein guter Katholik wird sich im Beichtstuhl Rat holen. Wer in einen Rechtsstreit verwickelt wird, vielleicht durch einen Autounfall, ist in einer Anwaltskanzlei sicher am besten aufgehoben. Ein Narr wäre zu nennen, wer bei einem Verdacht auf »Blinddarm« lange zögerte einen Arzt zu konsultieren. Die Welt wäre heil und in Ordnung, ließen sich alle Lebensprobleme auf so durchsichtige Fälle beschränken und sich die Kompetenzen der Ratgeber deutlich abgrenzen. Denn: Wird nicht ein Arzt auch bei seelischem Kummer bemüht, muß nicht ein Pfarrer das eine oder andere Mal auch ein Rechtsproblem bedenken oder sieht ein Anwalt sich nicht sogar häufig mit Gesundheitsproblemen seiner Mandanten konfrontiert? Welche Qualifikation aber berechtigt dann zu berufsfremden Ratschlägen? Wahrscheinlich wohl menschliche Reife, Lebenserfahrung oder Qualitäten, wie sie ein Nachbar oder Freund auch hat, dem man vertrauen kann. Wenn Astrologen von Managern oder hart rechnenden Industriebossen konsultiert werden, und dies über Jahre, so muß wohl etwas an deren Lebenshilfe dran sein. Und wenn ein so leiderfahrener, lebenskluger, aber doch zutiefst hoffnungsfroher Mann wie Carl Zuckmayer schreibt, dieses kleine Horoskop habe ihn »zutiefst ermutigt und gekräftigt« – wo soll da Übles sein?

Die Realität in der Beziehung Astrologie und Kirche sieht wohl etwas anders aus. Es bleibt der Verdacht, in den Astrologen Prügelknaben zu suchen, vielleicht dafür, daß heute der Rat des Herrn Pfarrers nicht mehr so begehrt wird wie in der guten alten Zeit, als dank des beherrschenden naturwissenschaftlichen Weltbildes, in dem, wie das Wort des großen Physikers Laplace besagt, für Gott kein Platz ist, klare Verhältnisse herrschten. Hier Kirche und Glaube – da Wissenschaft. Heute sind die Fronten aufgeweicht.

In Wahrheit sitzen der Pfarrer und der Astrologe im selben

Boot. Gefahr droht allein von jener Seite, welche die Entfaltung der Individualität verhindert, indem sie das geistige Leben reglementiert und kontrolliert, und sie kommt von jenen, die öden Materialismus nicht nur predigen, sondern auch vorleben. Diese aber sind weniger in einer bestimmten Partei zu finden, sie sind sowohl unter den Scheinchristen, die ihren Nächsten ausbeuten und gegen die Gebote sündigen, wie auch unter denen, die Astrologie zu ihrem Geschäft machen. Echtes Christentum und wahre Astrologie waren nie etwas für die Satten und Reichen. Hier begegnen sich jene, die Wahrheit suchen und die sich nicht scheuen, für diese von ihnen erkannten Werte auch einzutreten, für eine Wahrheit, die unteilbar ist, wenn sich ihr Licht auch in Facetten brechen mag.

Leonardo da Vincis Abendmahl Christi

Im Jahre 1498 vollendete Leonardo da Vinci sein gewalti-
ges und tiefsinniges Werk, an dem er drei Jahre gearbeitet
hatte. Ein ungewöhnliches Malverfahren, die Ungunst der
Witterung und die Roheit der Menschen haben es schon bald
nach der Fertigstellung beschädigt. In zahlreichen Kopien
aber lebt der Geist des Werkes fort. Es war die Absicht des
Künstlers, darin »die Kosmographie der kleinen Welt« vor-
zuführen. So verkörpern die zwölf Apostel nicht beliebige
Männer, sondern die zwölf Typen des Tierkreises und durch
die Anordnung in vier Dreiergruppen auch die vier Elemente bzw. die Jahreszeiten. Auf Christus in der Mitte des Bildes
laufen alle perspektivischen Linien zu. Er ist das Zentrum.
Gegen das Licht abgebildet, wirft er doch keinen Schatten.
Es ist die Stunde, da Christus die Worte gesprochen hat:
»Einer unter euch wird mich verraten.« Bestürzung, Erschrek-
ken, banges Fragen.

In Physiognomik und Gestik geben die Apostelgestalten
den Grundcharakter jenes Tierkreiszeichens wider, dem sie
zugeordnet sind. Ganz rechts, am Kopf der Tafel Simon. Die
betonte Nase und das helle Auge symbolisieren die Energie
des Widdertyps. Thaddäus ist durch den breiten Hals dem
Zeichen Stier zugeordnet, das diese Körperregion beherrscht.
Kopf und Hände von Matthäus weisen in verschiedene Richtungen, was den Zwiespalt des Zwillingsnaturells ausdrückt.
Die Dreiergruppe der Sommerzeichen beginnt mit der weiblich anmutenden Gestalt des Philippus, den mütterlichen
Krebs darstellend. Die Haltung seiner Hände entspricht der
Einrollung des Zeichensymbols. Jakobus der Ältere breitet
die Arme weit aus: Der Löwetyp ist tatbereit und selbstsi-

cher. Thomas, der Zweifler, hebt warnend die Hand symbolisch für die Kritik des Jungfraunaturells. Mit Johannes beginnt die Herbst-Gruppe, das Zeichen Waage. Er behält als einziger die Ruhe, verkörpert Harmonie und Liebe. Judas, dem Verräter, entspricht das Todeszeichen Skorpion. Wie sich der Legende nach das Tier mit seinem Giftstachel in der Not selbst tötet, wird er nach dem Verrat an seinem Herrn Selbstmord begehen. Sein Gesicht liegt im Schatten, er hat das Salzfaß umgestoßen (Salz, das Symbol für den Bestand und die Reinheit des Organischen). Petrus gleicht dem schwankenden Schützen, denn dreimal hat er seinen Herrn verleugnet und ist doch voller Glaubenskraft. Die letzte Dreiergruppe ist den Winterzeichen gewidmet. Andreas wird dem Steinbock zugeordnet. Dieser Typ wehrt alles Unrecht von sich ab, wie die Handhaltung erläutert. Aus seinen Zügen spricht richterlicher Sinn, ein kühler Geist, aber auch die Neigung zur Melancholie. Jakobus der Jüngere ähnelt seinem Bruder Jesus am meisten. Ihm wurde vom Künstler das Engelszeichen Wassermann zugewiesen, das Weisheit und Intuition symbolisiert. Bartholomäus schaut mit vorgebeugtem Oberkörper zu Simon hinüber und schließt so den Kreis. Von ihm sind als einzigem die Füße zu sehen, die Körperregion der Fische. Christus in der Mitte aber gleicht der Zentralsonne, die über Gerechte und Ungerechte scheint.

TRÜBSINN WEICHE!
DÜRERS TROSTBLATT FÜR SEINEN KAISER

Monatelang hatte der Schicksalsplanet Saturn neben der Zuchtrute eines Kometen am Nachthimmel gestanden. Kaiser Maximilian I. (22.3.1459-12.1.1519) fürchtete Unheil. Reformation und Bauernkriege warfen ihre Schatten voraus. Im Mai 1514 war Dürers Mutter gestorben. Schmerz, Trauer und Melancholie erfüllten auch ihn, als er für seinen kaiserlichen Gönner dieses tiefsinnige Trostblatt schuf. »Trübsinn, weiche!« könnte man den Titel übersetzen (lat. i = geh!). Dem Künstler mag leichter ums Herz geworden sein, denn über Saturn nachzudenken, heißt Einkehr halten. Dürer will zeigen, wie die Abkehr vom lauten Leben die Voraussetzung ist, reif und weise zu werden, durch ein inneres Licht die Düsternis der Seele aufzuhellen. Die sinnende Gestalt könnte davoneilen, denn sie hat Flügel. Aber sie verweilt, weil es doch kein Entkommen gibt. Die Zeit (Stundenglas) ist zugemessen, die Taten werden gewogen (Waage), das Schicksal (Mühlenrad) nimmt seinen Lauf. Der schreibende Putto, Symbol des Hermes-Merkur, wird der suchenden Seele den Weg zeigen. Jupiters magisches Zahlenquadrat wird Kraft und Hilfe spenden. Die Leiter zum Turm hat sieben Sprossen, denn sieben Planeten machen den Erkenntnisweg der Astrologie aus. Der rohe Stein des Saturn harrt seiner Bearbeitung, um zur Kugel zu werden, zur vollendetsten Form. Es geht um Verwandlung, die Transmutation der Alchimisten, die sich selbst zum Besseren zu wandeln suchten, gleichnishaft saturnisches Blei zu sonnenhaftem Gold machten. Das dreieckige (göttliche) Schmelzgefäß weist auf den saturnischen Weg, denn Melancholie ist Saturn, Hüter

94

der Schwelle, der höchsten Ruhm erringen läßt (Ehrenkranz), Reichtum nicht ausschließt, doch kann dieser (das Prachtgewand) nicht vom Eigentlichen ablenken, dem Weg in die Tiefe. Der Schlüssel am Gürtel erschließt den Schatz der Weisheit. Er ruht im Verborgenen (Hund = Symbol der Unterwelt, Fledermaus = Symbol der Nacht). Buch und Zirkel weisen auf Tradition und Mathematik. Nur harte Arbeit und systematisches Wissen helfen voran. Daher ist Saturn der Herr der Baumeister, Architekten und Maurer. Ihre Werkzeuge liegen im Vordergrund. Mit ihnen wird Irdisches gemessen und gerichtet. Auf die Erde (Saturn) weist auch der Kopf des Kometen, Unheil kündend. Aber über dem Meer leuchtet der Sonnenbogen auf: Versöhnung und Beruhigung des tobenden Elements nach dem Sturm. So sprechen Mahnung und Trost zu uns: Mensch, werde wesentlich! Nimm gefaßt auch schweres Los auf dich, dann wirst du durch das Tor der Erkenntnis schreiten können.

John Dee -
Geograph, Astrologe und Magier

Astrologen sind Menschen wie du und ich. Unter ihnen gibt es viele ernsthafte Forscher, die sich der Wahrheit verpflichtet fühlen, ja den allermeisten darf man zugestehen, sich ernsthaft zu bemühen. Doch diese Stillen im Lande fanden stets nur ganz selten das Interesse der Massen. Seit jeher gehörte die Aufmerksamkeit den Unglückspropheten, die Katastrophen und Schlimmes vorherzusagen wußten, obwohl sie damit durchaus die Grenzen einer erlaubten seriösen Prognose überschritten. Sie fühlten sich keinem ethischen Code verpflichtet, wie er heute von den Mitgliedern astrologischen Verbände verlangt wird.

Zu allen Zeiten gab es jene Abenteurer, die ihr hohes fachliches Wissen einsetzten, ehrgeizige persönliche Ziele zu erreichen, wobei sie sich selten genug moralisch zeigten. Einer von jenen war der Engländer John Dee, der von 1527 bis 1608 lebte.

Man möchte meinen, sein Leben sei eine echt englische Story, bühnenwirksam wie ein Stück Shakespeares, einem Zeitgenossen John Dees. Denn im alten London mag es zugegangen sein wie in den Theaterstücken des Dichters. Mit Intrigen, Verschwörungen, Bergen von Leichen, der Jagd aller nach irgendwelchen Genüssen. Ein farbiges Panoptikum trefflich beobachteter, menschlicher Unzulänglichkeiten und sozialer Spannungen.

John Dee war ein berühmter Gelehrter, ebenbürtig dem Dänen Tycho Brahe oder dem Deutschen Johannes Kepler. Er genoß einen ausgezeichneten Ruf als Navigator, in den Zeiten der Segelschiffahrt ein absolut realistischer und geachteter Beruf, von dem man gut leben konnte. John Dee war also ein angesehener Wissenschaftler, Mathematiker, Geograph und Astronom, was ihm für seinen Beruf von Nutzen war. Als er beispielsweise an den Universitäten von Paris und Reims philosophische Vorlesungen hielt, saßen die Studenten bis zur halben Mauerhöhe um ihn herum, um ihm zuzuhören.

Die Herzogin von Northumberland protegierte ihn. Sie war die Gattin des Rektors der Universität von Cambridge, der im Zuge der Protestantenverfolgungen hingerichtet wurde. Das war ebenso Pech für ihn wie für John Dee, der außerdem auch eine Schwäche fürs Okkulte, für Magie und Alchemie hatte. Und diese Vorliebe sollte seinen Ruf als seriöser Wissenschaftler später stören, wenngleich der Nimbus des Geheimnisvollen ihm auch einflußreiche Klienten verschaffte. Allen voran war das Mary Tudor. Als Maria die Katholische oder die Blutige ist diese englische Königin in die Geschichte eingegangen. Sie erklärte sich zur Schutzpatronin John Dees und ließ ihn für sich und ihren künftigen Gemahl, Philip von Spanien, Horoskope ausarbeiten und einen Ehevergleich beider Konstellationen anfertigen. Doch John Dee hatte das königliche Horoskop auch mit dem seinen verglichen. Was er da entdeckte, ließ ihn sogleich auf den königlichen Schutz verzichten. Statt dessen setzte er auf Elisabeth, Marys Schwester. Mit ihr tauschte er geheime Botschaften aus. Das war riskant, denn Elisabeth wurde wie eine Gefangene gehalten. Zuträgerin war Elisabeths Amme, die noch immer ihre Bedienerin war, zufällig eine Cousine John Dees. Der ließ sich da freilich auf ein gefährliches Spiel ein, war indiskret, indem er Elisabeth das Horoskop der Königin schickte und sie auf die Gegensätze zu ihrem eigenen Horoskop aufmerksam machte. Es blieb nicht aus, daß Gerüchte aufkamen und daß Denunzianten ihn bei Hofe anschwärzten, er sei in eine Verschwörung gegen die Königin verwickelt. Dee wurde verhaftet und des Hochverrats angeklagt. Man beschuldigte ihn auch, sein Schutzgeist habe die Kinder seines Anklägers angegriffen, das eine zum Erblinden, das andere zum Tode gebracht. Doch Dee kam schließlich frei, nachdem es dem Londoner Bischof nicht gelungen war, ihn zu überführen. Als Königin Mary sterbenskrank darniederlag, machte Dee Elisabeth Hoffnungen auf die Nachfolge. Sie hat es ihm nie vergessen.

Als die Königin, ihre Schwester, 1558 starb und sie als Elisabeth I. Königin von England wurde, war eine ihrer ersten Aktivitäten, John Dee um einen geeigneten, glückverheißenden Termin für ihre Krönung zu fragen. Sie akzeptierte seinen Vorschlag, den 15.1. und war bekanntlich gut damit gefahren.

John Dee beriet nicht nur als Navigator die Seefahrer, die im Dienste der Königin Elisabeth standen. Er war auch selbst viel auf Reisen. Was ihm da an politischen Erkenntnissen in Europa zu Ohren kam, war Inhalt von Informationen an seine Königin. Er unterzeichnete diese mit einem Augenpaar, das wie »007« aussah. Elisabeth suchte John Dee auch öfter in seinem Hause auf, fragte ihn um astrologischen Rat oder ließ sich astronomische Begebenheiten erläutern. Sie schaute bei ihm neue Bücher an, die er auf seinen Reisen zusammengetragen hatte, denn John Dee besaß die am besten ausgestattete Bibliothek des Landes, die sogar eine der besten Europas war. Elisabeth machte ihm große finanzielle Zuwendungen und hielt ihre Hand schützend über ihn. Das war auch nötig, denn auf Grund seiner alchimistischen Studien galt er als »Hexer«. Seinem Sohn sagte John Dee nach dem Horoskop eine große Karriere voraus. Tatsächlich wurde er später Leibarzt des russischen Zaren. In den letzten zwanzig Jahren seines Lebens wandte sich John Dee nicht nur immer mehr der Astrologie zu, er schätzte auch die »Unterhaltungen mit Engeln«. Besonders schadete seinem Ansehen der Umgang mit einem üblen Halunken, der diesen Spleen ausnutzte.

Gegen Ende seines Lebens kam John Dee ins Gefängnis, weil er versucht hatte, das Horoskop Christi zu stellen. Das freilich hatten schon andere vor ihm versucht, so der Kardinal Pierre d'Ailly (*1350), der auch die bekannte zutreffende Voraussage der großen Veränderung im Jahr 1789 machte, die sich als Französische Revolution erwies.

In Shakespeares Werken stößt man oft auf astrologische Gedanken, denn damals waren solche allgemein verbreitet und den meisten gebildeten Menschen waren sie vertraut. Man vermutet, John Dee sei das Original von Shakespeares »Prospero« gewesen. Gut denkbar, daß die beiden Männer einmal einander begegnet sind.

Im Zeitalter Shakespeares war Astrologie fest in das Geistesleben Englands integriert. Kritisiert wurden allenfalls die abergläubischen Ausflüsse, doch galt Astrologie als eine Offenbarung, als ein Mittel, durch das Gott das irdische Geschehen regelte.

ABT KNAUER
UND SEIN HUNDERTJÄHRIGER KALENDER

———————
═══════
———————

Auch im Zeitalter der Wetterbeobachtung durch Satelliten und der dadurch möglich gewordenen präziseren meteorologischen Voraussagen hat der »Hundertjährige« nichts von seiner Beliebtheit eingebüßt. Und das trotz des so oft gehörten Einwandes, es sei doch Humbug anzunehmen, daß das Wetter sich genau wiederhole. Wer solches sagt, verkennt, was der »Hundertjährige« wirklich ist und weiß nichts von den astrologischen Zusammenhängen, die seinerzeit ein gelehrter Klosterabt aus Weismain in Franken mit seinen eigenen jahrzehntelangen Wetterbeobachtungen untersucht und abgestimmt hat.

Wenige Jahre vor dem schrecklichen Dreißigjährigen Krieg wurde am 14.3.1613 in Weismain der kleine Moritz geboren, der sich später, dem gelehrten Sprachgebrauch seiner Zeit folgend, Mauritius nannte. Er war ein Bauernkind, mit seiner fränkischen Heimat tief verwurzelt und hatte das Glück, daß ihn ein reicher Verwandter in Wien Biologie, Medizin und Astrologie studieren ließ. Er trat nach der Rückkehr in sein Heimatkloster ein und wurde schon mit 36 Jahren zum Abt von Langheim gewählt, einem sehr angesehenen Kloster, das direkt dem Papst unterstellt war. Nach einem großen Brand 1802 ist die barocke Anlage nicht wiederaufgebaut worden.

Mauritius Knauer war ein streitbarer Abt, der sich sowohl mit den Bamberger Behörden wie mit seinem Bischof entzweite und es sich schließlich auch mit seinem Gönner, dem Kaiser Ferdinand, verdarb. In seiner fränkischen Heimat genoß Knauer bis zu seinem Tode am 9. November 1664 einen ausgezeichneten Ruf.

Damals verfügten die Bauern noch über ein umfassenderes Wissen von den Vorgängen in der Natur, kannten einschlägige Wetterregeln, die meistens an »Lostage« gebunden waren. Etwa »wenn's zu Lichtmeß (2. Februar) stürmt und schneit, ist der Frühling nicht mehr weit«. Solche Kenntnisse waren dem Bauernsohn Knauer gewiß geläufig. Hinzu kam nun noch sein Interesse an Astronomie und Astrologie. In seinem Kloster ließ er sich ein Observatorium errichten, den »blauen Turm«. Von dort aus blickte er hinauf zu den Sternen. In ihnen sah er, wie es das ganze Mittelalter hindurch als selbstverständlich galt, eine Schrift Gottes. Sie zu enträtseln, galt als verdienstvoll. So ist es nicht zu verwundern, daß z.B. Albertus Magnus das berühmteste Astrologiebuch des Mittelalters verfaßte. Er stellte ausdrücklich fest: »Die Vorhersage künftiger, natürlicher Ereignisse, die zwangsweise eintreten wie Finsternisse, Seuchen, Katastrophen sind nicht nur erlaubt, sondern verdienstvoll.« Uneingeschränkt war auch Thomas von Aquin dieser Meinung. Abt Knauer studierte also das Geschehen am Himmel und wandte die in der astrologischen Literatur seiner Zeit geschilderten Wetterregeln praktisch an. Sieben Jahre lang führte er sorgfältig Tagebuch und kontrollierte die alten, überlieferten astrologischen Feststellungen. Was dabei herauskam, war schließlich ein Buch, in dem er den Menschen, besonders den Bauern seiner fränkischen Heimat, probate Wetterregeln erläuterte. Damit sollten sie in die Lage versetzt werden, den rechten Zeitpunkt für Saat und Ernte, für Heu und Weinbau zu wählen. Wer schließlich das Wetter kannte, würde auch imstande sein, jenen Krankheiten beizukommen, die durch die Witterung verursacht würden.

Diesem Wetterbuch gab er den Titel »Calendarium Oeconomicum Perpetuum«. Das heißt soviel wie immerwährender praktischer Wirtschaftskalender oder wie er es selbst übersetzt hat, ein »beständiger Hauskalender«.

Erst 1701, also knapp vierzig Jahre nach Knauers Tod, ließ der Erfurter Arzt Dr. Hellwig den ersten »immerwährenden Kalender« drucken. Bisher war das Buch nur in Abschriften verbreitet worden. Er übersetzte den Titel jedoch anders, machte aus dem »immerwährenden« einen »hundertjährigen«, weil er als guter Psychologe ganz richtig begriff, daß ein einfacher Mensch sich unter der Zahl 100 viel mehr vorstellen kann als unter dem Begriff »immerwährend«.

Nun hat Knauer niemals behauptet, daß man das Wetter auf den Tag genau vorhersagen kann, denn schließlich gilt auch für die Meteorologie die bewährte Erkenntnis, daß keine Regel ohne Ausnahme ist. Knauer beschäftigte sich mit den kosmischen Rhythmen, wie sie sich durch den Lauf der Planeten ergeben. Astrologisch maß er ihnen die größte Bedeutung bei, die Tierkreiszeichen beachtete er erst in zweiter Linie. Der durch seine Beobachtung bestätigte Sieben-Jahres-Rhythmus führte ihn dazu, den Jahresregenten besondere Beachtung zu schenken.

Für Knauer begann wie für alle Astronomen und Astrologen das Jahr jeweils mit dem Eintritt der Sonne in das Tierkreiszeichen Widder, was meist am 21. März der Fall ist. Sodann schätzte Knauer besonders die Mondphasen. Ihnen schrieb er vor allem die Verschiebungen in der Witterung zu. Knauer ging u.a. von der Erkenntnis aus, daß Wetterveränderungen sich meistens am zweiten oder dritten Tag nach dem Neumond oder Vollmond ergeben. Sodann hielt er die sichtbaren Sonnen- und Mondfinsternisse für ausschlaggebend. Rückschlüsse auf das Wetter zog Knauer auch nach den »Planetenstunden«. Wie jedes Jahr von einem Planeten »regiert« wird, so hat auch jede Stunde ihren Herrscher. Fällt nach Knauer z.B. der Neumond in die Stunde des Saturns, wird der Monat kühler und größtenteils feucht. Fällt der Neumond in die Stunde des Mondes, so wird der Monat windig und regnerisch.

Von der tägliche Wetterkarte her weiß heute jeder, daß es in Norddeutschland durchaus nicht das gleiche Klima, die gleiche Witterung geben muß wie in Süddeutschland. Kritiker an Knauer übersehen, daß er seinerzeit sich mit den Wetterregeln vor allem seiner fränkischen Heimat beschäftigte. Ihm waren ja auch keine anderen Informationen über das

Wettergeschehen zugänglich, als er sie selbst durch Beobachtung gewinnen konnte. Wer sich heute nach dem Hundertjährigen Kalender seine Wettervorhersage selbst »zusammenbasteln« will, braucht nicht nur einschlägige astronomisch-astrologische Kenntnisse, sondern müßte darüber hinaus auch mit den örtlichen Wettergegebenheiten vertraut sein, etwa in München oder den Voralpen mit dem Föhn, im Norden an der Küste mit den Westwinden.

Noch nie war eine Zeit so schnellebig wie die unsrige. Noch nie aber haben sich die Menschen soweit von der Natur entfernt wie in der Gegenwart. Liegt es da nicht auf der Hand, in einem Hobby eine sinnvolle Freizeitbeschäftigung zu finden, die sich z.B. mit Wetterbeobachtungen beschäftigt? Dazu könnte der »immerwährende Hauskalender« alias der »Hundertjährige« des Abtes Mauricius Knauer eine gute Anregung sein.

ARTHUR SCHOPENHAUER:
LEBENSSTUFEN UND LETZTE FRAGEN

Quidquid fit necessario fit
Alles, was geschieht, geschieht notwendig

———————
———————

Der große Philosoph Arthur Schopenhauer wurde am 22. Februar 1788 in Danzig geboren und starb in Frankfurt am Main am 20. September 1860. Der erste Band seines Hauptwerks »Die Welt als Wille und Vorstellung« erschien 1818. Wirklich populär geworden ist er durch seine »Aphorismen zur Lebensweisheit« (1851). Darin vertrat er eine sehr praktische Lebensphilosophie. Nach Schopenhauers Lehre offenbart sich der Kern unseres Wesens in unserem Innern als Wille; dieser ist die eigentliche Wirklichkeit, das unzerstörbare Wesen des Ichs. Aller Wille ist Wille zum Leben. Das Streben des Menschen geht ins Grenzenlose, wird nie erfüllt, nur gehemmt. Mit der Höhe der Erkenntniskraft wächst das Leiden. Darum leidet der Mensch unter allen Geschöpfen am meisten. Der höhere und einzige Weg zur Befreiung vom Leben und Leid ist die Verneinung des Willens zum Leben. Hier grenzt Schopenhauers Lehre an die vom Nirwana des Buddhismus. Auf seine Art hat er sich auch mit dem Sterben und dem Tod auseinandergesetzt.

Leider ist Schopenhauers Geburtszeit nicht bekannt, doch erlaubt bereits die Tageskonstellation seines Geburtstages, des 22.2.1788, einige Einsichten in sein Wesen. Aufschlußreich steht die Fische-Sonne unmittelbar bei Saturn, dem Symbol der Konzentration, der Geduld, des Verzichts. Die Verletzung der Sonne durch Saturn ist meistens ein Anzeichen für gesundheitliche oder andere Probleme in der

Kindheit, oft auch im Hinblick auf den Einfluß des Vaters. Oder es gab Tabus, Verbote u.ä., die lange nachwirkten und erst im Laufe der Zeit aufgearbeitet werden konnten. Oft ist die Gesundheit nicht kräftig. Schopenhauer wurde nach dem Vollmond geboren (wie Goethe). Der Mond stand in der Jungfrau. Diese Kombination drückt die Kontrolle des Gefühls durch die Vernunft aus, auch das besondere Interesse an der Gesundheit. Herausgehoben ist die Position von Mars, dem Symbol des Willens (!) und der Triebe, eine Betonung des Maskulinen bzw. der Urteile darüber. Jupiter stand am Geburtstag in harmonischer Distanz zu Neptun. Das erklärt Schopenhauers geistige Interessen ebenso wie seine Wertschätzung fremder Kulturen und Religionen.

Wem die indische religiöse Vorstellungswelt viel bedeutet, der kann auch nicht an der Astrologie vorbeisehen. Doch in Mitteleuropa war zu Schopenhauers Lebzeiten die uralte Sterndeutung totgeschwiegen. Noch bis 1835 hielt der letzte deutsche Professor für Astrologie, Julius Wilhelm Andreas Pfaff, an der Universität in Erlangen astrologische Vorlesungen. Danach siegte der Fortschrittsglaube, wie er sich im materialistischen mechanistischen Weltbild manifestierte. Es ist ziemlich bekannt, daß Astronomen sich von ihrem Fachgebiet aus nicht für die Astrologie zu erwärmen mögen. Wie könnte es auch anders sein, geht doch der Blick des Astronomen zum Himmel, zu den Sternen, während der Astrologe auf den Menschen und auf die Sterne in seiner Brust schaut. Schopenhauer hat da einen passenden Vergleich. Man muß nur das Wort Philosophie durch Astrologie ersetzen:
»Vom Standpunkt der Philosophie aus, könnte man die Astronomen Leuten vergleichen, welche der Aufführung eines großen Orchesters beiwohnen, jedoch, ohne sich durch die Musik, oder gar den Inhalt der Stücke, zerstreuen lassen, bloß Acht gäben auf die Maschinerie der Dekorationen und auch so glücklich wären, das Getriebe und den Zusammenhang derselben vollkommen herauszubringen.«
Es spricht für Schopenhauers Individualität, wenn er in

Würdigung astrologischer Vorstellungen eine Auffassung vertrat, die dem damals sich anbahnenden neuen Zeitgeist sich nicht beugte:

»Die circa 60 seitdem noch hinzu entdeckten Planetoiden sind eine Neuerung, von der ich nichts wissen will. Ich mache es daher mit ihnen, wie Mit mir die Philosophieprofessoren: ich ignoriere sie; weil sie nicht in meinen Kram passen.«

Der Astrologe bejaht die Vererbung. Genau das aber ist auch Schopenhauers Überzeugung: »Daher kommt, wie unser moralischer, so auch intellektueller Werth nicht von außen in uns, sondern geht aus der Tiefe unseres eigenen Wesens hervor, und können keine Pestalozzische Erziehungskünste aus einem geborenen Tropf einen denkenden Menschen bilden: nie! Er ist als Tropf geboren und muß als Tropf sterben.«

»Zwar ist nicht, wie die Astrologie es wollte, der Lebenslauf der Einzelnen in den Planeten vorgezeichnet; wohl aber der Lebenslauf des Menschen überhaupt, sofern jedem Alter desselben ein Planet, der Reihenfolge nach, entspricht und sein Leben demnach succesive von allen Planeten beherrscht wird.

Im zehnten Lebensjahre regiert Merkur. Wie dieser bewegt der Mensch sich schnell und leicht, im engsten Kreise: er ist durch Kleinigkeiten umzustimmen; aber er lernt viel und leicht, unter der Herrschaft des Gottes der Schlauheit und Beredsamkeit. - Mit dem zwanzigsten Jahre tritt die Herrschaft der Venus ein: Liebe und Weiber haben ihn ganz im Besitze. - Im dreißigsten Lebensjahre herrscht Mars: der Mensch ist jetzt heftig, stark, kühn, kriegerisch und trotzig. – Im vierzigsten regieren die vier Planetoiden: sein Leben geht demnach in die Breite: er ist frugi, d.h. fröhnt dem Nützlichen, kraft der Ceres: er hat seinen eigenen Herd, kraft der Vesta: er hat gelernt, was er zu wissen braucht, kraft der Pallas: und als Juno regiert die Herrin des Hauses, seine Gattin. – Im funfzigsten Jahre aber herrscht Jupiter. Schon hat der Mensch die Meisten überlebt, und demjetzigen Geschlechte fühlt er sich überlegen. Noch im vollen Genuß seiner Kraft, ist er reich an Erfahrung und Kenntniß; er hat (nach Maaßgabe seiner Individualität und Lage) Autorität über alle, die ihn umgeben. Er will demnach sich nicht mehr befehlen lassen, sondern selbst befehlen. Zum Lenker und Herrscher, in seiner Sphäre, ist er jetzt am geeignetesten. So kulminirt Jupiter und mit ihm der Fünfzigjährige. – Dann aber folgt, im sechzigsten Jahre, Saturn und mit ihm die Schwere, Langsamkeit und Zähigkeitdes Bleies:

But old folks, many feign as they were dead;
Unwieldy, slow, heavy and pale as lead, (Rom. et Jul. A.2sc.5)
Übersetzt:
Viel' Alte scheinen schon den Todten gleich:
Wie Blei, schwer, zähe, ungelenk und bleich.

Zuletzt kommt Uranus; da geht man, wie es heißt in den Himmel. Den Neptun (so hat ihn leider die Gedankenlosigkeit getauft) kann ich hier nicht in Rechnung ziehn; weil ich ihn nicht bei seinem wahren Namen nennen darf, der Eros ist. Sonst wollte ich zeigen, wie es sich an das Ende der Anfang knüpft, wie nämlich der Eros mit dem Tode in einem geheimen Zusammenhang steht, vermöge dessen Orkus, oder Amenthes der Aegypter,...also nicht nur der Nehmende, sondern auch der Gebende und der Tod das große Reservoir des Lebens ist. Daher also, daher, aus dem Orkus, kommt Alles, und dort ist Jedes gewesen, das jetzt Leben hat: wären wir nur fähig, den Taschenspielerstreich zu begreifen, vermöge dessen Das geschieht, dann wäre Alles klar.«

»Man muß alt geworden seyn, also lange gelebt haben, um zu erkennen, wie kurz das Leben ist.«

Um es wirklich zu nützen, gibt der Philosoph den Rat: »Wage es, vernünftig zu sein!« Er weiß aus Erfahrung, je älter man wird, um so leichter fällt es, dies zu beherzigen.

»Zwar nehmen, im höheren Alter, auch die Geisteskräfte ab: aber wo viel war, wird zur Bekämpfung der Langenweile immer noch genug übrig bleiben... im männlichen Alter schwindet die Langeweile mehr und mehr,- Greisen wird die Zeit stets zu kurz und die Tage fliegen pfeilschnell vorüber.«

Die Menschen wünschen sich, lebenssatt in hohem Alter friedlich zu sterben: »Ich glaube, mit Recht; weil ich bemerkt habe, daß nur Die, welche das 90ste Jahr überschritten haben, der Euthanasie theilhaft werden, d.h. ohne alle Krankheit, auch ohne Apoplexte, ohne Zuckung, ohne Röcheln, ja bisweilen ohne zu erblassen, meistens sitzend, und zwar nach dem Essen, sterben, oder vielmehr gar nicht sterben, sondern nur zu leben aufhören. In jedem früheren Alter stirbt man bloß an Krankheiten, also vorzeitig...«

»Der Tod wird kommen und mir und meiner Lust ein Ende machen: das ermahnt mich Zeitwesen, die Zeit zu nutzen: doch schreckt es mich nicht, denn Nichtseyn ist kein Leiden, und so lange ich bin, ist der Tod nicht, und wenn der Tod ist, bin ich nicht.- was ist da zu fürchten? Ein zu jeder Zeit und für Jeden faßlicher Trost ist: ›der Tod ist so natürlich wie das Leben; und dann wollen wir weiter sehn.«

Eine solche Schlußfolgerung erwächst aus Schopenhauers Sinn für die Realität und aus einem heiteren Lebensverständnis, obwohl oder gerade, weil der Philosoph den Lebensernst schätzt.

»Dieserwegen also sollen wir der Heiterkeit, wann immer sie sich einstellt, Thür und Thor öffnen; denn sie kommt nie zur unrechten Zeit; statt wir oft Bedenken tragen, ihr Eingang zu gestatten, indem wir erst wissen wollen, ob wir denn auch wohl in jeder Hinsicht Ursach haben, zufrieden zu seyn; oder auch, weil wir fürchten, in unsern ernsthaften Ueberlegungen und wichtigen Sorgen dadurch gestört zu werden. Allein was wir durch diese bessern ist sehr ungewiß; hingegen ist Heiterkeit unmittelbarer Gewinn.

Alles was geschieht, vom Größten bis zum Kleinsten, geschieht nothwendig. Quidquid fit necessario fit. Wer bei diesen Sätzen erschrickt, hat noch Einiges zu lernen und anderes zu verlernen: danach aber wird er erkennen, daß sie die ergiebigste Quelle des Trostes und der Beruhigung sind.«

Es spricht für einen echten Philosophen selbst auf die letzten Fragen, lächelnd zu antworten:

»Wenn wir nun, nach diesen Betrachtungen, zu uns selbst und unserem Geschlechte zurückkehren und dann den Blick vorwärts, weit hinaus in die Zukunft werfen, die künftigen Generationen, mit den Millionen ihrer Individuen, in der fremden Gestalt ihrer Sitten und Trachten uns zu gegenwärtigen suchen, dann aber mit der Frage dazwischenfahren: Woher werden diese Alle kommen? Wo sind sie jetzt? Wo ist der reiche Schooß des weltenschwangeren Nichts, der sie noch birgt, die kommenden Geschlechter? – Wäre darauf nicht die lächelnde und wahre Antwort. Wo anders sollen sie seyn, als dort, wo allein das Reale stets war und seyn wird, in der Gegenwart und ihrem Inhalt, also bei Dir, dem bethörten Frager, der, in diesem Verkennen seines eigenen Wesens, dem Blatte am Baume gleicht, welches im Herbste welkend und im Begriff abzufallen, jammert über seinen Untergang und sich nicht trösten lassen will durch den Hinblick auf das frische Grün, welches im Frühling den Baum bekleiden wird, sondern klagend spricht. ›Das bin ja Ich nicht! Das sind ganz andere Blätter!

Wenn was uns den Tod so schrecklich erscheinen läßt der Gedanke des Nichtseyns wäre; so müßten wir mit gleichem Schauder der Zeit gedenken, da wir noch nicht waren. Denn es ist unumstößlich gewiß, daß das Nichtseyn nach dem Tode nicht verschieden seyn kann von dem vor der Geburt, folglich auch nicht beklagenswerther. Eine ganze Unendlichkeit ist abgelaufen, als wir noch nicht waren: aber das betrübt uns keineswegs. Hingegen, daß nach dem momentanen Intermezzo eines ephemeren Daseyns eine zweite Unendlichkeit folgen sollte in der wir nicht mehr seyn werden, finden wir hart, ja unerträglich.«

»Schöne Deklamationen haben wir darüber, wie anstößig es wäre, zu denken, daß der Geist des Menschen, der die Welt umfaßt und so viele höchst vortreffliche Gedanken hat, mit ins Grab gesenkt würde: aber darüber, daß dieser Geist eine ganze Unendlichkeit habe verstreichen lassen, ehe er mit diesen seinen Eigenschaften entstanden sei, und die Welt eben so lange sich ohne ihn habe behelfen müssen, hört man nichts. Der Hochbetagte wankt umher, oder ruht in einem Winkel nur noch ein Schatten, ein Gespenst seines ehemaligen Wesens. Was bleibt da dem Tode noch zu zerstören? Eines Tages ist dann ein Schlummer der letzte, und seine

Träume sind … Es sind die, nach welchen schon Hamlet frägt, in dem berühmten Monolog. Ich glaube, wir träumen sie eben jetzt.

Hierher gehört ferner jener Grabstein mit dem ausgeblasenen, dampfenden Licht und der Umschrift: ›Wann's aus ist, wird es offenbar, Ob's Talglicht, oder Wachslicht war.‹«

Schopenhauer wählt die Form einer »Kleinen diabolischen Schlußbelustigung«, um das Schwerste leicht zu sagen:

Thrasymachos: Kurzum, was bin ich nach meinem Tode? – Klar und präcis!
Philalethes: Alles und nichts.
Thrasymachos: Da haben wir's! Als Lösung eines Problems ein Widerspruch. Der Pfiff ist abgenutzt.
Philalethes: Vielleicht läßt du doch noch mit dir handeln. Setze, ich garantirte dir die Fortdauer deiner Individualität, machte jedoch zur Bedingung, daß vor dem Wiedererwachen derselben ein völlig bewußtloser Todesschlaf von drei Monaten vorherginge.
Thrasymachos: Ließe sich eingehen.
Philalethes: Da wir nun aber in einem völlig bewußtlosen Zustande durchaus kein Zeitmaaß haben; so ist es für uns ganz einerlei, ob, während wir in jenem Todesschlafe lagen, derweilen, in der sich bewußten Welt, drei Monate, oder zehn Tausendjahre verstrichen sind. Denn Eines, wie das Andere, müssen wir, beim Erwachen, auf Treu und Glauben annehmen. Demnach kann es dir gleichgültig seyn, ob dir deine Individualität nach drei Monaten, oder nach zehn Tausendjahren zurückgegeben wird.
Thrasymachos: Läßt sich im Grunde wohl nicht leugnen.
Philalethes: Wenn nun aber, nach Verfluß der zehn Tau-

111

sendjahre, etwa ganz vergessen würde, dich zu wecken; so glaube ich, daß, nachdem dir jenes auf ein gar kurzes Daseyn gefolgte lange Nichtseyn schon so sehr zur Gewohnheit geworden, das Unglück nicht groß seyn würde. Gewiß aber ist, daß du nichts davon spüren könntest. Und gänzlich würdest du dich über die Sache trösten, wenn du wüßtest, daß das geheime Triebwerk, welches deine jetzige Erscheinung in Bewegung erhält, auch in jenen zehn Tausendjahren nicht einen Augenblick aufgehört hätte, andere Erscheinungen derselben Art darzustellen und zu bewegen.

Thrasymachos: So?!- und auf diese Art gedenkst du mich ganz sachte und unvermerkt um meine Individualität zu prellen? Solche Nasen dreht man mir nicht. Die Fortdauer meiner Individualität habe ich mir ausbedungen, und über die können mich keine Triebfedern und Erscheinungen trösten. Sie liegt mir am Herzen und von ihr lasse ich nicht.

Philalethes: Sieh dich doch um! Was da ruft ›Ich, ich, ich will seyn‹, Das bist du nicht allein, sondern Alles, durchaus Alles, was nur eine Spur von Bewußtseyn hat.

Thrasymachos: Kindisch und überaus lächerlich bist du selbst und alle Philosophen; und es geschieht bloß zum Spaaß und Zeitvertreib, wenn ein gesetzter Mann, wie ich, mit dieser Art von Narren sich auf ein Viertelstündchen einlät. Habe jetzt wichtigere Dinge vor. Gottbefohlen!«

»Ermüdet steh’ ich jetzt am Ziel der Bahn,
Das matte Haupt kann kaum den Lorbeer tragen:
Doch blick’ ich froh zurück auf das was ich gethan,
Stets unbeirrt durch das, was Andre sagen.«

FRIEDRICH VON SCHILLER:
WALLENSTEINS ÜBERZEUGUNG

———————
————
———————

Wallenstein. Du redst, wie du's verstehst.
Wie oft
Erklärt ich dir's! – Dir stieg der Jupiter
Hinab bei der Geburt, der helle Gott;
Du kannst in die Geheimnisse nicht schauen.
Nur in der Erde magst du finster wühlen,
Blind wie der Unterirdische, der mit dem bleichen
Bleifarbnen Schein ins Leben dir geleuchtet.
Das Irdische, Gemeine magst du sehn,
Das Nächste mit dem Nächsten klug verknüpfen;
Darin vertrau ich dir und glaube dir.
Doch, was geheimnisvoll bedeutend webt
Und bildet in den Tiefen der Natur, -
Die Geisterleiter, die aus dieser Welt des Staubes
Bis in die Sternenwelt, mit tausend Sprossen,
Hinauf sich baut, an der die himmlischen
Gewalten wirkend auf und nieder wandeln,
Die Kreise in den Kreisen, die sich eng
Und enger ziehn um die zentralische Sonne,
Die sieht das Aug nur, das entsiegelte,
Der hellgebornen, heitern Joviskinder.
Die himmlischen Gestirne machen nicht
Bloß Tag und Nacht, Frühling und Sommer – nicht
Dem Sämann bloß bezeichnen sie die Zeiten
Der Aussaat und der Ernte. Auch des Menschen Tun
Ist eine Aussaat von Verhängnissen,
Gestreuet in der Zukunft dunkles Land,
Den Schicksalsmächten hoffend übergeben.

Da tut es not, die Saatzeit zu erkunden,
Die rechte Sternenstunde auszulesen,
Des Himmels Häuser forschend zu durchspüren.
Ob nicht der Feind des Wachsens und Gedeihens
In seinen Ecken schadend sich verberge.

Die kosmisch-biologische
Bindung des Menschen

———

———

———

Verstehen wir dieses Thema als ein Problem, bleibt zu fragen, ob und wieweit Bios und Kosmos zusammenhängen. Grundsätzlich wird kaum jemand leugnen, daß unser Leben durch den Kosmos bestimmt wird; wir brauchen nur an die lebenserhaltende Kraft der Sonne zu denken. Schwieriger wird es schon, abzugrenzen, was alles in unserem Leben kosmisch bedingt ist. Einen Ansatz gewinnen wir durch die Überlegung, wieweit der Mensch als ein Ganzes aufgefaßt werden kann.

Damit ist die alte Frage aufgeworfen, was der Mensch denn überhaupt sei. Die Vorstellungen davon haben sich im Laufe der Zeiten mehrfach gewandelt. So setzte mit dem Aufkommen der exakten Naturwissenschaften im 17. Jahrhundert ein Zug zur Spezialisierung ein. Teilbereiche der körperlichen, geistigen und seelischen Existenz wurden zu Studienfeldern voneinander unabhängig forschender wissenschaftlicher Disziplinen. Seit Kopernikus die Erde von ihrer zentralen Stellung im Kosmos entthront hatte, blieb es nicht aus, daß auch der Mensch nicht mehr als die Krone der Schöpfung angesehen werden konnte. Nun geriet er in den Augen der Wissenschaftler zunehmend zu einem Mängelwesen, das in dieser oder jener Hinsicht einer Korrektur bedürftig schien. Das betraf nicht nur die sozialen Umstände, die wir rückblickend als Historie begreifen, vielmehr kam es zunehmend zu einer Ablösung des Menschen von der Natur. Daß die Menschen über einen derartigen »Fortschritt« nicht unbedingt begeistert waren, mag man an dem Aufsehen ablesen, das Rousseau mit seinem Werk erregte, das in der

Formel »Zurück zur Natur« gipfelte (ein Wort, das er selbst nie gebraucht hat, das wohl dem Zeitgefühl entsprungen ist). Es mag etwas vom griechischen Mythos des Antaios anklingen, der bekanntlich von Herakles im Ringkampf nur überwunden werden konnte, als er die Bindung an die Erde verlor, die ihm Kraft spendete.

Für Darwin allerdings war die Anerkennung des Menschen als eine der Natur engverbundene Ganzheit die Voraussetzung, seine Theorie von der Entstehung der Arten überhaupt entwickeln zu können. Damit war für den Bereich der Biologie ein Markstein gesetzt und eine neue Richtung für die naturwissenschaftliche Forschung angegeben.

Es ging nicht mehr an, im Menschen ein Sonderwesen zu sehen, das ein Eigenleben führte, ungeachtet seiner vielfältigen Beziehungen zu Natur und Umwelt. Vergleichsweise brauchte die Medizin viel länger, um den Menschen – wieder – als eine Ganzheit innerhalb der Natur und in tausendfacher Verflechtung mit ihr zu begreifen. Vorstellungen, die in der Antike selbstverständlich waren, müssen sich heute noch immer gegen Widerstände durchsetzen, obwohl seit J. v. Uexküll und H. Driesch es als erwiesen gilt, daß die volle Lebenswirklichkeit durch physikalisch-chemische Prozesse allein nicht zu erklären ist.

Man anerkennt heute von vielen Seiten, daß der Mensch mit seinen körperlichen, geistigen und seelischen Bedingtheiten und im Hinblick auf seine Natur- und Umweltbeziehungen von einzelnen Wissenschaftszweigen wie Biologie, Physik, Chemie, Medizin, aber auch von Soziologie oder Philosophie, um nur einige zu nennen, niemals ganz erforscht werden kann, wenn jede Disziplin darin befangen bleibt, nur jenen Teilbereich der menschlichen Existenz zu untersuchen, der einschlägig ist, jedoch nicht zu einer ganzheitlichen Betrachtungsweise vorstößt. Die Befangenheit mancher Wissenschaftler in den Denkkategorien ihres Fachgebietes engt den Blickwinkel ein und erlaubt es ihnen (noch) nicht, zu mehr als einer gelegentlichen kooperativen Teamarbeit in der Erforschung von Einzelproblemen zu kommen.

Als geradezu indiskutabel gelten die sogenannten Grenz-wissenschaften, obwohl z.B. die breite Erörterung des Phä-nomens der außersinnlichen Wahrnehmung in der Öffent-lichkeit in jüngster Zeit geradezu einen Appell an die Wis-senschaften darstellt, sich diesen Erscheinungen unvoreinge-nommen zu widmen.

Dazu fehlt nicht nur eine grundlegend andere innere Ein-stellung, die frei ist von der neunmalklugen Überheblichkeit der Besserwisser, es ist auch eine Art Rundum-Plattform, von der aus Mensch und Menschsein in ein neues Blickfeld ge-nommen werden könnten. Wie sehr der Verzicht auf Spezia-lisierung zu einem Fortschritt werden kann, dafür liefert die Medizin das beste Beispiel. Seit man Psychosomatik gelten läßt, deren Grundlage eine ganzheitlich-konstitutionelle Betrachtungsweise des Menschen ist, wird Heilen anders gesehen und »natürlicher« bewirkt. Vor fünf Jahrzehnten brachten Weiß und English psychosomatische Medizin ins Gespräch, als sie forderten, »den Körper nicht weniger, aber die Seele mehr zu erforschen«. Es ist die Bestätigung der alten Einsicht, daß Seele und Körper eins sind, daß sie als sich gegenseitig beeinflussende und voneinander abhängige Glieder einer Einheit wirken – eine Einsicht, die den klugen Arzt schon immer geleitet hat.«[1]

Nur unter solcher Prämisse wird der Weg frei, den Men-schen auch innerhalb seiner kosmischen Bezüge zu begreifen. Was unter dem Einfluß der Naturphilosophie Schellings und Okens im Zeitalter der Romantik in Ansätzen vorhanden war, in der materialistischen Epoche des 19. Jahrhunderts dann abgetan wurde, wird neu bedacht werden können. Etwa hat die Tiefenpsychologie Forschungsergebnisse erbracht, die das System unserer Vorstellungen von der Wirklichkeit gesprengt haben. Nunmehr steht zu erwarten, daß die Erforschung der kosmischen Rhythmen weitere neue Perspektiven eröffnen wird.

Selbstverständlich dürfte sein, daß sich die Natur und damit auch der Mensch auf den rhythmischen Wechsel von Tag und Nacht einstellen. Anpassungsschwierigkeiten bei weiten Flugreisen beweisen das zur Genüge. Auch das jahreszeitliche Geschehen wird von allen Lebewesen registriert und bildet vielfach die Grundlage des Lebensvollzuges überhaupt. Es ist sehr verdienstvoll, daß Michel Gauquelin, Professor an der Sorbonne, vor einiger Zeit eine Zusammenstellung bekannter und neuer Fakten vorlegte.[2]

Zu den altbekannten kosmischen Perioden gehört der knapp 19-jährige Saros-Rhythmus (exakt 18,64 Jahre), den schon die Chaldäer kannten. In diesem Zeitraum wiederholen sich Sonnen- und Mondfinsternisse am gleichen Punkt des Himmels. Für uns mag die direkte Auswirkung nicht mehr so interessant sein, daß dann die Flüsse wie z.b. der Nil ihre Wasserführung verstärken, sie war jedoch einstmals von größter Bedeutung für Pflanzen, Tiere und Menschen. Sonnenfleckenperioden treten regelmäßig im Abstand von elf Jahren auf. Sie bewirken Schwankungen des Magnetfeldes und stören den Radioempfang. Es fällt auf, daß die Umlaufzeit Jupiters diesem Durchschnittswert entspricht. Zahlreiche Fortpflanzungsrhythmen von Meerestieren, so von Fischen, Würmern, Seeigeln beruhen auf Zyklen, die durch den Gezeitenwechsel veranlaßt werden, der wiederum durch die Positionen von Sonne und Mond ausgelöst wird. Dadurch werden Schwankungen in der Gravitation verursacht. Es ist keine offene Frage mehr, ob die Steuerung rhythmischer Lebensvorgänge endogen oder exogen, d.h. von innen oder von außen erfolgt. Darüber wurden zahllose Laborversuche angestellt. Sie ergaben, daß z.B. Kartoffeln, Algen, Karotten, Würmer oder Salamander genau »wissen«, wo der Mond sich gerade befindet, ob er aufgeht, im Zenit steht oder untergeht. Die Ausrichtung und die Stärke des magnetischen Kraftfeldes der Erde wird durchaus von den Tieren registriert. Manche Forscher glauben, daß die Lebewesen über einen »Gravitationssinn« verfügen. Wenn der Mond durch den Meridian geht, werden nicht nur die Gezeiten des Meeres verursacht, auch das Festland und die Atmosphäre zeigen ähnliche Veränderungen. Die Lebewesen stellen sich darauf ein.

Auch wir Menschen sind an kosmische Rhythmen gebunden. 1920 stellten die Ärzte Dr. Faure und Dr. Sardou durch Zufall fest, daß beim Durchgang eines großen Sonnenfleckens durch den Meridian nicht nur Störungen im Fernsprechverkehr auftraten, sondern sich auch die Krankheitsquoten erhöhten. Sie untersuchten dieses Phänomen genauer und ermittelten, daß sich bei Meridiandurchgängen von Sonnenflecken Krankheitszustände verschlechterten und die Zahl plötzlicher Todesfälle doppelt so hoch lag wie in normalen Zeiten. Das chemische Verfahren zur Untersuchung des Albumins im Blutserum, nach einem Japaner Takata-Reaktion genannt, ergibt, daß zur Zeit des Sonnenaufgangs, bzw. wenige Minuten vor diesem bereits einsetzend, die Ausflockungsindizes aller Menschen steil ansteigen. Man muß schon 200 Meter unter die Erde gehen, damit die Sonnenstrahlen nicht mehr wirken. Meteorotrope Krankheiten wie Herzinfarkt, Angina pectoris oder Lungenembolie hängen vom Wetter ab, aber auch Amputierte, Rheuma- oder Gichtkranke sind »wetterfühlig«.

Die Sonnenaktivität und die Bewegungen des Mondes liefern die Ursachen für das Wettergeschehen. Die Physiologie des Menschen reagiert vielfach auf periodisch auftretende Sonnenflecken, die zu Magnetstürmen führen. Dann steigt die Anzahl nervöser und psychischer Störungen erheblich an. Klinische Untersuchungen und Polizeiberichte weisen aus, daß psychisch gestörte Menschen eher zu kriminellen Handlungen zu neigen scheinen, wenn der Mond zunimmt, als wenn er abnimmt. Es konnte nachgewiesen werden, daß das elektrische Spannungsgefälle zwischen Brust und Kopf zyklisch verläuft und mit Jahreszeiten und Mondphasen in Zusammenhang steht. Bei Geisteskranken sind diese Schwankungen noch stärker ausgeprägt. Der Mond wirkt aber auch auf die Intensität von Blutungen ein: Bei Vollmond bluten frisch Operierte stärker als bei Neumond. Seit jeher wird der Menstruationszyklus der Frau in Zusammenhang mit den Mondphasen gebracht.

Nachgewiesen wurde, daß Wünschelrutengänger besonders empfänglich für winzige Veränderungen des Magnetfeldes sind. Gauquelin vermutet eine Art Magnetsinn und meint: »Dank dieser elektrischen, magnetischen Sinne, die früher nicht bekannt waren, ist der Mensch wie das Tier fähig, mit dem Kosmos ständig Zwiesprache zu halten. Sie übersetzen die Direktiven, die uns durch das All von den kosmischen Uhren gegeben werden, in die Sprache der Biologie.«[3] Planeten beeinflussen durch ihre verschiedenen Konstellationen die Gravitation und dadurch wiederum das Magnetfeld. Es gibt demnach etwas wie eine Wirklichkeit der Aspekte, mit denen die Astrologie arbeitet. Physikalisch vorgezeichnete kosmische Rhythmen werden in biologische umgesetzt. Dem Gang der Gestirne entsprechen ordnungshafte Vorgänge im Menschen.

Geburt und Tod gehören zu den einschneidendsten Ereignissen des Lebens, sind sichtbarer Anfang und Ende unserer irdischen Existenz, haben daher für Magie, Religion und Philosophie von jeher größte Bedeutung gehabt. Selbst ein nüchterner Realist sieht sich wohl mit mehr konfrontiert als mit allein biologisch zu begreifender Wirklichkeit. Rhythmenforschung muß daher vor allem bei Zeugung, Empfängnis und Geburt einsetzen. Gauquelin bringt viel Material, das beweist, daß Geburtsmonat und Konstitution voneinander abhängig sind. Für ihn scheint auch das Maß der Intelligenz an den Geburtsmonat gebunden zu sein. Selbst im Tagesrhythmus ist bei den Geburten erkennbar, es werden die meisten Kinder in den letzten Nachtstunden geboren, die wenigsten am frühen Nachmittag. Da der mütterliche Organismus um Mitternacht maximal entspannt ist, kann der um diese Zeit einsetzende Wehenbeginn am raschesten und leichtesten ablaufen, was dem Neugeborenen zugute kommt. Gauquelin untersuchte auch die Zusammenhänge zwischen Mondphasen und Geburtszeiten, wie sie sich an der Küste in Übereinstimmung mit den Gezeiten ergeben. Interessant ist der durch ihn nunmehr statistisch erhärtete Tatbestand, daß bestimmte Konstellationen geradezu typisch für bestimmte Lebensläufe sind bzw. als signifikant für spezielle Anlagen gelten können. So wurde nachgewiesen, daß »ideale Sportler« häufig geboren wurden, wenn der Planet Mars im Osten aufging oder wenn er kulminierte.

Solche Reihenuntersuchungen an Tausenden von Fällen bestätigen vielfach, wenn auch nicht immer, was Forscher und Gelehrte vergangener Zeiten durch Beobachtungen, die sich über Jahrhunderte erstreckten, festgestellt hatten. Es gibt einen Zusammenhang zwischen dem Oben und dem Unten, und er ist im voraus berechenbar. Mag es auch in der Vergangenheit andere Erklärungen für diese nicht zu leugnende Tatsache gegeben haben, entscheidend ist für uns das Ergebnis. Astrologie ist keine Spekulation, sondern hat eine Basis in den kosmisch-biologischen Bedingtheiten unseres Lebens.

Zwischen Geburt und Tod, das Leben

Freue dich deiner Jugend, ehe Alter und der Tod kommen

Denk an deinen Schöpfer in deiner Jugend, ehe die bösen
Tage kommen und die Jahre sich nahen, da du sagen wirst:
»Sie gefallen mir nicht«; ehe die Sonne und das Licht, Mond
und Sterne finster werden und Wolken wiederkommen nach
dem Regen. – Zur Zeit, wenn die Hüter des Hauses zittern
und die Starken sich krümmen und müßig stehen die Mülle-
rinnen, weil es so wenige geworden sind, und wenn finster
werden, die durch die Fenster sehen, und wenn die Türen an
den Gassen sich schließen, daß die Stimme der Mühle leiser
wird, und wenn sie sich hebt, wie wenn ein Vogel singt, und
alle Töchter des Gesanges sich neigen; wenn man vor Höhen
sich fürchtet und ängstigt auf dem Wege, wenn der Mandel-
baum blüht und die Heuschrecke sich belädt und die Kaper
aufbricht; denn der Mensch fährt dahin, wo er ewig bleibt,
und die Klageleute gehen umher auf der Gasse; ehe der silber-
ne Strick zerreißt und die goldene Schale zerbricht und der
Eimer zerschellt an der Quelle und das Rad zerbrochen in den
Brunnen fällt. Denn der Staub muß wieder zur Erde kommen,
wie er gewesen ist, und der Geist wieder zu Gott, der ihn gegeben hat. Es ist alles ganz eitel, spricht der Prediger, ganz eitel.

Der Prediger Salomo

———————
———————

Unser irdisches Dasein ist nichts Statisches, sondern ein
Prozeß, dem Ablauf der Zeit unterworfen. Wer sich keine Gedanken macht, geht davon aus, daß auf die Zeit des
Lebens die Phase des Sterbens folgt. Der Tod schließt sie ab.
Doch Leben und Sterben sind vielmehr zwei Entwick-
lungsstränge, die gleichzeitig nebeneinander herlaufen. Beide
beginnen mit der Geburt und enden mit dem Tod. Was wir
Leben nennen, äußert sich in den ersten Jahrzehnten als kräftige, zielstrebige Vitalität. So erreichen wir den Lebensabschnitt unserer Hoch-Zeit. In dieser ist vor allem die Sexualität maximal bedeutsam und von größtem Einfluß auf die

Gestaltung unseres Daseins. Im Alter flaut diese zunächst unmerklich, schließlich deutlicher ab. Doch der biologisch bedingte sexuelle Verzicht ist nicht gleichbedeutend mit dem Verlust der Libido. Sie ist, wenn auch in einer subliminierten Form, beständiger. Die Aufwertung ihrer Qualität ist eine Folge der Zivilisierung unseres Lebens bzw. der Humanisierung unserer Lebensprozesse.

Es sind die Abbauvorgänge, die den Prozeß des Sterbens ausmachen und die nun nach und nach überhand nehmen. Das Sterben folgt also nicht auf das Leben, sondern beides geschieht gleichzeitig. Seneca fand darüber schöne Worte: »Täglich sterben wir, täglich wird ein Teil unseres Lebens hinweggenommen, und auch dann, wenn wir wachsen, nimmt das Leben ab. Wie die Wasseruhr nicht bis zum letzten Tropfen geleert wird, sondern von dem, was zuvor schon ausgeflossen ist, so ist es nicht allein die letzte Stunde, in der unser Dasein aufhört, die den Tod bringt, sie bringt nur die letzte Vollendung. Dann sind wir zu ihm gelangt, aber wir sind lange zu ihm auf dem Weg.«[1]

Eigentlich findet ja ein Abbau bereits in Kindheit und Jugend statt, durchaus schon ab der Geburt. Denn jedes Wachstum ist Erneuerung, und diese kann zwangsläufig nur erfolgen, wenn zuvor Altes, Bestehendes aufgelöst wurde. Der Prozeß des Sterbens ist permanenter Abbau, deutlich spürbar im Alter. Also sind wir zwar zum Leben bestimmt, doch zum Tod verurteilt. Das meint Jean Paul bildlich mit dem »Pfeil des Todes«: »Sobald wir anfangen zu leben, drückt oben das Schicksal den Pfeil des Todes aus der Ewigkeit ab – er fliegt so lange, als wir atmen, und wenn er ankommt, so hören wir auf. ›O stürben wir doch auch so alt und lebenssatt wie unser Jubelgreis!‹ sagen dann diejenigen, deren Pfeile noch fliegen.«

Leben und Sterben steht in Korrelation, beide Entwicklungen bedingen bzw. ergänzen einander. Es ist wie bei der Waage. Steigt die Vitalität an, ist die Mortalität schwach, bekommt das Sterben mehr Gewicht, wird die Waagschale des Lebens leichter.

Es ist eine entscheidende Überlegung, ob und wie man sich auf das Sterben einstellen soll. Allerdings interessiert es die Menschen mehr, welcher Strategie man folgen solle, um zu leben. Dale Carnegies Bestseller, jahrelang an der Spitze der meistgekauften Bücher, traf denn auch mit seiner Aufforderung im Titel »Sorge dich nicht – lebe!« exakt ins Schwarze. Es entspricht dem Zeitgeist um die Jahrtausendwende, unbekümmert zu sein, Sorgen zu verdrängen. Der Ausspruch der Marquise von Pompadour »Nach uns die Sintflut!« traf im 18. Jahrhundert nur auf das flotte und freche Treiben einer kleinen Adels- bzw. Hofclique zu. Heute ist dieses Wort nicht nur bezeichnend für die weltweite Verantwortungslosigkeit gegenüber Umweltfrevel wie der rücksichtslosen Ausnützung aller Ressourcen zum Schaden nachfolgender Generationen. Doch diese offensichtlich sehr viele Leute charakterisierende Einstellung zeigt sich auch im Privaten: Mach dir keine Gedanken, sondern genieße! Der griechische Philosoph Epikur (341 v. Chr. – 271) wäre allerdings mißverstanden, wollte man ein solches primitives Konzept zum Leben epikureisch nennen. Er empfahl vielmehr, alles Schöne maßvoll zu genießen und sein Leben bescheiden einzurichten. Privates Glück könne nur finden, wer verborgen lebt, sich von den großen Ereignissen fern hält.

Das Ende des 20. Jahrhunderts mag in mancher Hinsicht an jene Maßlosigkeit denken lassen, an der, neben anderen Ursachen, das Römerreich unterging. Doch heute weht kein Hauch jener Lebenshaltung und Bereitschaft zu sterben, die wir an Boethius (480–524) bewundern. Als er im Gefängnis den Tod erwartete, zu dem man ihn verurteilt hatte, verfaßte er seinen »Trost der Philosophie«. Er richtete sich darauf ein, bewußt und würdig sein Schicksal anzunehmen.

Der Lebenstechnik der Stoiker entsprach es, von vornherein preiszugeben, was vom Schicksal zerstört werden konnte: Besitz, Ansehen, Gesundheit, ja sogar das Leben. Der mannhaften Charakter der Römer ließ jene innere Selbstsicherheit gewinnen, die sie befähigte, den Gewaltherrschern Trotz zu bieten.

Echte Lebenstechnik ist auch immer auf den Tod hin orientiert. Es mag schwer fallen dies einzusehen, wie Heinrich Heine denn auch an seine »Matratzengruft« gefesselt meinte: »Wir begreifen die Ruinen nicht eher, als bis wir selbst Ruinen sind.« Wenn Astrologie Lebenshilfe leisten soll, muß sie bewirken, leichter, mit sich zufrieden, lebenssatt sterben zu können, das heißt die Abbauvorgänge an sich selbst zu akzeptieren. Werden diese in der astrologischen Prognose erkannt und richtig gewichtet, werden sie besonders in der Endphase weniger schmerzhaft erlebt werden und nicht in einer persönlichen Katastrophe münden.

DAS HOROSKOP – DIE STRATEGIE DER LEBENSFÜHRUNG

Ein qualitativ hochwertiges Horoskop lehrt die Strategie der Lebensführung. Es wäre kurzsichtig, eine Prognose allein auf die Glücksmöglichkeiten im Sinne des Erkennens von Chancen, also auf den Erfolg, abzustellen. Es ist bezeichnend, daß lediglich dieser für die meisten Menschen das Kriterium eines erfüllten Leben ist. Sie übersehen, daß eben auch Mißerfolge, die oft genug eine Form oder Folge der Abbauvorgänge sind, dazu gehören. Geradezu unverzichtbar sind sie, um unser Dasein auszubalancieren. Damit haben sie ihren Stellenwert und ihre Berechtigung. Wer nur auf den Erfolg, auf den Fortschritt, auf ein Mehr an Gewinn, an Luxus und anderer Werte starrt, wird ganz gewiß einmal ernüchtert auf dem Boden der Tatsachen landen. Dann wäre es aber zu spät sich vorwerfen zu müssen, falsche Wege eingeschlagen zu haben.

Will die Praxis der Horoskopdeutung einer Strategie der Lebensführung gerecht werden, muß sie die natürlichen Abbauvorgänge anders als nur negativ bewerten, wie es üblich ist. So gilt etwa der Übergang des laufenden Saturns über den Sonnenort seit jeher als eine kritisch einzuschätzende nur negative Konstellation.

125

Saturn wurde stets als Schicksalsvollstrecker angesehen, vor allem, wenn er die Sonne angreift, die Spenderin des Lebens, das Vitalitätssymbol. Solches geschieht eben, wenn er bei seinem Lauf durch den Tierkreis jene Position im Geburtshoroskop überschreitet, die von der Sonne am Geburtstag besetzt wurde. Reinhold Ebertin, ein anerkannter astrologischer Praktiker und Autor, deutet das mit den Stichworten »Hemmungen in der geistigen Entfaltung und körperlichen Entwicklung, pessimistische Einstellung, seelisches Leid, Krankheit, Entfremdung, Trennung, Trauer, Familiensorgen, Berufsschwierigkeiten.«[2] In vergangenen Zeiten bezeichnete diese Konstellation häufig das Lebensende. Heute hat sie durch die Fortschritte in der Medizin viel von diesen Schrecken verloren.

Kurzdeutungen wie die angeführten kennzeichnen zwar zutreffend die tradierte Bedeutung, sind aber ganz von dem Standpunkt des Lebens her gesehen. Wesentlich kommt es sehr darauf an, in welchem Abschnitt des Lebens uns diese Konstellation »Saturn – Konjunktion – Sonne« trifft. In der Jugend, wenn der Horoskopeigner im Vollgefühl seiner Lebenskraft ist, wird die Auswirkung in der Regel milder sein als im Alter. In der Jugend werden, wie jeder weiß, auch Krankheit, eine Einbuße, ein Verlust oder anderes »Saturnisches« leichter verkraftet. Einem Greis kann dieser Transit dagegen körperlich sehr stark zusetzen. Signifikant für den Abbauprozeß, ist es durchaus eine Konstellation des Sterbens.

Andererseits gilt Saturn auch als Symbol des einfachen Lebens, der Erfahrung, der Weisheit. Daher kann der erwähnte Saturnübergang auch einen ganz anderen Reinertrag liefern, nämlich eine vollständige und angemessene Vorstellung vom Leben – und von seiner Nichtigkeit. Im Alter sei mehr Urteil, Penetration und Gründlichkeit, meint Schopenhauer. Was man in der Jugend zu wissen glaubte, das weiß man im Alter wirklich. So können saturnische »Einflüsse«, wenngleich oft belastend oder schmerzhaft empfunden, durchaus bereichern. »Gegen Ende des Lebens nun gar geht es wie gegen das Ende eines Maskenballs, es werden die

Larven abgenommen. Man sieht jetzt, wer Diejenigen, mit denen man während seines Lebenslaufes in Berührung gekommen war, eigentlich gewesen sind. Denn die Charaktere haben es an den Tag gelegt, die Taten haben ihre Früchte getragen, die Leistungen ihre gerechte Würdigung erhalten und alle Trugbilder sind zerfallen. Zu diesem Allen nämlich war Zeit erfordert.«[3]

Anstatt durch eine ungenügende Prognose einen Klienten zu ängstigen, wird diesem ein seriöser Astrologe etwa bei einer solchen Saturnkonstellation auch den positiven Effekt verdeutlichen, das heißt auf den inneren Gewinn als einem wirklichen Ertrag für das Leben verweisen.

Das Horoskop basiert auf dem Geburtsmoment, auf dem »ersten Schrei«. Mit ihm signalisiert der »neue Mensch«, daß er seinen individuellen Lebensweg angetreten hat, nunmehr unabhängig vom Körper der Mutter. Alles, was ihm nunmehr bzw. künftig geschieht, markiert mehr oder weniger auffällige Stationen auf seinem Weg zum Tod. Aus der Perspektive des Lebens gesehen kann der Tod nicht Höhepunkt unserer irdischen Existenz sein. Biologisch relevant ist dieser vielmehr in der Erfüllung der ersten Lebensaufgabe zu suchen, nämlich in der Fortpflanzung. Dadurch wird der Weg zu unserem eigentlichen Ziel, Grillparzer meinte sogar: »Leben ist ja doch des Lebens höchstes Ziel.«[4] Insofern ist uns aufgegeben, unser Dasein zu bewältigen, uns auf die irdischen Aufgaben zu konzentrieren, die uns als »Forderung des Tages« immer neu erwachsen.

Beide, das Leben wie das Sterben, enden gleichzeitig. »So weit im Leben, ist zu nah am Tod!«[5] Der stellt die Waage still. »Der Tod ist kein Ereignis des Lebens. Den Tod erlebt man nicht.«[6] Das könnte ein Argument sein, warum der Tod im Horoskop nicht erkennbar ist. Der Tod kommt, wenn die Zeit reif ist, das heißt, wenn wir für ihn reif sind.

So befand schon der Prediger (Sal. 3): »Ein jegliches hat seine Zeit, und alles Vorhaben unter dem Himmel hat seine

Stunde: geboren werden hat seine Zeit, sterben hat seine Zeit...«

Die Erforschung unserer persönlichen Zeitqualität macht es möglich, rückschauend unsere erlebten Ereignisse in Beziehung zu der zu diesen Terminen waltenden Zeitqualität zu setzen. Das heißt, wir finden in der Regel kosmische Entsprechungen zu unserem Leben. Vermutlich werden wir in Wochen, in denen wir schwer krank waren, etwa auf eine Verspannung Saturns mit der Sonne, dem Mond oder dem ASZ stoßen. Das heißt nicht, daß Saturn diese Krankheit verursacht hätte! Doch können wir zu gewissen Konstellationen auch ganz bestimmte Trends oder Entwicklungen vermuten. Etwa für den Tag und die Stunde eines schweren Autounfalls werden wir wahrscheinlich markante Mars- oder Uranustrends auffinden.

Nicht anders ist es mit der astrologische Prognose. Immer liegt es an den individuellen Lebensverhältnissen, welches der Deutungsbeispiele, deren es zu jeder Konstellation ja viele (nicht vielerlei) gibt, in Frage kommen könnte. Deswegen sind »Ereignisse« nicht vorhersagbar, wohl aber Trends. Die Römer hatten ein treffendes Sprichwort: »Die Zeiten ändern sich und wir uns in ihnen.«[7]

Von den drei Schritten der Zeit Vergangenheit – Gegenwart – Zukunft gehört uns eigentlich nur der gegenwärtige Augenblick. Den gilt es zu nützen, denn »pfeilschnell ist das Jetzt entflogen.« – »Ein Augenblick, gelebt im Paradiese, wird nicht zu teuer mit dem Tod gebüßt.«[8] Doch ein Moment kann auch das Blatt wenden und uns stürzen lassen. Der kaiserliche Philosoph Marc Aurel (121-180) machte sich darüber seine Gedanken:

»Folgende zwei Wahrheiten muß man sich merken: Einmal, daß von Ewigkeit her alles gleich ist und sich im Kreise bewegt und daß es keinen Unterschied macht, ob einer dieselben Dinge hundert oder zweihundert Jahre oder eine grenzenlose Zeit hindurch beobachtet; zum anderen, daß der Längstlebende und der sehr jung Dahinsterbende gleich viel verlieren; denn nur der gegenwärtige Augenblick ist es, dessen jeder verlustig gehen kann, da er ja diesen allein besitzt; und was einer nicht hat, kann er auch nicht verlieren.«⁹ Eine solche philosophische Betrachtung leuchtet zwar ein, doch kann sie im Sinne einer Lebensweisheit überzeugen?

Astrologie wird in der Form des Horoskops unserer persönlichen Zeit gerecht. Die Konstellationen unserer Geburt sind nicht nur ein Querschnitt durch das ganze Leben. Als das in uns angelegte Potential unserer Möglichkeiten gelangen sie, erkennbar nach einem bestimmten Zeitschlüssel, zur Entfaltung. Es gibt Konstellationen, die in der Jugend und solche die erst im Alter relevant werden. Was seit unserer Geburt in uns beschlossen ist und an den Konstellationen als unserem Lebensplan ablesbar ist, das entfaltet die Zeit. Diese Erfahrung ist es, die in uns die Überzeugung weckt, daß wir kein Produkt des Zufalls, keine Laune der Natur sein können. So wie wir sind und wie es uns ergeht, wie wir urteilen und handeln, ist es der Wille Gottes. Dabei ist es gleichgültig, was wir unter »Gott« begreifen, ob wir uns ihn als Natur, Naturgesetz, als kosmische Allmacht vorstellen oder wie auch immer. Wer es zu denken vermag, kann Gott als eine überpersönliche Macht, als einen Schöpfergott ansehen.

Astrologie ist die Lehre von der Qualität der Zeit. Daher kann man an Astrologie auch keine naturwissenschaftlichen Kriterien anlegen, denn in der Physik hat Zeit keine Qualität. Jeder Mensch erlebt die ihm zugemessene Zeit ganz individuell. Ein Ereignis wie etwa die Vertreibung der Menschen aus dem Osten oder durch Bruch der Menschenrechte aus der Tschechoslowakei brachte vielen den totalen Verlust ihrer Existenz, oft sogar des eigenen Lebens. Andere, vor allem Jüngere, haben jedoch gerade durch die Befreiung von alten Traditionen und Bindungen eine neue und bessere Existenz begründen oder ihr Glück machen können. Die Zeit kann uns tiefe Gefühle oder die große Liebe schenken, sie kann aber ebenso entfremden und die Liebe sterben lassen. Wir hoffen auf das Morgen, doch die Zukunft kann unseren Körper oder unsere Lebensumstände verderben. Realistisch wäre, sich in die Zeit zu schicken. Johannes Kepler erkannte resignierend: »Im Leben kommt es immer anders als man denkt.« Aber er fuhr fort: »Ich freue mich, daß es wenigstens mit dem Himmel übereinstimmt.«

Die flüchtige Zeit zu messen, war eine der großartigen Erfindungen des Menschen. Was zunächst nach dem Stand der Sonne geschah, mag zehntausende von Jahren genügt haben. Erst in der Antike kamen die Wasseruhren auf, schließlich die mechanischen. Dann war die Teilung des Tages und der Nacht in jeweils sechs Doppelstunden zu grob. Die Stunden wurden kürzer, zwei mal zwölf Stunden waren ein Tag. Und ab dem 15. Jahrhundert wurden diese in je 60 Minuten geteilt. Heute sind wir die Sklaven von Sekunden. Nicht nur im Sport entscheiden Zehntel oder Hundertstel Sekunden über Sieg oder Niederlage, über Triumph oder Verlust und damit über Glück oder Unglück. Wer über sein eigenes Leben nachdenkt, tut dies in den Kategorien der Zeit. Einschnitte oder Entwicklungen bemessen sich nach Tagen, ja Stunden, bis hin zu Jahren. Kaiser Ferdinand I. (1556-1564) machte dieses Wort zu seinem Wahlspruch: »Oft geschieht im Augenblick, was nicht einmal in Jahren gehofft wurde«.

Also: »Tod, wo ist dein Sieg? Tod, wo ist dein Stachel?«[10] Ist er denn wirklich unser Ende? Dazu Wilhelm von Humboldt: »Bis jetzt denke ich mir den Tod als eine freundliche Erscheinung, eine, die mir jedem Augenblick willkommen wäre, weil, wie zufrieden und glücklich ich lebe, dies Leben doch immer beschränkt und rätselhaft ist, und das Zerreißen des irdischen Schleiers darin auf einmal Erweiterung und Lösung mit sich führen muß.«[11] Diesen Gedanken – der Tod wäre kein Ende – präzisiert Wilhelm von Humboldt weiter so: »Der Tod ist kein Abschnitt des Daseins, sondern bloß ein Zwischenereignis, ein Übergang aus einer Form des endlichen Wesens in die andere.[12]

Der Tod sei kein Übel, meinte Cicero im Jahr 45 v.Chr. in seinen Tusculanischen Gesprächen: »Wenn nämlich jener letzte Tag kein Auslöschen, sondern einen Wechsel des Aufenthaltsortes herbeiführt, was ist dann mehr zu wünschen? Wenn er aber vernichtet und gänzlich zerstört, was ist dann besser, als mitten in den Nöten und Plagen des Lebens einzuschlummern, die Augen zu schließen und in ewigen Schlaf zu versinken? Wenn dies aber eintritt, dann ... wollen wir jenen Tag für die anderen als schlimm, für uns selbst aber als einen glücklichen Tag ansehen. Und wir wollen nichts zu den Übeln zählen, was von den unsterblichen Göttern oder von der Natur, der Mutter aller Dinge, festgesetzt ist. Nicht von ungefähr und aus Zufall sind wir ja gezeugt und geschaffen; es war vielmehr ganz sicher eine Macht am Werk, die sich um das menschliche Geschlecht kümmert und es nicht erzeugt und ernährt, um es nach dem Erdulden aller Mühsal schließlich in die ewige Unheilsnacht des Todes stürzen zu lassen.

Glauben wir also lieber, daß uns ein Hafen und eine Zufluchtsstätte bereitgehalten wird. Ach, wenn wir doch mit vollen Segeln dorthin fahren dürften! Aber wenn wir auch durch widrige Winde zurückgeworfen werden, so kommen wir nur ein wenig später doch an unseren Bestimmungsort. Was aber allen bestimmt ist, wie kann das für den einzelnen ein Unglück sein?«

Schopenhauer meint, daß wir durch unseren Tod in den erkenntnislosen Urzustand versetzt werden, der kein bewußtloser sein würde, sondern ein über jene Form erhabener. Das entspricht ungefähr auch der Auffassung des Kirchenvaters Gregor von Nyssa. Nach ihm gelangen wir durch den Tod in unseren eigentlichen Naturzustand zurück. Wir werfen unsere individuelle Existenz ab wie ein tierisches Fell. Es ist eine Heimkehr ins Große Licht. Über dieses können wir nur Vermutungen anstellen wie der Blinde von der Sonne. Er fühlt zwar deren Wärme, hat sie aber nie geschaut.

Für die geoffenbarten Religionen Judentum, Christentum, Islam geht das Leben nach dem Tod – wenn auch in anderer Form – weiter. Sie sehen in ihm keine Zäsur, sondern eine erwünschte, ja erhoffte Notwendigkeit, denn ohne den Tod gäbe es nicht das neue, bessere, schönere, ewige Leben, das diese Religionen ihren Gläubigen versprechen. Sie verlegen das Ziel des Lebens in eine andere Sphäre. Bewußt vernachlässigen sie die irdische Existenz und damit die eigentliche biologische Aufgabe, die jedem Menschen gestellt ist. Die Leibfeindlichkeit eines Paulus hat hier ihre Wurzeln.

Wer sich den etablierten Religionen nur halbherzig oder voller Zweifel zuwendet, kann allenfalls erwarten, in einer Lebenslüge Trost zu finden. Eine wirklich entlastende Funktion für die irdischen Probleme verschaffen Religionen indessen nur, wenn man von ihrem Inhalt voll überzeugt ist. Das mag in früheren Zeiten eher möglich gewesen sein. Insbesondere der technische wie der medizinische Fortschritt stärken in unserer Zeit die Überzeugung der Menschen, daß »alles« machbar und somit die Natur beherrschbar sei. Obwohl sich das zunehmend als eine maßlose Überschätzung der menschlichen Natur herausgestellt hat, fällt es doch immer mehr Menschen schwer, rückhaltlos an einen gütigen oder gerechten persönlichen Gott zu glauben. Wesentlich schuld daran ist die Institution der Kirche. Sie hatte sich in den ersten nachchristlichen Jahrhunderten verfestigt, und damit hatte der Klerus seinen Machtapparat ausgebaut. Es war ein ganz modernes Thema, das die Christen im 5. Jahrhundert aufwühlte, das Problem der Erbsünde. Der hl. Augustinus (354–430) lehrte die völlige Verderbnis des Menschen von Anfang an. Er postulierte, daß die Erlösung nur durch die Gnade Gottes möglich sei. Damit setzte er sich gegen die Auffassung des Pelagius durch, eines Mönches aus Britannien. Dieser betonte, daß der Mensch sich durch gute Werke Verdienste erwerben könne. Es sei unser Vorrecht, das uns die göttliche Gnade eingeräumt hat, unseren freien Willen mit dem Gottes zu verbinden. Pelagius stellte fest, daß wir an unsere Stärke glauben müssen, sie erkennen und benutzen lernen. Denn aus uns selbst und in uns besitzen wir alles, was notwendig ist, das göttliche Gesetz zu erfüllen. Das ist eine selbstbewußte, moderne Sprache, die sich mit einer Lehre der Verderbnis von Anfang an nicht verträgt. Der Mensch will frei und Herr seines Schicksals sein. Wenn

Gott ihm die Kraft und die Fähigkeiten gegeben hat, die Natur zu beherrschen, dann sollte er nicht bis nach seinem Tod damit warten müssen. Das ist ein Schritt in die Richtung auf die Selbsterlösung.

Die Vorstellungen von Gott werden heute immer diffuser. Angesichts zunehmender Zweifel wenden sich viele Suchende östlichen Weisheitslehren zu, die der Selbstverantwortung mehr Raum geben. Der Buddhismus kommt gar ganz ohne Gott aus. Buddha ist lediglich ein Lehrer, dem man bei aller Unterschiedlichkeit der Kulturkreise nacheifern kann. Für den gläubigen Buddhisten markiert der Tod den Abschluß der irdischen Existenz. Durch ihn wird das Tor aufgestoßen zum Eingehen ins Nirwana, in die endgültige Auflösung. Wer jedoch Schuld auf sich geladen hat, indem er sich gegen die Natur, gegen das Leben als solches vergangen hat, muß dieses Karma in einer neuen Existenz abtragen.

Fankhauser[13] untersucht, wie weit die Vorstellung von einer Reinkarnation sich mit der Erlösertat Christi vereinbaren lasse: »Jener Satz des Credos: ›Ich glaube an die Wiederauferstehung im Fleische‹ gewinnt ganz andere Bedeutung, wenn er gesprochen wird: ›Ich glaube an die Wiederverkörperung in materieller Gestalt.‹ Hat denn ›im Fleisch‹ überhaupt eine andere Bedeutung, als in der ›Physis‹? Und, welche sinnvolle Erleuchtung gewinnt der Satz, wenn wir ihm die modern-europäische Sprache leihen: ›Ich glaube, daß gleiche geistige Formkraft sich zyklisch in entsprechenden Gestalten der Wirklichkeit wiederholt.‹

Aber natürlich, nun kommt die als christlich geltende Spezialität der ›Erlösung‹, die angeblich geleugnet wird, sofern wir uns erlauben, den Menschen in ›neuer Gestalt‹ abermals in planetarische Fesselungen fallen zu lassen. Wie, die menschliche Seele sollte die Wirkungen ihrer eigenen Übeltaten als neues Gesetz der Lebensform empfangen, ›an der Schwelle des Himmels‹, sobald die geistige Formkraft sich wieder mit der Wirklichkeit vermählt? Wo ist denn da die ›erlösende Tat des Einen‹?

Und wenn es Millionen von Existenzformen braucht, um die Wirkungen eines Lebens wieder aufzuheben, die ›Nidanas‹ zu neutralisieren, die furchtbaren Folgen aller Fehlgriffe abzutragen? Die dogmatische Lehre behauptet doch, es sei ein Einziger, der ein für allemal gebüßt habe für die »Sünden der Welt«, und wer sich ihm anvertraue, der sei gereinigt und von jeder Buße befreit. Und das sei ja die ›Gnade‹, daß die Wirkungen, die jeder Mensch in seiner Existenz zurücklasse, annulliert würden.«

»Nidanas« sind nach indischer Auffassung moralische »Wirkungen«. Fankhauser sieht die Symbole dieser Nidanas in den Konstellationen des Geburtshoroskops. Er stellt fest, daß es ein Mißverständnis wäre, in der Aufhebung der Reinkarnationszyklen, wie sie die Buddhisten kennen, oder in den naturgesetzlichen, astrologisch gesprochen in den planetaren Bindungen, eine »Selbsterlösung des Ego« zu sehen. Fankhauser: »Das Ego kann nichts tun. Man verzeihe den Sarkasmus: Binggeli hat in dieser Angelegenheit nicht die geringste Bedeutung. Es ist absolut und ohne Einschränkung ›Christus in jedem‹, der das vollenden kann und auch vollendet. Nämlich das ›Manas‹, die ›Monade‹, die ›Entelechie‹ oder ewige geistige Instanz, die Formkraft der einzigen Wirklichkeit, die: 1.) in der neuen Existenzform die ›Sünden der Welt‹ trägt; 2.) sie auch durch eine radikale Verneinung der Scheinwelt und ihrer Bindungen radikal abtragen kann, sofern die Befreiungskraft so gesteigert wird, wie es die Vorherrschaft der ›Monade‹ oder des ›Christos‹ bedeutet. Die stets vorhandene Latenz dieser Befreiungskraft aber ist nichts anderes als ›die Gnade‹. Europäisch ausgedrückt: ›Zyklische Wiederkehr der Erscheinungsform, also Wiederholung einer Gestalt aus bestimmten Aspekten der universalen Formkraft, kann beendet werden, wenn in einer bestimmten Verkörperung die Entelechie sich vollkommen durchsetzt.‹«

Die zyklische Wiederkehr ist keine mechanische Wiederholung, denn zu den »Nidanas«, den »Wirkungen«, müssen auch die neuen Resultate hinzugerechnet werden. Das sind die von uns erfolgreich geführten Gewissenskämpfe. Sie kommen als Pluspunkte dem neuen Wesen zugute wie auch die künstlerischen Impulse oder andere Einbrüche des Geistigen in den Alltag. Fankhauser: »Jeder wissenschaftliche und technische Sieg bedeutet eine Wandlung des Bewußtseins, eine Umgruppierung der Gesichtspunkte...ein Plus in der Reihe der Nidanas, und kehrt die spezifische Form dereinst wieder, so findet sie die Spuren der eigenen Schöpfertätigkeit und erklimmt auf ihren Stufen die neuen Stadien der Verwirklichung.« Nichts anderes meint das christlichen Bekenntnis: »Selig sind die Toten, die in dem Herrn sterben, denn ihre Werke folgen ihnen nach.«

Das Geburtshoroskop wäre demnach nicht nur die Eintrittskarte in eine neue Existenz, sondern beschreibt als Quittung für die letzte zurückliegende gewissermaßen die Startbedingungen unter denen wir antreten. Damit zeigt uns das Horoskop unsere individuellen Aufgaben an, die wir im Laufe unseres Lebens zu bewältigen haben. Im Alter, wenn wir uns Rechenschaft vor uns selbst – und damit vor dem Gott oder Christus in uns oder vor dem Weltgewissen – ablegen, obliegt uns als Gewissenerforschung zu untersuchen, was wir »aus unserem Kapital« gemacht haben. Wer immer strebend sich bemüht, kann der Erlösung gewiß sein, verheißt der Engel,[13] wie diese ein jeder für sich verstehen mag.

135

Die Lebenslüge –
Balsam für die wunde Seele

Jeder Rußlandtourist hat sie gesehen, die alten Männer auf den Parkbänken, die Veteranen des Großen Vaterländischen Krieges. Diese ganz armen Rentner tragen auf ihren abgeschabten Anzügen stolz ihre Orden und Ehrenzeichen, die ihnen einst Stalin verliehen hat. Sie sind das einzige Vorzeigbare, was ihnen geblieben ist, an das sie sich klammern, da ihre Welt zusammenbrach. Wohl die meisten wollen oder können nicht begreifen, daß sie ein Leben lang ausgenützt und ausgebeutet wurden. Sie haben an den Kommunismus geglaubt als an die ideale Form des menschlichen Zusammenlebens. Das Ergebnis dieser Menschheitsbeglückung waren Millionen hingemordeter Bauern, Intellektueller, ja und auch Arbeiter.

Auch unsere Nazivergangenheit war von ähnlicher Konsequenz, nur hat das Wirtschaftswunder jene Wunden, die der Krieg uns Deutschen schlug, scheinbar rascher vernarben lassen. Und auch in den neuen Bundesländern gab und gibt es genügend Personen, die nicht wahrhaben wollen, daß sie sich einst einem menschenfeindlichen Regime mehr oder weniger willig angepaßt hatten. Es ist nicht leicht einzusehen, daß man Jahrzehnte seines Lebens an Ideale geglaubt hat, die Idole waren, menschenfeindliche Trugbilder. Um überleben zu können, macht man sich etwas vor, richtet sich mit einer Lebenslüge ein. Mag man vielleicht auch insgeheim wissen, daß man nicht ehrlich zu sich selbst ist, würde doch das Bekennen der Wahrheit alles schmerzlicher sehen.

Lebenslügen sind keineswegs auf den politischen Werdegang oder auf die Karriere beschränkt. Viele betreffen das berufliche Vorwärtskommen, die Karriere, mehr wohl noch die Partnerschaft, sprich Ehe. Man redet sich ein, es sei ja doch die große Liebe gewesen, für die man seine persönliche Freiheit geopfert hat. Oder man gibt die Schuld für das eigene Versagen dem Partner oder der Partnerin, weil man nicht verkraften kann, daß man selbst unfähig zu dieser Zweisamkeit war.

Haben wir Erfolg, speichert unser Gehirn alle Einzelheiten. Noch nach Jahren entsinnen wird uns bestens, ja, die Erinnerung vergoldet sogar manche Eindrücke. Niederlagen oder peinliche Situationen dagegen verdrängen wir. Unsere Selbstzensur sorgt dafür, daß wir ein »schlechtes Gedächtnis« bekommen, das möglichst schnell »ausblendet«, was uns Kopfzerbrechen oder Herzschmerzen bereiten könnte. Da jeder Mensch, der eine mehr, der andere weniger, Illusionen braucht, kann eine Lebenslüge zumindest vorübergehend Balsam für die Seele sein. Noch vor zwei Jahrzehnten galt unter Experten die Regel: »Nur die Wahrheit macht uns frei.« Zwischenzeitlich sind die Psychologen zu einer anderen Meinung gekommen. Es gilt als lebensnäher, irgendwie humaner, sich gewisse Illusionen zu machen, helfen sie doch, eine labile Seele zu stabilisieren. Schließlich vermögen wir ja mit den Gefahren und Problemen unserer heutigen Welt auch nur zu leben, wenn wir nicht ständig über sie nachdenken. Eine Lebenslüge erlaubt uns, auf Distanz zu gehen. Das scheint egoistisch zu sein. Doch die Psychologen haben herausgefunden, daß ein Mensch, der durch eine Lebenslüge optimistischer wird, sich gegenüber anderen großzügiger und hilfsbereiter verhält. Was wäre unser Alltag ohne die kleinen Lügen, etwa wenn Tante Inge wieder liebevoll etwas Scheußliches für uns gehäkelt hat oder wenn man lieber ins Bett gehen möchte als eine langweilige Party zu besuchen? Und manchmal kann eine solche Lüge sogar zu einer Prophezeiung werden, die sich selbst erfüllt. Lebenslügen haben mit unseren Schwächen zu tun, mit den Schatten unseres Charakters. Sie fallen daher auch sehr unterschiedlich aus. Jeder Mensch ist auf andere Weise anfällig für Lebenslügen.

Es ist eine Frage des Charakters und der Lebensumstände, ob und in welchem Ausmaß jemand nach Balsam für sein wundes Herz verlangt. Was die Veranlagung angeht, so kann das persönliche Horoskop darüber Aufschluß geben.

Da das Sonnenzeichen eines Menschen erfahrungsgemäß bereits einige Rückschlüsse erlaubt, könnte die kleine Zusammenstellung anregen, über sich selbst nachzudenken. Der Widder etwa will führen, Autorität ausstrahlen. Muß er sich im Arbeitsleben unterordnen, sucht er deshalb für sich und andere eine Entschuldigung. Pirat in der Liebe zu sein, ist sein Geburtsfehler. Schlimm also, wenn er an eine Kette gelegt wird. Wie soll er da wohl siegen? Und von Siegen lebt dieser Schützling des Mars nun mal. Eine Portion Mitgift an Temperament, Ungeduld, Tatkraft und Zivilcourage setzt auch die Widder-Dame ein. Sie braucht »Betrieb«, um ihr Glück selbst zu basteln. Nichts frustriert sie mehr, als sich unterwerfen zu müssen. Da muß dann das Ventil einer Ausrede her.

Der Stiertyp ist langmütig, strapazierfähig, zuverlässig und hat ebenso einen Hang zur materiellen Sicherheit wie zum »guten Leben«. Was also passiert, wenn man ihm Risiken zumutet, ihn »umarbeiten« will oder ihm verwehrt, sich an den sinnlichere Genüssen des Leibes zu laben? Das Stier-Gemüt ist ein gut gesicherter Dampftopf, doch die Explosionsgefahr bleibt. Er weiß das und fängt an zu mogeln, um »für alle Fälle« doch etwas auf die hohe Kante legen zu können oder um in puncto Sex oder Tafelfreuden auf seine Rechnung zu kommen. Wer eine Stier-Dame lockt, deren Patin bekanntlich Venus ist, hat hohe Werbungskosten. Das Schwungrad ihrer Gefühle läuft zwar langsam, aber die Freuden der Liebe halten lange an – ebenso wie ihre Eifersucht. Ihre Lebenslüge dreht sich meist darum, zu besitzen, zu genießen, zu verharren. Sie mag etwa nicht zugeben, daß ihre Eifersucht den Partner so blockiert hat, daß er untreu wurde.

Ein Zwilling muß reisen, fahren, sich bewegen, Berufe,

Kontakte, Positionen wechseln. Wer so ideenreich ist, erfindet schnell etwas, das mehr Freiheit und Unabhängigkeit verspricht, was so leben läßt wie der Zwilling es möchte. Nicht anders beim weiblichen Pendant: Die Dame dieses Typs hat den Flirt erfunden. Auf Anhieb könnte sie ein Dutzend Entschuldigungen nennen, warum es mit diesem oder jenem »gefunkt« hat, nur um den Dauerpartner zu beruhigen und den echten Grund zu kaschieren. Die »Kinder Merkurs« mögen keinen Streit und umgehen ihn diplomatisch.

Die Ideale des Krebs blühen im Stillen, und als Schutz seiner dünnhäutigen Seele vor der rauhen Außenwelt trägt er einen Panzer. Hinter dem versteckt er sich mit seinen Ausflüchten. Der Krebs, dieses Prunkstück an Gemüt und Gefühlsüberschwang, muß seine seelischen Wackelkontakte gar oft an einer Lebenslüge festmachen, die romantische Krebs-Dame nicht minder. Wie sollte sie je eingestehen, daß es die Sehnsucht nach dem Wunderbaren war, die sie auf diese oder jene gekonnte Anmache hereinfallen ließ? Ihre reiche Seelenausstattung wird ohnehin durch Erfahrungen zu teuer erkauft.

Der Löwe zieht gern die große Show ab. Peinlich, wenn sie zum Flop wird, der ersehnte Weihrauch ausbleibt und ihm keiner das Fell krault. Damit ein Verlust an Respekt dem Löwen keine Nervenkrise bringt, wird schon mal die Wahrheit umgebogen, und er stellt sich ins rechte Licht. So heißt denn die Show der Löwin auch »Alles oder nichts!« Leider muß auch sie Zugeständnisse machen, und um mit diesen leben zu können, funktioniert sie die Niederlage zum Sieg um.

Keiner sollte sich pflichtbewußter, realistischer, kenntnisreicher in Detailfragen wähnen als die Jungfrau. Ob nun männlich oder weiblich, sie kann es nicht ertragen, sich verrechnet oder verschätzt zu haben. Dieser Makel wird geleugnet. Ganz klar, der andere ist schuld, das Hintertürchen wird zum Hauptportal. Und offiziell wird keine Jungfrau zugeben, auf den Zaubertrick eines Verführers hereingefallen zu sein, denn das verriete ja einen Mangel an Kritiksinn.

Der Waage-Diplomat und Kavalier kann nicht »nein«

sagen, läßt sich verführen, gibt aber nicht gern zu, daß er eitel ist, bedacht auf Wirkung, auf gesellschaftliche Reputation. Wankelmut und innere Unruhe machen der Waage bisweilen einen Strich durch die Rechnung. Der gewiefte Taktiker findet allemal einen Grund, den Fehler nicht bei sich zu suchen. Die Ausgaben einer Waage-Schönen für Lifestyle und Luxus werden selbstverständlich mit unbedingt nötigen Erfordernissen begründet.

Skorpione sind Praktiker der Tat. Diese skeptischen, mißtrauischen Tiefschürfer, Detektive und Forscher können nur schwer vergessen. Mächtig plagen sie sich mit Schuldgefühlen herum. Da sie keine Zugeständnisse machen können, stachelt sie auch die Eifersucht. Damit es im Leben weitergeht, muß es natürlich der andere gewesen sein, der Fehler machte oder der vom Pfad der Tugend abwich. Selbstverständlich finden sie für ihre unterdrückten skorpionischen Rachegelüste eine Rechtfertigung. Es könnte ja das Selbstwertgefühl angeknackst werden, müßte man sich eingestehen, aus einer Schwäche heraus auf die Vergeltung verzichtet zu haben.

Die Schützen sind als temperamentvolle Draufgänger nicht nur sieggewohnt, sie wissen auch alles besser. Es ist ihr geheimer Kummer, da oder dort ausgestochen zu werden. Beredt beweisen sie sich und ihrer Umwelt, daß sie es diesmal mit Absicht darauf angelegt hatten, nur zweiter zu werden. Was soll's? Eine nächste Gelegenheit kommt bestimmt. Wer brauchte dringender eine überzeugende Lebenslüge als die Schützin, ist ihr Dasein doch reich an schönsten Aufregungen, Liebesabenteuern und Irrtümern des Herzens. Ist dieses erst hinreichend durchlöchert, kommt die Vernunftheirat mit dem Fernziel einer gesicherten Existenz. Wer da mithalten will, muß schon einige Umschwünge vor sich selbst und anderen glaubwürdig machen können.

Die Lebenslüge des Steinbocks wird aus anderen Quellen gespeist. Er beobachtet, analysiert, kann krank vor Ehrgeiz werden oder schleppt anderen Ballast auf seiner Seele herum. Lieber wird konsequent weggesehen, das Bekenntnis der

Wahrheit vertagt. Stolz, verletzbares Ichgefühl, Eifersucht, Verlangen nach Prestige und Sicherheit sind Handlungsmotive auch bei der Steinbock-Dame. Sie nennt es kluge Taktik, wenn sie schon mal auf Bekennermut verzichtet.

Ein Individualist wie der Wassermann muß sich frei und ungebunden fühlen. Bevor er sich zum Standesamt schleppen oder anderweitig in die Pflicht nehmen läßt, bedient er sich aus dem Repertoire seiner Wahrheitskorrekturen. Sie sind so meisterhaft, daß er keine Mühe hat, sich selbst zu überzeugen. Etwas sprunghaft voller Erlebnishunger kann sich die Dame aus dem Wassermann schnell in brisante Situationen bringen. Gekonnt zieht sie dann die Register ihrer Maschine zur Umfunktionierung der Probleme und schon stimmt die Richtung.

Die Fische, zu gut für diese Welt, müssen ihre Leichtgläubigkeit allzu oft büßen. Ihre Phantasie mag zwar oft kreativ sein, kann aber auch in dunklen und schillernden Farben schwelgen. Seelenpein wäre angesagt, gäbe es nicht die herrlichen Illusionen, an denen man sich von Tag zu Tag weiterhangelt. Die Schlinggewächse der Fischeseele wuchern in den Damen dieses Zeichens besonders. Um Kurs zu halten, muß dann und wann der Gefühlssalat entwirrt werden. Es ist die Lebenslüge der Fische eine Kombination von Charme mit Gutmütigkeit und Mitgefühl.

DIE KRISE UM DIE LEBENSMITTE
UND DIE KOSMISCHEN RHYTHMEN

Alle 7 Jahre

In den weisen Büchern habe ich gelesen:
Alle sieben Jahre wandelt sich dein Wesen.
Alle sieben Jahre, merket, Mann und Weib,
Wandelt sich die Seele, wandelt sich der Leib.

Wandelt sich dein Hassen, wandelt sich dein Lieben.
Und ich zählte heimlich: drei Mal, vier Mal sieben.
Ach, die Geister kamen. Und mein Ohr vernimmt:
Alle sieben Jahre... Siehe da, es stimmt.

Sorgenvoll betracht ich alle Liebespaare.
Ob sie es wohl wissen: Alle sieben Jahre...!
Selbst in deinen Armen fragt mein Schatten stumm:
Wann sind wohl, Geliebter, unsre sieben um?

Mascha Kaleko[1]

M it seiner großen Titelgeschichte über die Krise in der
Lebensmitte, wie die Übersetzung des englischen
»midlife crisis« lautet, griff »Der Spiegel« im Juli 1976 in
eine damals sehr aktuelle Diskussion ein. Gut zwei Jahrzehnte später können wir uns gar nicht vorstellen, daß damit
ganz offensichtlich ein Tabu gebrochen worden war. Heute
sind die Männer soweit »emanzipiert«, daß es ihnen nichts
mehr ausmacht über ein Thema zu sprechen, das ihre Männ-
lichkeit betrifft. Dabei ist es keine Neuigkeit, daß auch jeder
in die Wechseljahre kommt, nur daß eben das Klimakterium
beim Mann anders verläuft als bei der Frau.

Dazu Autor Schreiber: »Die Probleme der Vierzig- und
Fünfzigjährigen sind offenbar allgemein. Es handelt sich um
eine ebenso weit verbreitete wie wenig verstandene Krise des
Erwachsenenalters, eine Krise, die Männer ›in den besten

142

Jahren‹ wie wirrköpfige Jünglinge agieren und ehelich erprobte Frauen Ende Dreißig freiheitstrunken auf die Suche nach dem ›eigenen Leben‹ gehen läßt. Es sind Männer Mitte Vierzig, die nach zwanzig soliden Ehejahren plötzlich ihre Familien verlassen, um mit einer zehn Jahre jüngeren Assistentin ›nochmal von vorne anzufangen‹, die auf dem Höhepunkt ihrer Laufbahn abrupt den Beruf wechseln – oder anscheinend grundlos versagen. Was sie erleben, ist ein Übergang – eine Phase der Selbstprüfung und der Neubewertung, die Menschen um die Mitte ihres Lebens, beim Überschreiten der Grenze zwischen vollbrachtem und verbleibendem Leben erreichen.«

Im Grunde genommen durchleben die Männer eine Identitätskrise. Das Selbstwertgefühl kommt durcheinander, die innere Ordnung ist gestört. Was biologisch mit einer Veränderung des Hormonhaushaltes anfängt und sich als Potenzstörung zu zeigen beginnen kann, hat tiefgreifende seelische Komplikationen zur Folge. Auszubaden haben das in der Regel jene, die es am wenigsten verdienen, die Ehefrauen. Sie haben in den zurückliegenden gemeinsamen Jahren des Aufbaues der Existenz Opfer gebracht, die Kinder großzogen, die nun oft schon aus dem Hause sind, und erwarten nun eigentlich, daß sie entsprechend am erreichten Wohlstand teilhaben können. Statt dessen zeigt es sich, daß Unverständnis aufkommt. Mögen in den zurückliegenden Jahren gemeinsame Aufgaben und Bewältigung äußerer Schicksalseinflüsse verdeckt haben, daß die Partner nicht synchron lebten, jetzt wird es offensichtlich.

Bereits in der Antike waren die Stufenalter des Lebens bekannt und vom »zweiten Frühling« redete der Volksmund seit jeher.

Nun ist die Krise um die Lebensmitte nicht die einzige, wenn auch die auffälligste. Astrologisch gibt es dafür eine gute Erklärung. Es sind die Umläufe der großen Planeten, vor allem Uranus, Saturn und Jupiter, die verantwortlich für die großen Rhythmen im Menschenleben zu sein scheinen.

84 Jahre, also ein Menschenalter, braucht der Planet Uranus um jene Stelle im Tierkreis zu erreichen, die er am Geburtstag des Menschen innehatte. Mit 42 Jahren steht er diesem »Radixpunkt« genau gegenüber. Es ist dies ein »Spannungsaspekt« erster Ordnung. Er kann über Monate wirksam sein und löst eine Tendenz zur Umstellung aus, wie sie der »Midlife Crisis« entspricht. Unterteilt man die Laufzeit des Uranus weiter, erreicht der Planet um das 21. Jahr das erste Viertel und um das 63. Jahr das dritte Viertel seiner Umlaufbahn um die Sonne. Dann sind es »Quadrataspekte«, die wirksam werden. Bereits diese vier Daten markieren Eckwerte im Schicksalsablauf, denn mit etwa 21 Jahren löst der Mensch oft seine Bindungen an die Eltern und geht eine neue mit einem Partner ein. Um 63 aber wird häufig die Alterskrise erlebt. Die Griechen nannten dieses gefürchtete Jahr »Androklastes«, soviel wie Männerbrecher.

Saturn braucht 29 Jahre und 166 Tage für einen Umlauf. Seine Bahnabschnitte entsprechen den Siebenerjahren. So erreicht er das erste Viertel seiner Bahn um die Sonne nach reichlich 7 Jahren, wenn die frühe Kindheit endet und sich ein Ablösungsprozeß vom Elternhaus vollzieht, zugleich die Zeit der eigentlichen Schulreife einsetzt. Mit reichlich 14 Jahren ist Saturn in der »Opposition«, d.h. er hat einen halben Umlauf vollendet. Die Pubertätskrise ist da. Mit etwa 21 Jahren unterstreicht er den Wandel, den Uranus bereits signalisiert. Die erste entscheidende Lebenskrise liegt um das 28./29. Jahr, wenn Saturn seinen ersten Umlauf um die Sonne vollendet: Es ist die Zeit, in der der Mensch Bilanz zieht, was er von seinen Jugendträumen realisieren konnte. Oft ist dies mit einer Ehekrise verbunden. Es scheint, daß Saturn, der »Schicksalsplanet« der Alten, für die 7-Jahreskrisen zuständig ist. Individuell gibt es wohl Abweichungen, doch lassen sich auch dafür horoskopische Erklärungen finden. Man braucht nur die Siebenerreihe fortzusetzen, um auf die Jahre zu stoßen, die Umschwünge bezeichnen: Mit 35 wird die vitale Lebenshöhe erreicht, um 42 ist die Charakterbildung abgeschlossen, es ist die Halbzeit des Uranusumlaufs, oft Beginn der midlife crisis. Kritisch um das 49. Jahr, in gleicher Weise Umbruchsituationen. Um 56 ist das männliche Klimakterium abgeschlossen. 63 erkannten schon die Schüler des Hippokrates als das Jahr einer Lebensbedrohung, etwa um 70 beginnt die Vergreisung.

Jupiter benötigt fast zwölf Jahre für einen Umlauf, genauer 11 Jahre und 314 Tage. Er bildet in den fraglichen Perioden ebenfalls Spannungseffekte, die gemäß den Besonderheiten der individuellen Horoskope die vorerwähnten Tendenzen verstärken oder auch zeitlich etwas entzerren können. Das Auf und Ab der Körperkraft, des Reaktionsvermögens, der Intelligenz und vieler anderer Fähigkeiten läßt sich astrologisch gut in Leistungskurven erfassen.

Astrologie ist in ihrer seriösen Form eine Methode der Psychodiagnostik. Sie hilft uns und unsere Mitmenschen zu erkennen und besser zu verstehen, vor allem aber eröffnet sie einen Weg zur Selbsterkenntnis. Darüber hinaus ist Astrologie die Lehre von der individuellen Struktur der Zeit nach der unser Leben abläuft. Nach einigen zehntausend Generationen hat der Mensch heute seine Instinktsicherheit eingebüßt. Es ging ihm dabei auch das Gefühl für die eigene Zeitstruktur verloren. Wir fügen uns den Anforderungen der Arbeitswelt und müssen unser Dasein nach Fahrplänen, Bürostunden, Arbeitszeiten u.a. einrichten. Je nach Veranlagung gelingt dies gut oder wird schwierig. Die Siebenerperioden markieren jene Einschnitte, in denen Kollisionen mit der bestehenden Ordnung möglich werden, weil die Individualität dann stärker betont, der Reiz zur Auseinandersetzung angefacht wird.

Wir sind uns viel zu wenig bewußt, daß es die verschiedenen Umlaufzeiten der Gestirne sind, die eigentlich die »Konstellationen« bewirken. Das Zusammentreffen bzw. die Überschneidung der einzelnen Rhythmen bringt dann Verstärkereffekte, wie bei Mars und Saturn im negativen Sinn, zwischen Jupiter und Mond fördernd. Die Rhythmen setzen mit der Geburt ein, wobei wir uns vorstellen müssen, daß der Mensch es selbst ist, der sich in die bestehende kosmische Rhythmenlage »einschaltet«. Alljährlich am Geburtstag beginnt ein neuer Sonnenzyklus, weshalb z.b. die sogenannten Solarhoroskope auf eben diesen Termin berechnet werden, wenn die Sonne exakt die gleiche Position innehat wie am Geburtstag. Man könnte sagen, daß damit ein neuer Impuls besonderer Art gegeben wird. Während Lunarhoroskope, (die den 28tägigen Mondlauf zur Grundlage haben, jede Phase unterteilt in 7 Tage!), die kürzesten planetaren Rhythmen darstellen, sind die Umläufe des Saturns die längsten, die ein Mensch mehrmals erleben kann. Sie bezeichnen zugleich meistens Ende bzw. Neubeginn einer Lebensperiode.

In der Erforschung der individuell bedeutsamen Rhythmen eröffnet sich der Forschung ein weites Feld. Hier sind wir erst am Beginn von wichtigen Erkenntnissen, wie sie uns die »zirkadianen« Rhythmen liefern. Es sind jene zyklisch gesteuerten Organfunktionen, von denen unser Wohlbefinden abhängt, so die Wechselwirkung von Hunger und Durst, der Schlaf- und Wachrhythmus, die Tätigkeit von Nieren, Leber usw. Auch die Hormonausschüttung erfolgt zyklisch. Der durch die Erdrotation vorgegebene 24-Stunden-Rhythmus unterliegt individuellen Schwankungen. Hier begegnen wir der Tatsache, daß auch die Hauptkrisenzeiten bei den verschiedenen Menschen nicht exakt im selben Jahr erfolgen. Während das individuelle Horoskop hier Möglichkeiten bietet, die Zusammenhänge zu erfassen, ist das astrologische Instrumentarium hinsichtlich der Tagesrhythmen noch zu wenig genau.

Der Tod und der Gärtner

(Aus 1001 Nacht)

————————
————————

Eines Sommertags lustwandelte der mächtige Großmogul durch seinen Garten der zehntausend Rosen und erfreute sich an ihrem Duft. Da stürzte sein Gärtner auf ihn zu und warf sich zu seinen Füßen. »Oh Erhabener«, rief er aus und deutete hinter sich, »als ich soeben deine Rosenbüsche begoß, sah ich hinter einem Baum den Tod stehen, der mir mit der Faust drohte. Gewiß wird er mich noch heute holen wollen. Ich bitte dich, leihe mir dein schnellstes Pferd, damit ich mich in deinem Waldschloß verbergen kann. Noch bevor der Mond aufgeht, werde ich dort und vor ihm sicher sein.«- »Nimm mein Roß«, sagte der Großmogul, »denn jeder Mensch hat nur ein Leben und du hast mir immer treu gedient.«

Da eilte der Gärtner von hinnen, schon bald verklang der Hufschlag des Pferdes in der Ferne. Als der Großmogul weiterging, sah auch er den Tod an seinem Wege stehen. Furchtlos trat er auf ihn zu und herrschte ihn an: »Warum erschreckst du hier meinen Gärtner und drohst ihm?« Da beugte der Tod sein Haupt und sprach: »Verzeihe, Erhabener, daß ich deinen Gärtner erschreckt habe. Wohl hob ich die Faust, doch nicht um zu drohen. Ich war nur verwundert, ihn um diese Zeit noch hier zu sehen, denn heute früh gebot mir der Herr, unser aller Gebieter, diesen deinen Gärtner beim Aufgang des Mondes in deinem Waldschloß abzuholen, und das ist doch so weit von hier.«

Da verneigte sich der Großmogul ehrfürchtig vor dem unsichtbaren Herrn über Leben und Tod und dachte: »Da flieht der Mann auf meinem schnellsten Pferd vor seinem Schicksal davon und eilt dabei, es zu erfüllen.«

WESTLICHE UND HINDU-ASTROLOGIE

Die Wurzeln unserer heutigen Astrologie liegen in Babylon und in Ägypten, doch griechische Wissenschaftler schufen das mathematische System, mit dem wir noch heute Horoskope berechnen. Ptolemäus, der berühmte Geograph, Mathematiker, Astronom und Astrologe schuf im 2. Jahrhundert mit seinem Vierbücherwerk »Tetrabiblos« die Grundlagen, auf die der Franzose Morin de Villefranche (*1656) die bis heute gültige Form der »klassischen Astrologie« aufbaute. Die abendländische, »westliche« Astrologie hat also ihre Wurzeln im Mittelmeerraum.

Nun haben alle alten Kulturvölker gemäß ihrer Eigenarten verschiedene Formen der Sterndeutung entwickelt. Es lassen sich aber auch Gemeinsamkeiten feststellen, sind wir doch alle Menschen von gleichem Fleisch und Blut und über uns wölbt sich der gleiche Himmel. Allerdings interpretierten die Chinesen, das Geschehen des »oben«, anders als die Babylonier. Zwischen China und Babylon liegt der indische Subkontinent. Die Hindu-Astrologie weist denn auch verwandte Züge sowohl mit unseren westlichen wie mit fernöstlichen astrologischen Systemen auf. Allerdings gibt es auch Unterschiede.

Unsere westliche ist eine Sonnenastrologie. Alle Berechnungen werden auf die »Ekliptik« bezogen, das ist die Sonnenbahn, die durch das Band des zwölfteiligen Tierkreises führt. Dessen Nullpunkt verschiebt sich in 72 Jahren jeweils um 1 Grad vor der Kulisse der Sternbilder »nach hinten«, dies hängt mit der Schräglage der Erdachse zusammen. Diese »Präzession« hat zur Folge, daß die Tierkreiszeichen heute nicht mehr vor den Sternbildern stehen, die ihnen den

Namen gaben. Unser abendländischer Tierkreis ist jedoch im Naturgeschehen durchaus verankert, denn er beginnt mit dem Widder- oder Frühlingspunkt, den die Sonne um jeden 21. März überschreitet, wenn sie von der südlichen nach der nördlichen Halbkugel wechselt.

Die Hindus aber haben eine Mondastrologie. Sie teilen die Mondbahn in 27 gleich große Abschnitte, die »Mondstationen« (von je 13°20'). Vergleichsweise erstreckt sich jedes unserer 12 Sternzeichen über jeweils 30°. (Man kennt auch die Einteilung in 28 Mondstationen.)

Ein ganz wesentlicher Unterschied ergibt sich aus der Tatsache, daß der Mondtierkreis der Hindus an die Kulisse der Fixsterne gebunden bleibt. Es gibt da keine Präzession, insofern entspricht er den »natürlichen« Gegebenheiten. Um mit den »westlichen« Gestirntafeln, den »Ephemeriden«, arbeiten zu können, muß man diese um den Wert der Präzession korrigieren. Es wirft ein bezeichnendes Licht auf das Ansehen, das die Astrologie in Indien genießt, daß es die indische Regierung war, die das Durcheinander um den Präzessionswert beseitigte und diesen, »Ayanamsa« genannt, für das Jahr 1900 auf 22°28' festsetzte.

Sehen wir einmal zwei Astrologen bei ihrer Arbeit über die Schulter. »Astrologe West« berechnet als erstes für das Geburtsdatum und die genaue Geburtsminute (»erster Schrei«) den Verlauf des Meridians im Tierkreis, bezogen auf den Geburtsort und stellt fest, welche Position des Tierkreises damals im Osten aufging. Es ist der »Aszendent« dieses Ortes. Danach berechnet er die Positionen von Sonne, Mond und Planeten nach der Ephemeride und fertigt die Horoskopzeichnung an.

»Astrologe Ost«, der Hinduastrologe, braucht dieselben Angaben zur Geburt, Datum, Uhrzeit und Ort der Geburt. Zwar ermittelt auch er MC (Meridian) und Aszendent, doch liefert ihm vor allem die exakte Position des Mondes den »individuellen Punkt« seines Hindu-Horoskops. Auch »Astrologe Ost« arbeitet mit den im Westen gebrauchten

Ephemeriden (Gestirntafeln), vermindert aber jede Planeten- position um den für das jeweilige Jahr gültigen Wert von Ayanamsa, um so die tatsächliche Stellung der Planeten vor den Sternbildern zu erhalten.

Was die Deutung der Berechnungen angeht, liegt dem »Astrologen West« weniger an einer detaillierten Prognose, als vielmehr an einem Persönlichkeitsprofil. Unter dem Ein- fluß der Psychologie hat sich in den letzten Jahrzehnten eine bestimmte Entwicklung gegenüber früher vollzogen. »Astro- loge West« versucht mithin in seinem astrologischen Gut- achten der psychischen Ganzheit des Horoskopeigners gerecht zu werden, indem er alle Facetten seines Wesens beleuchtet. Weniger als früher wird »Astrologe West« Details der Prognose herausarbeiten.

»Astrologe West« berücksichtigt in seinem Horoskop auch die neu entdeckten Planeten, Uranus, Neptun und Pluto. Diese sind in der Horoskopzeichnung des »Astrologen Ost« nicht vorhanden. »Die menschliche Natur ist nicht anders als früher«, sagt dieser. Statt dessen schätzt er die beiden Mondknoten (die er Rahu und Ketu nennt) mehr als sein westlicher Kollege. Es sind die beiden Schnittpunkte der Mondbahn mit der Sonnenbahn, die auch »Drachenpunkte« heißen. Das erinnert an die mythische Vorstellung, daß ein Drache die Gestirne bei einer Finsternis verspeist, denn Fin- sternisse finden immer in der Nähe der Mondknoten statt. Rahu und Ketu bilden gut berechenbare Zyklen. Diese sind die Grundlage der Hindu-Astrologie.

»Astrologe Ost« geht es um sehr differenzierte Voraussa- gen. Zuerst stellt er also die genaue Mondposition fest. Gemäß dem Regenten der Mondstation ermittelt er, in wel- cher »Hauptperiode« der Mond steht. Es gibt da neun Mög- lichkeiten gemäß Mond, Sonne und den fünf Planeten sowie den beiden Mondknoten. Der nächste Schritt ist die Berech- nung der »Balance im Zeichen«. Exakt muß »Astrologe Ost« herausfinden, seit welcher Zeit sich der Mond in der fraglichen Mondstation befindet, wie weit er nach Bogen- graden und Bogenminuten bereits gewandert ist.

Danach berechnet »Astrologe Ost«, bis zu welchem genauen Datum sich der Mond noch in dieser Station aufhalten wird, wie lange der angebrochene Regentenzyklus damit noch dauern wird. Sodann zählt er die übrigen Zyklen dazu und errechnet die Daten des Wechsels. Alle Zyklen zusammengenommen ergeben 120 Jahre, die nach Hinduauffassung maximal mögliche Lebensdauer eines Menschen.

Es währen die »Großen Perioden«: Ketu 7 Jahre, Venus 20 Jahre, Sonne 6 Jahre, Mond 10 Jahre, Mars 7 Jahre, Rahu 7 Jahre, Jupiter 16 Jahre, Saturn 19 Jahre, Merkur 17 Jahre. Jede »Hauptperiode« hat neun »Kleine Perioden« und jede von diesen wiederum neun »Unterperioden«. Sie dauern unterschiedlich lange und verhalten sich zueinander wie 7 : 20 : 6 : 10 : 7 : 7 : 16 : 19 : 17 . Die Sonnenperioden sind jeweils die kürzesten, die Venusperioden sind mehr als dreimal so lang.

Diese Unterteilung macht es möglich, kleine und kleinste Zeitabschnitt gemäß der Natur der Planeten zu charakterisieren. Diese ähneln ziemlich den westlichen, doch ergibt die Anwesenheit der Gestirne in jeder der 27 Mondstationen eine ganz bestimmte Färbung. »Astrologe Ost« differenziert zwischen Wohltätern und Übeltätern unter den Planeten, das ist auch »Astrologe West« vertraut. Aber sein Kollege unterscheidet prinzipielle und funktionelle »Wohl – oder Übeltäter«. Geht Venus, eine prinzipielle Wohltäterin, etwa gerade zur Geburtszeit auf oder unter oder steht sie im Meridian, verwandelt sie sich in eine Übeltäterin, »funktioniert« demgemäß negativ. Umgekehrt würden ein gerade aufgehender Mars oder Saturn, in der abendländischen Tradition Unsterne, vom »Astrologen Ost« als funktionelle Wohltäter zu beachten sein.

Präzise bestimmt der Hindu-Astrologe die Stärke der Gestirne, die sich nach den Aspekten richtet, durch die sie mit anderen verbunden sind. Ähnliches praktiziert ja auch »Astrologe West«. Der Hindu allerdings ermittelt entsprechend der Planetenstärken genau, wie die Haupt-, Mittel oder Unterperioden zu bewerten sind, was sich demnach in der Zukunft zutragen wird. Den persönlichen Handlungsspielraum, die Entscheidungsfreiheit, veranschlagt »Astrologe Ost« gering.

Ein Beispiel für einen Blick in das System der Lebensperioden, wie sie bei einer Prognose angewendet werden, soll Adolf Hitler liefern, dessen Biographie wohl ziemlich bekannt sein dürfte. Er hatte eine problematische Kindheit und Jugend. Sein einziger Halt war seine Mutter. Am 8. Dezember 1907 ging die seit seiner Geburt (am 20.4.1889 um 18.30 Uhr in Braunau/Inn) bestehende Venus-Hauptperiode zu Ende, zugleich auch die Mittelperiode des absteigenden Mondknotens und die Unterperiode Merkurs – also eine sehr bedeutsam zeitliche Schnittstelle in der kosmischen Periodik. Bis 1913 schloß sich eine Hauptperiode der Sonne an, die ja in der östlichen Astrologie als ein kritisches und »grausames« Gestirn gilt. Zugleich erfolgte eine Sekundärperiode der Sonne und auch die dritte Periode von fünftägiger Dauer war der Sonne zugeordnet. Ihr folgte eine neuntägige Mondperiode, die am 23.12.1907 endete, dem Begräbnistag von Hitlers Mutter, die am 21.12.1907 verstarb. Danach prägte Hitler (oder sein Schicksal) eine sechstägige Marsperiode. Alles in allem also ein ganz beträchtlicher Bruch in seinem Leben. Nicht weniger markant in Hitlers Biographie ist sein Versuch, am 8.11.1923 im Münchner Bürgerbräukeller eine Revolution auszulösen. Am Tag darauf, dem 9.11.1923, wurde der »Marsch zur Feldherrnhalle« von der Polizei mit Schüssen gestoppt. Dies geschah unter einer Mond-Hauptperiode, ebenfalls wieder eine Sonnen-Sekundärperiode. Und exakt am 8. November 1923 ging eine Unterperiode des aufsteigenden Mondknotens zu Ende, abgelöst durch eine Unterperiode von Venus. Hitlers Horoskopvenus aber steht bei Mars, hat nur 1/3 der möglichen Wirksamkeit und Bedeutung, was ein bezeichnendes Licht auf diesen Regenten seiner Kindheit und Jugend wirft und deutlich macht, welche Hoffnungen bei ihm am 9.11.1923 zerstört wurden. Auch am 30.1.1933, dem »Tag der Machtergreifung«, lag eine Venus-Unterperiode vor.

Noch ein drittes Beispiel für die Perioden im Hinduhoroskop. Von 19.11.1944 bis 24.4.1945 herrschte Merkur. Bis dahin mag Hitler noch irgendwie auf ein Wunder gehofft haben. Dann begann jedoch eine Unterperiode des absteigenden Mondknotens, dem Symbol für Trennung und negative Lebensumstände. In diese Zeit fiel dann auch sein Selbstmord am 30.4.1945.

Astrologen haben immer wieder versucht, Hitlers amtliche Geburtszeit von 18.30 Uhr z.B. auf 18.20 Uhr zu korrigieren. Es ist interessant, daß ein indisches Rhythmogramm, auf 18.20 Uhr berechnet, überhaupt keine Übereinstimmung mit der Realität erkennen läßt, die doch bei 18.30 Uhr so deutlich wird.

Während vor allem in Deutschland Astrologie sich immer mehr zur Astro-Psychologie wandelt, läuft in den USA der Trend in eine ganz andere Richtung. Dort sind derzeit eine Reihe Lehrbücher der Hindu-Astrologie ausverkauft oder werden neu aufgelegt. Eine Prognose nach Hindu-Technik kann nämlich – wie an unserem Beispiel ersichtlich – eine vorzügliche Ergänzung unseres westlichen Horoskops sein. Anders als dieses vermag sie u.a. zu erklären, warum manche Menschen über eine jahrelange Periode Erfolg oder eine Krisenzeit erleben. Es ist nicht schwer vorauszusagen, daß Hindu-Astrologie auch bei uns bekannter werden wird. Allerdings wird deren Handhabung auf Fachleute beschränkt bleiben, denn die absolut individuellen Hindu-Horoskope lassen sich nicht für die »Horoskop«-Seite der Zeitungsastrologie ausschlachten, aus seriöser Sicht auf das Thema Astrologie ein großer Vorzug.

DIE PRÜFUNG DER
SCHÖNEN SKLAVIN TAWADDUD

(Aus 1001 Nacht)

––––––––––
––––––––––
––––––––––

Fast einen Monat lang, ab der 436. Nacht ihrer Ehe,
erzählte Scheherasade ihrem Gatten, dem grausamen Sul-
tan Schachriar, die Geschichte von der schönen und klugen
Sklavin Tawaddud. Und wieder fesselte sie ihn so sehr, daß
er den Befehl hinausschob, sie töten zu lassen wie alle Frau-
en vor ihr.

Scheherasade sprach von Tawaddud als von einem
Mädchen, das nicht ihresgleichen hatte. Sie entzückte durch
ihre Schönheit, war wie der Vollmond, der am Himmel steht
und wie die Gazelle, die auf der Weide geht. Ja, sie, ein Mäg-
delein von neun und fünf Jahren, beschämte Mond und Sonne bald. Ihre Haut war rein, der Duft wie Zephir fein; es war,
als sei sie dem Feuer entsprossen oder aus Kristall gegossen.
Jeden nahm sie durch ihr liebliches Lächeln gefangen, zudem
war sie redegewandt und durch ihre schönen Verse bekannt.

Als nun all das Gut, das Abu el-Hun, ihr Herr, besaß, sich
erschöpft hatte, seine Not offenkundig war und er nichts
mehr sein eigen nannte außer dieser Sklavin, verzweifelte er.
Doch da sprach Tawaddud zu ihm: »Mein Gebieter, führe
mich zum Beherrscher der Gläubigen Harun er-Raschid und
verlange von ihm als Preis für mich zehntausend goldene
Dinare.« Und sie fügte noch hinzu: »Doch hüte dich, mich
für einen geringeren Preis zu verkaufen, denn der ist noch zu
niedrig für meinesgleichen.« So geschah es. Der Kalif sah sie
wohlgefällig an und fragte: »In welchen Wissenschaften bist
du bewandert?« Da antwortete Tawaddud: »Mein Gebieter,

ich kenne die Grammatik, die Dichtkunst, die Rechtswissenschaft, die Auslegung der heiligen Schrift. Ferner bin ich bewandert in der Tonkunst, der Rechenkunst in allen ihren Zweigen und der Erdmessung. Ich kenne auch den erhabenen Koran und habe ihn nach den sieben, zehn und vierzehn Lesearten gelesen. Ich weiß die Zahl der Suren, der Verse und der Abschnitte, und ebenso weiß ich, wie viele Niederwerfungen zum Gebet und wie viele Buchstaben in ihm vorkommen.« So sagte Tawaddud und fuhr fort, berichtete von ihren Kenntnissen in Philosophie und der Heilkunde und von der Wissenschaft von den Sternen. »Wenn ich singe und tanze, verführe ich die Herzen, doch bin ich geschmückt, so bringe ich tödlichen Liebesschmerz«. – »Harun er-Raschid, dem der Herr tausend Jahre schenken möge, ließ die größten Gelehrten des Landes kommen, um Tawaddud zu prüfen«, so erzählte Scheherasade. »Sie bestand alle Examen glänzend und beschämte die weisesten Männer.«

In der 450. Nacht berichtete Scheherasade von den Fragen des Astronomen: »Gib mir Auskunft über Sonne und Mond!« Tawaddud antwortete: »Allah, der Erhabene, hat die Sonne zu einer Leuchte und den Mond zu einem Licht gemacht, und er hat ihm die Stationen bestimmt, auf daß die Menschen die Zahl der Jahre und die Zeitrechnung erkennen. Der Mond ist der Herrscher der Nacht und die Sonne ist die Herrscherin des Tages. Und beide kreisen miteinander um die Wette.«

»So nenne mir die Stationen des Mondes!« »Es sind ihrer 28«, sagte Tawaddud und nannte sie alle bei ihrem Namen. »Sie sind nach den Buchstaben des hebräischen Alphabets geordnet. In ihnen liegt ein tiefes Geheimnis, das nur Allah, der Gepriesene und Erhabene, und die ganz in die Wissenschaft eingedrungen sind, kennen. Was die Verteilung der Mondstationen auf die zwölf Sternbilder des Tierkreises angeht, so kommen je zweiundeindrittel Stationen auf ein Sternbild«. Damit bereits zeigte sich Tawaddud erfahren in der Astronomie.

Dem Gelehrten genügten diese Kenntnisse jedoch noch

nicht: »Gut. Gib mir nun Auskunft über die Planeten, ihre Natur, ihr Verweilen in den Sternbildern des Tierkreises, über ihren glücks- und unheilbringenden Aspekt, über ihre Häuser, ihre Erhöhungen, Schwächen und ihren Fall.« Da antwortete ihm die schöne und kluge Sklavin: »Der Planeten sind sieben: Sonne, Mond, Merkur, Venus, Mars, Jupiter und Saturn. Die Sonne ist heiß, trocken und unheilbringend in der Konjunktion, glückbringend im Aspekt. Sie verweilt in jedem Tierkreiszeichen dreißig Tage. Der Mond ist kalt, feucht und glückbringend; er verweilt in jedem Tierkreiszeichen zweiundeindrittel Tage. Merkur ist von gemischter Natur, glückbringend in der Konjunktion mit Glücksgestirnen, unheilbringend, wenn er mit Unsternen zusammensteht. Er verweilt siebzehn und einen halben Tag in jedem Tierkreisbild. Venus verheißt gleichmäßig Glück und verweilt fünfundzwanzig Tage in jedem Zeichen. Mars ist unheilbringend, er hält sich dreißig Monate in jedem Tierkreiszeichen auf. Glücksbringend ist Jupiter, er bleibt ein Jahr in jedem Tierkreisbild. Saturn ist kalt, trocken, unheilbringend und hält sich dreißig Monate in jedem Tierkreiszeichen auf. Das Haus der Sonne ist der Löwe, erhöht ist sie im Widder, vernichtet im Wassermann. Das Haus des Mondes ist der Krebs, erhöht ist er im Stier, sein Fall im Skorpion, der Steinbock ist sein Unheilsgestirn. Das Haus des Saturn sind Steinbock und Wassermann-, begünstigt ist er in der Waage, im Fall jedoch im Widder. Unheilvoll ist sein Aufenthalt im Krebs und im Löwen. Das Haus Jupiters sind der Schütze und die Fische, erhöht ist er im Krebs, sein Fall ist im Steinbock, vernichtet ist er in Zwillingen und Jungfrau. Das Haus der Venus ist der Stier, und sie herrscht in der Waage. In den Fischen ist Venus erhöht, vernichtet in Widder und Skorpion. Das Haus Merkurs sind die Zwillinge und die Jungfrau. In Schütze und Fische ist er vernichtet, kein Glück bringt er im Stier. Mars ist im Widder und im Skorpion zu Hause, erhöht steht er im Steinbock, vernichtet in Stier und Waage.«

Als der Astronom Tawadduds Scharfsinn erkannt hatte, stellte er ihr eine Falle: »Sage mir, Mädchen, wann wird in diesem Monat Regen fallen?« Da senkte sie ihr Haupt und schwieg. Als der Kalif in sie drang zu reden, sprach Tawaddud: »Herr gib mir ein Schwert, daß ich ihm den Kopf abschlage, denn er ist ein Ketzer.« Dann fuhr sie fort und sagte: »O du Sterndeuter, es gibt fünf Dinge, die nur Allah, der Erhabene, kennt«, und rezitierte den Vers: »Siehe, bei Allah steht das Wissen von der Stunde des Gerichts, und er sendet den Regen herab, und er weiß, was in den Mutterschößen ist, aber keine Seele weiß, was sie am nächsten Tag gewinnen wird, und keine Seele weiß, in welchem Lande sie sterben wird; fürwahr, Allah ist allwissend und weise!« Da entschuldigte sich der Astronom, er habe sie nur auf die Probe stellen wollen. Darauf hub sie wieder an: »Wisse, die Kalendermacher haben gewisse Zeichen und Merkmale für die Konstellationen der Planeten bei Beginn des neuen Jahres; auch haben die Menschen dabei ihre Erfahrungen gewonnen.« »Nenne uns Beispiele,« sagte darauf der Astronom. »Jeder einzelne Tag hat einen Planeten, der ihn beherrscht. So gehört der Mondtag dem Mond. Ist er der erste des neuen Jahres, werden die Statthalter und Verwalter rechtschaffen sein. In diesem Jahr wird es viel regnen, die Kornfrüchte werden gut geraten, doch der Leinsamen wird verderben, und der Weizen wird im Dezember billig sein. Aber auch viel Pestilenz wird es geben, über die Hälfte des Viehes, Schafe und Ziegen werden zu Tode kommen; viele Trauben und wenig Honig wird es geben, und die Baumwolle wird billig sein – doch Allah weiß es am besten!«

So sprach Tawaddud und zählte alle Tage der Woche auf und was sie bringen, wenn sie auf Neujahr fallen. Nach dem Examen sagte die Sklavin: »Nun beantworte du, Sterndeuter, eine Frage. Kannst du es nicht, so gib mir dein kostbares Gewand.« »So soll es geschehen«, sagte Harun er-Raschid. Da fragte sie: »Sage mir, in wie viele Abteilungen zerfallen die Sterne?« Da schwieg er, stand auf und legte sein Gewand ab. Nachdem sie es an sich genommen hatte, sagte der Kalif: »Nun beantworte du diese Frage selbst!« Darauf erwiderte sie: »O Beherrscher der Gläubigen, die Sterne zerfallen in drei

Abteilungen. Ein Teil von ihnen hängt am Erdenhimmel wie Lampen, und der spendet der Erde Licht. Der zweite Teil dient dazu, daß mit ihnen die Satane geworfen werden, wenn sie die Gespräche im Himmel heimlich belauschen wollen; Allah, der Erhabene, sagt: ›Fürwahr, wir haben den untersten Himmel mit Leuchten geschmückt, und die haben wir zu Geschossen für die Satane bestimmt.‹ Der dritte Teil aber hängt in der Luft und erleuchtet die Meere und was darin ist.«

Noch einmal wandte sich der Astronom an die schöne und kluge Sklavin: »Beantwortest du eine letzte Frage, so will ich mich überwunden erklären!« »So frage!« Da sprach der Gelehrte: »Nenne mir vier gegensätzliche Dinge, die auf vier andere gegensätzliche Ding gegründet sind!« Sie erwiderte: »Das sind Hitze, Kälte, Feuchtigkeit und Trockenheit. Allah erschuf aus der Hitze das Feuer, dessen Natur heiß und trocken ist; aus der Trockenheit schuf er die Erde, deren Wesen kalt und trocken ist; aus der Kälte machte er das Wasser, das eine kalte und feuchte Natur hat; und aus der Feuchtigkeit ließ er die Luft entstehen, deren Wesen heiß und feucht ist. Dann erschuf Allah die zwölf Zeichen des Tierkreises: Widder, Stier, Zwillinge, Krebs, Löwe, Jungfrau, Waage, Skorpion, Schütze, Steinbock, Wassermann und Fische. Und zwar machte er sie von vierfacher Natur: drei feurig, drei irdisch, drei luftig und drei wäßrig. Widder, Löwe und Schütze sind feurig; Stier, Jungfrau und Steinbock sind irdisch; Zwillinge, Waage und Wassermann sind luftig, Krebs, Skorpion und die Fische sind wäßrig.« Da hub der Astronom an und sprach: »Leg Zeugnis ab wider mich, o Kalif, daß sie gelehrter ist als ich!« und ging geschlagen von dannen.

So erzählte Scheherasade von Tawaddud, die nicht ihresgleichen an Schönheit und Lieblichkeit, an strahlender Vollkommenheit und an des Wuchses Ebenmäßigkeit hatte, die eine Meisterin in den Künsten und der feinen Bildung war und treffliche Eigenschaften ohne Zahl besaß. Harun er-Raschid aber belohnte sie, bezahlte den Kaufpreis der zehntausend Goldstücke, doch verzichtete er in seiner Großzügigkeit darauf, sie zu sich zu nehmen. Ja, er beglückwünschte ihren Herrn zu ihrem Besitz und schenkte ihr obendrein fünftausend Dinare.

So »funktioniert« die Astrologie

Astrologie geht von zwei uralten grundsätzlichen Annahmen aus. Die erste ist als das Testament des ägyptischen Gottes Thot überliefert, des Gottes der Weisheit und der Schriften, den die Griechen den Namen Hermes Trismegistos gaben, also des dreimal größten Hermes. Auf Tafeln aus Smaragden sei der Fundamentalsatz der Astrologie geschrieben: Wie oben, so unten. Das heißt, daß die kosmischen Rhythmen, wie sie am Lauf der Planeten, also an den Positionen der Gestirne, abgelesen werden können, in einer Entsprechung zum irdischen Geschehen stehen.

Noch im Mittelalter galten »die Sterne«, d.h. die Planeten unseres Sonnensystems, als Verursacher irdischer Ereignisse.

Anders das Credo der modernen Astrologie, das Schiller im Wallenstein in die Worte faßte: »In deiner Brust sind deines Schicksals Sterne«. Diese Auffassung entsprach bereits der Überzeugung des großen Arztes und Astrologen Paracelsus: »Im Menschen sind Sonne, Mond, Saturnus, Mars, Mercurius, Venus und alle Zeichen des Tierkreises.«

Was aber haben wir uns unter diesen »Sternen in unserer Brust«, die die Namen von Sonne, Mond und Wandelsternen tragen, vorzustellen? Sie sind von ganz anderer Qualität als die Gestirne, zu denen der Astronom durch sein Teleskop aufblickt. Als Wissenschaftler untersucht er die Beschaffenheit der Himmelskörper und studiert ihre Bahnen. Ein Fachmann für die Horoskope der Astrologie kann der Astronom indessen ebenso wenig sein, wie ein Farbenfabrikant die künstlerischen Qualitäten eines Rubensbildes zu beurteilen vermöchte. Denn der Astrologe bedient sich zwar der astronomischen Fakten, schaut aber nicht zum Himmel, sondern auf den Menschen. Zwei grundverschiedene Blickrichtungen also. Daß es beide mit unserem Sonnensystem zu tun haben, stiftet oft Verwirrung. Für den einen sind Sonne, Mond und Planeten die Studienobjekte, für den anderen bilden sie nur die Grundlage der Berechnung und Deutung des Horoskops. Die praktischen Erfahrungen mit diesem erhärten die astrologische Grundüberzeugung, daß der Mikrokosmos, unsere irdische Welt, dem Makrokosmos gleicht. Dieser Grundgedanke der Entsprechung durchzieht das Denken in der Antike und findet sich etwa in den mystischen Anschauungen der Hildegard von Bingen ebenso wie beim Gottsucher Jakob Böhme, dem Romantiker Novalis oder bei Goethe. Zu dessen Lebzeiten konnte man unter Gebildeten durchaus noch astrologisches Wissen voraussetzen.

Fundamental ist zweitens die Erkenntnis von der Qualität der Zeit, schon die Bibel wußte: Alles hat seine Zeit und seine Stunde. Geboren werden, heilen, lieben, hassen, sterben ... alles hat seine Zeit. (Prediger Salomo 3. Buch) Jeder weiß, daß es nicht nur günstige, d.h. fördernde Zeiten gibt, sondern ebenso gespannte, kritische Termine. Durchaus wertfrei dagegen, vergleichbar mit der chinesischen Auffassung von yang und yin, ist die Charakterisierung der Zeitqualität nach männlich und weiblich. Entsprechend gibt es sechs positive = »männliche« und sechs negative = »weibliche« Tierkreiszeichen.

Das Wissen der Astrologie ist zwar uralt, in seinen Aussagen zugleich hochmodern: So beruht das astrologische System erstens auf dem Gedanken der Polarität. In jedem Menschen zeigt sich die Polarität männlich/weiblich. Folgende Gegensätze sind augenfällig:

Mann	Frau
Vater	Mutter
zeugen	empfangen
aktiv	passiv
Handlung	Geschehen
hell	dunkel
Tag	Nacht
hart	weich

Selbstverständlich ist der Begriff »aktiv« nicht an das Geschlechtswesen Mann gebunden. Bekanntlich gibt es Männer mit auffallend femininen Eigenschaften wie andererseits Frauen, die viril wirken.

Die zwölf Tierkreiszeichen werden den vier Elementen zugeordnet. Doch unter »Elementen« darf man nicht die chemischen Grundstoffe verstehen. Vielmehr wird ausgedrückt, wie Wille oder Gemüt erregt werden oder reagieren. »Feuer« meint das Feuer des Geistes. Bei den »feurigen« Zeichen Widder, Löwe und Schütze ist es der Wille, der den Geist beherrscht und die Aktivitäten steuert.

»Erde«: Weltlich ist der Trieb, deutlich ausgeprägt die Bindung an die Realität bei Stier, Jungfrau und Steinbock.

»Luft« räumt dagegen immer dem Denken die Herrschaft ein. Bei den »luftigen« Zwillingen, Waagen und Wassermännern bestimmt der Intellekt, wie gehandelt und reagiert wird.

»Wasser« aber symbolisiert das Gefühl; mithin sind es die seelischen Emotionen, die die Handlungs- und Reaktionsweise lenken, so bei Krebs, Skorpion und Fische.

Von diesen Elementen her kann man schließen, wie die zwölf Tierkreiszeichen miteinander harmonieren: Jeweils das vierte (Trigonwinkel) und das zweite (Sextilwinkel) Zeichen sind aufeinander abstimmbar, d.h. vom gleichen Element (Widder und Löwe, beides »Feuer«) bzw. vertragen sich (Widder und Zwillinge, also »Feuer« und »Luft«). Dagegen ist jeweils das dritte Zeichen im Ring des Tierkreises (Quadratwinkel) disharmonisch (Widder und Krebs verhalten sich wie »Feuer« und »Wasser«). Zwischen einander gegenüberliegenden Zeichen (Opposition) herrscht zwar Spannung, doch ergänzen sie sich (Widder und Waage).

Außer nach der Polarität (sechs männliche und sechs weibliche Zeichen in abwechselnder Folge) und der Zugehörigkeit zu den vier Elementen werden im astrologischen System die zwölf Zeichen noch nach ihrer Dynamik bewertet.

Jeweils vier, die einander im Tierkreis gegenüber liegen, sind »kardinal«: Widder, Krebs, Waage und Steinbock, sie sind von starker Intensität. Bei ihnen überwiegt das Prinzip der Selbstbehauptung. Sie sind sehr unternehmend, ruhelos und verfolgen persönliche Ziele bis zur letzten Konsequenz. Vier sind »feste« Zeichen Stier, Löwe, Skorpion und Wassermann. Von mittlerer Intensität verkörpern sie das Prinzip der Zweckmäßigkeit. Daher wird erst nach gründlicher Überlegung gehandelt.

»Bewegliche« oder auch »veränderliche« Zeichen, Zwillinge, Jungfrau, Schütze und Fische sind vielseitig, aber von schwacher Intensität oder Kraftreserve, labil in ihrer Haltung.

Gemäß dieser drei Faktoren ergeben sich die zwölf Kombinationsformen der Zeichen. Sie haben jeweils einen Planeten als Regenten. Sie sind ihm zugeordnet und sind entsprechend seiner Art vorgeformte Zonen.

So ist das erste Zeichen, der Widder, die Zone des Mars. Befindet er sich am Geburtstag hier, kommt sein Wesen als Energie- und Sexsymbol am reinsten zum Ausdruck.

Wer sich die Bedeutung der folgenden Grundprinzipien einprägt, kann ohne Schwierigkeiten die Bedeutung der zwölf Zeichen in jedem Horoskop ergründen. Denn Horoskopieren ist eine Deutungskunst, keine Wissenschaft. Nur die Horoskopzeichnung als solche muß natürlich astronomisch-wissenschaftlich einwandfrei sein.

Zeichen	Regent	Element	Stichwort zum Typ
Widder	Mars	Feuer	Der freiheitliebende Initiator
Stier	Venus	Erde	Der sinnenfrohe, genußfreudige Besitzende
Zwillinge	Merkur	Luft	Der vielseitige Vermittler
Krebs	Mond	Wasser	Der schöpferische Einsame
Löwe	Sonne	Feuer	Der stolze, nach Macht verlangende Dramatiker
Jungfrau	Merkur	Luft	Der naturverbundene Kritiker
Waage	Venus	Luft	Der ästethische Diplomat
Skorpion	Pluto	Wasser	Der leidenschaftliche Kämpfer
Schütze	Jupiter	Feuer	Der vielseitige, zielstrebige Idealist
Steinbock	Saturn	Erde	Der hartnäckige, sammelnde Strebsame
Wassermann	Uranus	Luft	Der menschenfreundliche, hilfsbereite Exzentriker
Fische	Neptun	Wasser	Der bescheidene, oft zerstreute Romantiker

Die zwölf Tierkreistypen treten in der Realität jedoch nie in reiner Form auf. Man muß vielmehr fragen, durch welches

163

Tierkreiszeichen zur Zeit der Geburt der Mond wanderte und welches gerade am Osthorizont aufstieg, d.h. »Aszendent« ist. Welche Positionen nach Zeichen und Feldern (den sog. »Häusern«) nahmen die Planeten ein und welche Winkel bildeten sie untereinander, die sog. »Aspekte«? Der Astrologe untersucht nicht nur die Positionen der Planeten, er bewertet auch ihre Verbindungen untereinander, eben die »Aspekte«.

Bezogen auf den Mittelpunkt der Horoskopzeichnung, in den man sich den Geburtsort oder den Geborenen selbst denken muß, bilden die Planeten Winkel, die »Aspekte«. Als harmonisch gelten sie beim Sextil (60 Grad Abstand) oder Trigon (120 Grad), als disharmonisch oder gespannt beim Quadrat (90 Grad) oder der Opposition (180 Grad). In der Konjunktion stehen beide Gestirne eng zusammen und mischen ihre »Einflüsse«, das heißt ihre symbolischen Bedeutungen.

Bei den astrologischen Planeten, wozu nach altem Sprachgebrauch ebenfalls Sonne und Mond zählen, haben wir es mit Symbolen zu tun. Sie sind Grundprinzipien der in uns wohnenden Kräfte des Lebens. Straßenverkehrszeichen sind auch Symbole. Sie müssen nicht nur einprägsam, sondern vor allem eindeutig sein. Das unterscheidet sie von den Symbolen anderer Art, etwa jenen der wissenschaftlichen Traumdeutung, die uns den Weg in unser Unbewußtes weisen. C. G. Jung hat sie erforscht. Er entdeckte in den Archetypen seelische Urbilder, wie sie auch in Märchen, Mythen und in der Folklore auftauchen. Der Geltungsbereich der astrologischen Planetensymbole ist zwar genau abgegrenzt, doch gibt es zahllose Entsprechungen.

BEDEUTUNG DER ASTROLOGISCHEN PLANETENSYMBOLE

Sonne: Prinzip der Lebenskraft; das Ich; Individualität, Machtstreben; vital, feurig, furchtlos; Vater Gatte; Herz, Kreislauf.

164

Mond: Seele, Gefühl, Phantasie, Sammlung, Wechsel; Mutter, Heimat, Volk; Stoffwechsel, Fortpflanzung, Fruchtbarkeit; Magen.

Merkur: Intelligenz und Zwecksinn; Prinzip der Vermittlung; Sachdenken, Rede, Schrift, Verkehr, Erziehung, jüngere Geschwister; Nerven, Lunge, Arme.

Venus: Prinzip der Harmonie, der Empfindung und Hingabe; Sinnenfreude, Zärtlichkeitsverlangen, Erotik; Geselligkeit, Kunst, Spiel und Spekulation; die Geliebte; innere Sekretion, Sexualfunktionen, Niere, Blase.

Mars: Prinzip der aufbauenden und zerstörenden Energie; Trieb und Drang, Wille, Mut, Heftigkeit, Impuls, Initiative; Soldaten, Techniker, Sportler; der Geliebte; Geschlechtstrieb, Muskelkraft, Unfall, Fieber, Entzündung, Verletzung.

Jupiter: Prinzip der Expansion; Kraft zur Entfaltung, das Lebensoptimum, Hoffnung, Ausgleich, das »Glück«, das Erhabene, Religion, Philosophie, Recht und Gerechtigkeit; die Reife, Fülle; die Leber.

Saturn: Prinzip der Konzentration; Grenzen setzen, Einengung, das Notwendige anerkennen; Verdichtung; Hemmung, Bindung, Angst, Vorsicht; Vater, Bauern; Knochenbildung, Milz, Haut, Gelenke; Erkältung, chronische Zustände, Krankheit, Trennung, Mißtrauen, Isolation.

Uranus: Prinzip des Umschwungs, der Erneuerung, des »Zufalls«, Intuition, das Uralte wie das Ultramoderne, Überraschung, Blitz, Krampf, Katastrophe.

Neptun: Das Grenzüberschreitende, Phantasiekraft, umfassende Menschenliebe, Romantik, Mystik, Inspiration; Illusion, Enttäuschung, Intrige, Schwindel, Schwäche, Rausch, Gifte; Musiker, Schwärmer; Gärungsprozesse, Süchte, Lähmung.

Pluto: »Macht und Masse«, höhere Gewalt, radikale Umgestaltung, Massenpsychose, Kollektivismus.

Die Namen der Planeten sind nicht zufällig die der antiken Götter. Wie Hegel feststellte, sind diese wohl »gedichtet«, aber nicht »erdichtet«. Das heißt: Die »Götter« des Olymps sind wirklich vorhanden, weil sie tatsächlich Kräfte und Eigenschaften des menschlichen Lebens widerspiegeln und verkörpern.

Götter sind Grundprinzipien, die sich außer in ihren anderen Wirkungsweisen auch in ihrem psychologischen Aspekt darzustellen vermögen. Sie sind »Bildekräfte des Kosmos«, als solche kosmobiologische Wirklichkeiten, meint der Schriftsteller Thomas Ring.

Im Horoskop, dem astrologischen Meßbild, sind die Planeten die wichtigsten Deutungselemente. Entscheidend sind die »persönlichen Punkte« des Horoskops, allen voran der Aufgangspunkt oder Aszendent, sodann der Kulminationspunkt, (das MC oder Medium Coeli, die Himmelsmitte).

Aszendent und der ihm gegenüber liegende Deszendent (Untergangspunkt) begrenzen den Horizont, die waagrechte Linie, an der das »1. Haus«, das Ich-Feld und das ihm gegenüberliegende »7. Haus«, das Du-Feld, beginnen.

Das MC markiert die Spitze des »10. Hauses«, aus dem über Beruf, Ruhm und Ehren geschlossen wird, also Mutmaßungen über die maximal erreichbaren Lebensziele. Am gegenüberliegenden IC, (Abkürzung für Imum Coeli), dem Mitternachtspunkt, beginnt das »4. Haus«. Aus ihm urteilt man über Herkunft, Elternhaus, Heim, Heimat und das Alter.

DIE BEDEUTUNG DER ZWÖLF HÄUSER DES HOROSKOPS

1. Haus: Das Ich, der Charakter, der Körper als Werkzeug der Seele, die äußere Erscheinung, Ausdrucksformen des Willens; Konstitution, Habitus, Gesundheit.

2. Haus: Materielle Mittel, Besitz und Reserven, die Ökonomie des Verhaltens im Materiellen, Geld, Kapital.

3. Haus: Geistige Fähigkeiten, Denken, Ausbildung, Umwelt. Traditionell: Kurze Reisen, Briefe, Literatur, Schriftstellerei, Dokumente, Schwester, Brüder, Nachbarn.

4. Haus: Herkunft, Eltern, Heim und Heimat, das eigene

Alter; Vater. Trad.: Haus- und Grundbesitz, Verbindung mit dem Jenseits.

5. Haus: Triebkräfte, Triebverfassung, was aus den Sinnen kommt, Liebe, Handlungen die auf Selbstvertrauen beruhen, Kinder. Trad.: Spekulationen, Wetten, Vergnügen.

6. Haus: Das Notwendige, dem der Körper unterworfen ist: Gesundheit und Hygiene, Widerstandskraft. Trad.: Arbeits- oder Angestelltenverhältnis, Beziehungen zu Mitarbeitern oder abhängigen Personen.

7. Haus: Das Du, der Partner, Ehe, Öffentlichkeit, Bündnisse. Trad.: Teilhaberschaft, Prozesse, öffentliche Kritik.

8. Haus: Bewußtseinsübergänge, Gewinn oder Verlust als Bilanz des Lebens, Tod. Trad.: Erbschaft oder Mitgift, Geheimnisse des Geborenen oder seiner Familie.

9. Haus: Höhere geistige Interessen, Weltanschauung. Trad.: Was fern liegt, weite Reisen, Ausland; Moral, Religion, Behörde.

10. Haus: Beruf (aus Berufung), gesellschaftliche, soziale Stellung, Erfolg, Ansehen. Trad.: Ehren, Auszeichnungen, Vorgesetzte, Eltern.

11. Haus: Wünsche und Hoffnungen. Trad.: Freunde und Bekannte, Protektion, Verbindungen, Vereine.

12. Haus: Prüfungen, Auflösung, Feinde, Besinnung, Läuterung. Trad.: Kummer, Trauer, Witwerschaft, Anfeindung, Hindernisse, Widerwärtigkeiten, unfreiwilliger Aufenthalt in abgeschlossenen Anstalten; Diebstahl, Verleumdung, Karma.

Das Horoskop wird auf die Minute des »ersten Schreies« berechnet. Somit ist für ein komplettes Horoskop die Angabe der genauen Geburtszeit erforderlich, also nicht nur von Tag, Monat und Jahr. Was viele nicht wissen: Die Geburtszeit ist auf dem Standesamt im Register eingetragen und von dort zu erfahren.

Der Gestirnstand wird nun mit Hilfe von Tabellen, den sogenannten Ephemeriden, auf die Geburtszeit berechnet, Horizont und Meridian, damit die zwölf »Häuser« sind auf den Geburtsort festzulegen. Heute kann man das vom Computer erledigen lassen.

Die zeitliche Manipulation der Geburt (Stundenplan im Kreißsaal, keine Geburten zum Wochenende) bedeutet eine Vergewaltigung des Neugeborenen. Nach Paracelsus schaltet sich der Mensch »in der Stunde der Concordanz« (das ist die Übereinstimmung des Unten mit dem Oben) mit seiner Geburt selbst in die jeweilige kosmische Rhythmenlage ein. Sie ergibt sich aus den Konstellationen und ist dann seinem Wesen adäquat.

Das heißt, daß der Mensch dann zur Welt kommt, wenn er geboren werden soll! Auf diesen Zeitpunkt steuert bereits die Empfängnis hin. Horoskope auf diesen Termin ausgearbeitet, funktionieren dagegen nicht. Diese Erfahrung hat man schon im Altertum gemacht.

GEDANKEN ZUM HOROSKOP

Das Erlebnis einer sternklaren Nacht läßt uns ahnen, wie sehr die Menschen sich einst in kosmische Bezügen eingewoben fanden. Im Mittelalter sah man im Studium der Konstellationen ein frommes Werk. Es galt zu ergründen, »was Gott, durch seiner Sterne Schrift am Firmament« den Menschen sagen wollte, was also der »Gang der Gestirne« anzeigte.

1553 übersetzte der Freund und Mitstreiter Luthers, Melanchthon, der in Wittenberg astrologische Vorlesungen hielt, die Tetrabiblos, das Vierbücherwerk des großen Gelehrten Ptolemäus, ins Deutsche und schrieb in seinem Vorwort: »Denn dieses eine steht fest: Wertvoll und wahrhaftig ist die Wissenschaft der Astrologie, eine Krone ist sie des Menschengeschlechts und ihre ganz ehrwürdige Weisheit ein Zeugnis Gottes«.

In den Medien melden sich oft Kritiker der Astrologie zu Wort. Sie berufen sich zumeist darauf, »Wissenschaftler« zu sein. Leider muß man immer wieder feststellen, daß ihr

Urteil nicht auf eigener Prüfung des Sachverhalts beruht. Vielmehr urteilen sie »messerscharf, daß nicht sein kann, was nicht sein darf.« Alle kritischen Argumente wurden schon oft und oft widerlegt. Einen »Beweis« dafür, daß Astrologie »funktioniert«, ergibt sich aus der Tatsache, daß die Horoskope Blutsverwandter (etwa Eltern und Kinder) in den Hauptpunkten einander zehnmal mehr ähneln, als es nach der Wahrscheinlichkeitsrechnung zu erwarten wäre.

Daß unqualifizierte astrologische Prognosen, vor allem die in der Presse, der Sache schaden, liegt auf der Hand. Die »Horoskop«-Spalten heißen zu Unrecht so, denn es handelt sich dabei im besten Falle um Prognosen, bezogen auf die Sonnenposition am Geburtstag. Prognosen, die sich jeweils auf ein ganzes Zeichen beziehen, haben keinerlei Wert. Ihre Deutung berücksichtigt nicht die Geburtstage. Unzulässig wird somit das verallgemeinert, was nur für den einen oder anderen Bogengrad gilt. Dieses wird für ein ganzes Zeichen (also für 30 Grade) genommen. Problematisch ist bei den »Sonnenhoroskopen« die Differenzierung nach Liebe, Geld, Beruf. Erkennen lassen sich nach dem Sonnenstand dagegen allgemeine positive oder negative Trends. Sie realisieren sich entsprechend der individuellen Situation.

Solche Prognosen werden gewonnen, in dem man die »laufenden« Planeten in Beziehung zur Sonnenposition setzt. Nur im individuellen Horoskop können auch der Mond und die anderen Planeten berücksichtigt werden, vor allem auch die »Transite«, d.h. Übergänge, über Horizont (Asz) und Meridian (MC). Eine komplette astrologische Trendprognose kann helfen, im voraus abzuschätzen, welche Verhaltensweise der jeweiligen Situation gerecht werden könnte, ob man etwa finanziell expandieren sollte, ob partnerschaftlich Zurückhaltung angezeigt wäre oder nicht, ob eine Heilkur anschlagen könnte etc.

Am besten »funktionieren« Horoskope bei Fragen zur Partnerschaft. Vergleicht man zwei Horoskope miteinander, kam man vor allem sehen, ob sich die Eigner geistig verstehen, ob die Ehe also »ein Gespräch« ist, wie Thomas Mann es forderte. Man kann abschätzen, wie weit die Partner emotional harmonieren und schließlich und endlich, wie es um die erotisch- sexuelle Übereinstimmung bestellt ist.

In dem Zusammenhang urteilte der bekannte Psychoanalytiker Fritz Riemann: »Astrologie kann eine Hilfe sein, ›leben zu lernen‹; sie vermittelt uns einen Zugang zu uns selbst und zu anderen, den wir so nicht bekommen; sie kann uns menschlicher, verständiger und toleranter machen – welche Wissenschaft kann das von sich sagen?«

Außen an der Orakelstätte von Delphi war die Forderung eingeschrieben: »Erkenne Dich selbst!« War man eingetreten, las man: »Werde der, der Du bist!« Nichts anderes meint die richtig verstandene Forderung nach Emanzipation. Denn muß man sein Naturell vergewaltigen, Absichten unterdrücken, können Neurosen bzw. psychosomatische Beschwerden entstehen. Die uralte Astrologie greift diese moderne Forderung auf. Sie zeigt den Weg zum wahren Selbst.

DIE STERNE DER GEORGE SAND

Obwohl sie zum Entsetzen ihrer Zeit Hosen trug und Zigarren rauchte, ging sie als eine der großen Liebenden in die Kultur- und Literaturgeschichte ein: Amandine Aurore-Lucie Baronne Dudevant, geborene Dupin, bekannter freilich unter ihrem männlichen Decknamen George Sand (nach Jules Sandeau, mit dem sie ihren ersten Roman verfaßt hatte).

Die Nachfahrin des Marschalls Moritz von Sachsen, somit auch König Augusts des Starken und der Aurora von Königsmarck, war die Geliebte Alfred de Mussets und stand anderen Großen ihrer Epoche nicht weniger nahe: Honoré de Balzac, Frédéric Chopin, Franz Liszt, Gustave Flaubert, um nur einige der bekanntesten zu nennen. Das Wesen einer so auffallenden Persönlichkeit muß sich auch in einem entsprechenden Horoskop spiegeln. Die Zeitungsastrologie mit ihren zwölf Menschentypen hülfe da allerdings nicht weiter.

George Sand wurde am 1. Juli 1804 um 21.48 Uhr in Paris geboren. Allerdings ist es richtig zu sagen, daß George Sand als eine Krebsgeborene gilt, weil ihr Geburtstag in jene Periode fiel, in der die Sonne alljährlich zwischen 22.6. und 22.7. durch das Tierkreiszeichen Krebs zieht. Was nun den Krebstyp angeht, dem George Sand aufgrund ihres Sonnenstandes zugeordnet werden muß, werden ihm starke Gefühle zugeschrieben, doch werden sie nur ungern gezeigt. Zurückhaltung ist ein Hauptwesenszug, denn das Innenleben ist weit intensiver als die äußere Erscheinungsform. Das Gefühl und damit Launen (von lat. »luna«, der Mond abgeleitet) und die Phantasie bestimmen ohne Zweifel die Entschlüsse

171

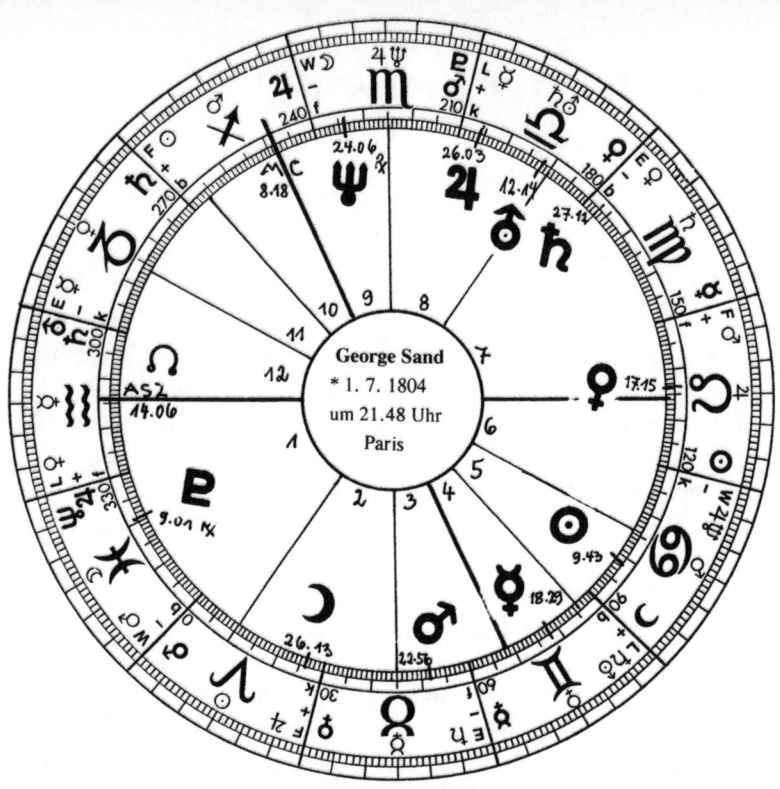

und Handlungen. Dieser romantische Typ hängt sehr an der Vergangenheit und am Elternhaus.

George Sand hatte sich zu Ihrer Geburt einen sehr »männlichen« Termin ausgesucht. Der Mond (☾), Symbol des Gefühlvollen, der Phantasie und des Wechsels, stand im Widder (♈), einem »männlichen« Feuer- d.h. Willenszeichen, das vom Trieb- und Sexsymbol Mars (♂) beherrscht wird. Dieser Planet selbst aber war am Geburtstag im Stier (♉), einem Venusfeld und »weiblichen« Zeichen. Außerdem befand sich Mars (♂) in kritischer Distanz (im sogenannten Quadrataspekt) zu Venus (♀), dem Symbol der Harmonie. Dieser so angezeigten »falschen Polung« entspricht u.a., daß George Sand feminine Männer liebte. Es mag ein maskuliner, ein väterlicher Instinkt gewesen sein, der sie in ihren Liebesbeziehungen die aktive, männliche Rolle übernehmen ließ.

172

Im Horoskop George Sands hat Merkur (☿), das Symbol für Intelligenz, für geistige und körperliche Beweglichkeit, für Reden und Schreiben, für Kommunikation seinen Platz in seinem eigenen Zeichen Zwillinge (♊), ein guter Hinweis auf die schriftstellerische Begabung. George Sand schrieb 180 Werke, nicht gerechnet die Zeitungsartikel, verfaßte etwa 40 000 Briefe, von denen 15 000 erhalten sind.

Der Astrologe untersucht nicht nur die Positionen der Planeten, er bewertet auch ihre Verbindungen untereinander, die sogenannten »Aspekte«. Als George Sand geboren wurde, waren Merkur (☿) und Uranus (♅) in dem als harmonisch geltenden Winkel von (annähernd) 120 Grad. Ein solcher »Aspekt« (d.h. lat. Anblick) spricht für brillante Ideen, für rasche Wendungen und Wechsel im Beruf, für eine zukunftsorientierte Einstellung. Denn Uranus, der Regent des Zeichens Wassermann (♒), ist Symbol für Intuition und Humanität, für das Uralte wie Ultramoderne, für progressive Ideen, für Umgestaltung und Revolution. Diese Konstellation läßt die Art und Weise der politischen Einstellung George Sands erkennen. Leidenschaftlich wie keine andere französische Schriftstellerin setzte sie sich für die modernsten Ideen und Ideale ihrer Zeit ein, verfolgte feministische und sozialkritische Ziele, trat ein für die Rechte der Abhängigen.

Als George Sand geboren wurde, stieg im Osten der Wassermann auf. Der »Aszendent« ist der eigentliche »persönliche« Punkt, abgeleitet vom griechischen Wort persona, womit man die Masken bezeichnete, unter denen in der Antike die Schauspieler auftraten. Wie nun der Aszendent eines Menschen ist, so tritt er auf, bewegt er sich in seinem Milieu und wird er von den anderen beurteilt.

George Sand zeigte sich denn auch viel weniger nach der Art Ihres Sonnenzeichens, des Krebses. Ihren Zeitgenossen mußte sie, schon durch ihr männliches Outfit, als eine »Wassermann-Dame« erscheinen, ein ganz individueller Typ, nämlich »anders als die anderen«. Merkur (☿) wie Uranus (♅) flankierten durch harmonische Winkel diesen Punkt (Asz).

173

Und dennoch eine »große Liebende«: Venus (♀), der Stern der Liebe, ging gerade zur Zeit der Geburt unter, damit ebenfalls in Aspekten mit Uranus und Merkur. Diese bezeugen ungewöhnliche Liebesbindungen, auch solche mit Altersunterschied, Kunstsinn, Kreativität, die sich auch als Raffinesse in Erotik und Genuß wie im Bekennen freier moralischer Ansichten äußerte. Typisch für diese Konstellationen sind romantische, durchaus tiefe Partnerbeziehungen.

Alfred de Musset, dem Dichter der Jugend und des Weltschmerzes, dem Liebling der Damen, einem Dandy, elegant, schön und ausschweifend, doch auch sensibel, zärtlich und geistvoll, fühlte sich ihre romantische Seele verwandt. Er schrieb ihr: »Ich habe Ihnen etwas Dummes und Lächerliches zu sagen... Ich bin in sie verliebt. Ich liebe Sie seit dem ersten Tag, da ich bei Ihnen war...Tatsache ist, daß ich leide...Es gibt Tage, an denen ich mich töten möchte, aber ich weine, Tage, an denen ich schallend lache, aber zum Beispiel nicht heute. Leb wohl, George, ich liebe Sie wie ein Kind!« Diese leidenschaftliche Liebesbeziehung ging als »Liebesdrama von Venedig« in die Literaturgeschichte ein.

Im Horoskop einer Dame ist die Verspannung der Geschlechtsplaneten Mars (♂) und Venus (♀) fast immer ein untrügliches Zeichen für aufgestacheltes sexuelles Begehren, für einen Widerstreit von Mögen und Können, für Überschneidungen von Aktivität und Passivität. Die hochgespannte Wachheit der Sinne ist im Alltag nicht einzuordnen, das Triebleben ist kompliziert, Fehlgriffe in der Partnerwahl führen zu nachteiligen Konsequenzen.

Nicht anders bei ihrer Liebe zu Chopin. Er bekannte: »Sie schaute mir tief in die Augen, während ich spielte. Es war eine traurige Musik, Donaulegenden; mein Herz tanzte mit ihr durch das Land. Und ihre Augen in die meinen versenkt, dunkle, seltsame Augen, was sagten sie? Sie stützte sich auf den Flügel, und ihre glühenden Blicke umfingen mich... Blumen ringsum. Mein Herz war gefangen!« Daß der gemeinsame Winter auf Mallorca in die Literaturgeschichte einging, weist auf die Chance, sich tiefe, auch unglückliche Erlebnisse in der Partnerschaft von der Seele schreiben zu können. George Sands »Berufsfeld« (wozu der Mensch berufen ist) liegt im Schützen (♐), dem Zeichen Jupiters (♃). Und dieser Planet ist harmonisch mit Merkur (☿) verbunden. Das bezeugt ihren literarischen Ruhm. Jupiter (♃) aber stand auch dem Mond gegenüber. Ein Aspekt, der Popularität ebenso verrät wie die Gefahr, in öffentliche Skandale verwickelt zu werden. Als Republikanerin stand sie in Opposition zu jedem König ihrer Zeit, war es der »Bürgerkönig« oder der Usurpator Napoleon III. Ihre Angriffe auf die Gesellschaft trugen ihr Feindschaften ein. »Daß sich einige Männer in diese Kloake vernarren konnten, ist wohl ein Beweis für den Tiefstand der Männer unseres Jahrhunderts«, urteilte Charles Baudelaire 1857. Wogegen 1881 Fjodor M. Dostojewski sich rückschauend erinnerte, daß sie »fast den ersten Platz einnahm in der Reihe jener ganzen Plejade neuer Schriftsteller, die damals plötzlich berühmt wurden und deren Ruhm ganz Europa durchflog.« Sie habe »seinerzeit Entzücken und Verehrung...Freuden, ja, Glück« in ihm ausgelöst, bekannte er. Heinrich Heine war von Ihrer Schönheit entzückt.

Die Deutung eines Horoskops muß immer komplex sein und darf sich nicht im Herausstellen von Einzelheiten erschöpfen, wie das bei Deutungen etwa durch den Computer der Fall ist. Faßt man die Aussagen bezüglich Merkur, Jupiter, Mond, Venus, Aszendent und MC (das ist der Meridian) zusammen, ergibt das ein recht plastisches Bild einer uns ganz modern anmutenden Kämpferin, die sich sowohl für die Beseitigung der Klassenschranken in der Gesellschaft einsetzte wie sie auch für die außereheliche Liebe eintrat. Ihr Kampf galt der bürgerlichen Scheinmoral. Des Merkurs Trigonaspekt zu Jupiter (♃) erklärt, warum sie meisterhaft ihre Dorfromane gestaltete wie auch jene, die in der großbürgerlichen oder aristokratischen Gesellschaft spielten. Seit 1850 machte sie ihren Wohnsitz, das ererbte Schloß Nohant, zu einem Treffpunkt von Künstlern und Literaten (typisch bei Merkurs Anwesenheit im 4. Haus).

Nachdem Napoleon III. an die Macht gekommen war, zog sie sich zwar insofern zurück, als sie in ihren Büchern keine politischen Ideen mehr verarbeitete. Weil sie aber viel Geld brauchte, um ihren großzügigen Lebensstil durchzuhalten, arbeitete sie mit ungeheurem Fleiß. George Sand gehörte zu den bestbezahlten Autoren ihrer Zeit, aber auch zu jenen, die den größten Arbeitseinsatz zeigten. Darin ähnelte sie Honoré de Balzac und dem älteren Alexandre Dumas. Ihre Romane erschienen zunächst in Zeitschriften, dann als Buchausgabe und schließlich als Bühnenstücke. In ihrem lebendigen Stil zeichnete sie ideale Gestalten von guten und bösen Menschen, liebenswerte ländliche Idylle, alles ganz im Geschmack ihrer Zeit.

Die Krebssonne im 5. Haus ihres Horoskops weisen George Sand nicht nur als große Liebende aus, die noch im Alter Liebhaber hatte, sondern zeigt auch, daß Kinder ihr Schicksal waren. Mit ihrer egoistischen und den Luxus liebenden Tochter Solange hatte sie kein Glück. Um deren Hochzeit mit einem verschuldeten Bildhauer zu bezahlen, schrieb sie die noch heute lesenswerte Geschichte ihres Lebens.

Der berühmte Altersfreund dieser leidenschaftlichen Frau war Gustav Flaubert. Ihre Freundschaft dauerte bis zu George Sands Tod am 8. Juni 1876.

WAR GOETHE HOMOSEXUELL?

Eine Buchbesprechung im Herbst 1997 nahm »Bild am Sonntag« zum Anlaß, knallig zu titeln: »War Goethe schwul? Der Bonner Journalist Karl Hugo Pruys untersuchte das Sexualleben des Dichterfürsten und fand Erstaunliches heraus.«[1]

Nach Helmut Böger, dem BamS-Artikelschreiber, bezieht sich der Titel auf einen Brief des Arztes Johann Georg Zimmermann, den Pruys zitiert: »Die Liebkosungen von Goethe schienen mir die Liebkosungen eines Tigers. Man faßt unter seiner Umarmung immer an den Dolch in der Tasche.«

Pruys ist überzeugt, daß Goethe nur mit seiner Ehefrau Christiane, geborene Vulpius, sexuelle Kontakte hatte, sonst mit keiner Frau. Für die Beziehung zu Charlotte von Stein mag das zutreffen, obwohl sie gewiß hochgradig erotisch war. Zu beachten ist wohl auch, daß Goethe hinsichtlich seiner Liebschaften sich ungern direkt äußerte. Hätte er sich zur Homosexualität bekannt, wäre er damals unweigerlich gesellschaftlich geächtet worden. Ohnedies war Diskretion Goethes Stil. Man denke an seine Beziehung zu Marianne von Willemer. Erst lange nach Goethes Tod hat sie ihrer beider Liebesgeheimnis offenbart.[2] Das sehnsuchtsvolle Begehren des alten Geheimrats (74) nach der jungen Ulrike von Levetzow (19) war eindeutig einseitig, inspirierte ihn aber zu seiner Marienbader Elegie, der schönsten und reifsten Liebesdichtung.

Einen Liebhaber Goethes glaubt Buchautor Pruys in dem Philosophen Friedrich Heinrich Jacobi (*25.1.1774 in Düsseldorf †10.3.1819 in München) aufgespürt zu haben.

Auf seiner Rheinreise im Sommer 1774 lernte Goethe den

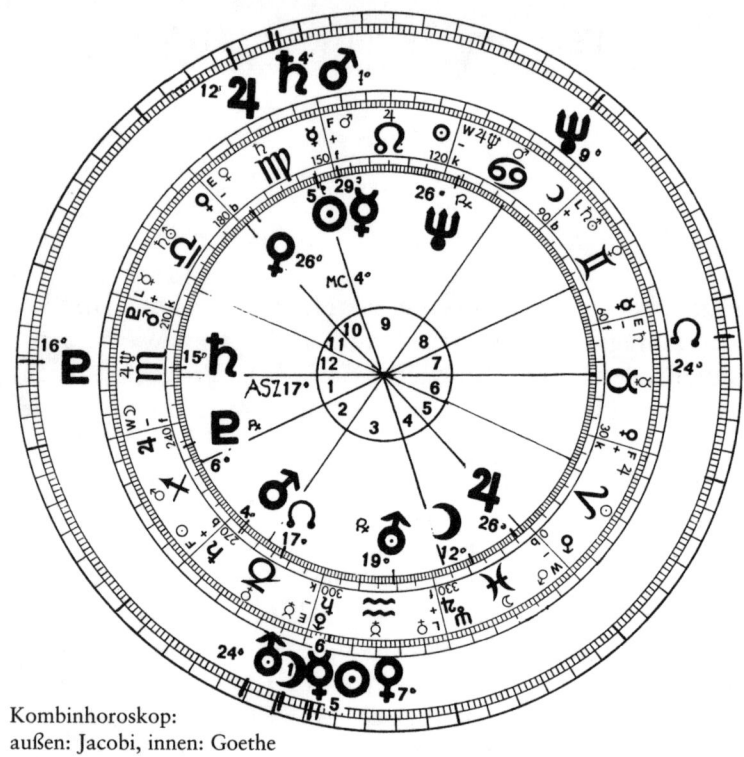

Kombinhoroskop:
außen: Jacobi, innen: Goethe

Schriftsteller und Besitzer des Gutes Pempelfort bei Düsseldorf kennen. Er sollte spontan einen enthusiastischen Freundschaftsbund mit dem sechs Jahre älteren Jacobi schließen. Goethe hatte gerade Werthers Leiden geschrieben, aber noch nicht veröffentlicht. Er war durchaus noch ein Suchender, wenn auch schon auf dem Weg zum großen Ruhm. Die beiden Männer entdeckten viele geistig-weltanschauliche Gemeinsamkeiten.

Friedrich Heinrich Jacobi. Als Philosoph vertrat Jacobi einen individuellen Realismus der von äußeren moralischen Gesetzen unabhängigen Persönlichkeit. Darin stand er der religiösen Lebensauffassung und Weltanschauung Hamanns nahe. Als »Magus des Nordens« bekannte sich dieser Philosoph zu den Gewalten des Gefühls und des Glaubens. Als Gefühlsmensch fühlte sich Goethe daher angezogen. Auch er kannte die Macht eines Dämons. Wer ihm folgt, ist tödlich bedroht. Das ist auch das Konzept der großen Dichtungen vom Götz über den Werther bis zum Tasso. Erst später wurde die Freundschaft der beiden Männer durch grundsätzliche Meinungsverschiedenheiten getrübt. Zunächst jedoch war die geistige Übereinstimmung ein starkes einigendes Band.

Leider ist von Jacobi die Geburtszeit nicht bekannt, so daß von seinem Horoskop weder der Verlauf des Horizonts (Aszendent) noch des Meridians (Himmelsmitte, Kulminationspunkt) noch die genaue Position des Mondes errechnet und gedeutet werden können. Die Konstellation am Mittag des 23.1.1743 muß daher für einige astrologische Aussagen genügen.

Zuvor wäre zu klären, wie weit bei beiden Männern eine homosexuelle oder mindestens homophile Veranlagung aus dem Horoskop erkennbar wäre.

Homosexuelle haben in der Regel eine intensive Mutterbindung, auf die eine starke Mondposition im Horoskop hinweist. Doch selbstverständlich ist eine betonte Mondstellung für sich genommen noch kein Indiz. Schließlich kann auch bei Heterosexuellen der Mond markant sein. Bei Goethe war dieser zur Zeit der Geburt in den Fischen und zwar im 4. Sektor. Dieser Bereich hat Bezug auf die Eltern, vor allem auf die Mutter. Aufgewertet wird die Stellung des Mondes durch harmonische Winkelverbindung zum ASZ und zu Saturn, sodann durch die Nähe Jupiters. An einer solchen Mondstellung ist ablesbar, wie sehr Goethe Gefühlsmensch war, ebenso, daß er sich seiner Mutter stärker verbunden fühlte als dem Vater. »Vom Vater hab ich die Figur, des Lebens ernstes Führen, vom Mütterchen die Frohnatur, die Lust zu fabulieren.«

Des Lebens ernstes Führen steht hier für einen ganz bestimmten Lebensstil, vor allem für die Neigung zu vorsichtigem, eher abwartendem Verhalten. Wenn Saturn und Mond sich wie bei Goethe in harmonischer Distanz befinden, läßt dies eine feste Basis des Charakters erwarten. Das Verhältnis von Wille und Gefühl ist harmonisch, die innere

179

Verfassung, sowohl gesundheitlich wie geistig-seelisch, ausgewogen. Solche Menschen schlagen selten über die Stränge, denn sie schätzen feste Normen des Verhaltens.

Friedrich Heinrich Jacobi hat den Wassermann durch Sonne, Merkur, Venus und, wenn er nach dem Mittag geboren wurde, auch durch den Mond besetzt. Das spricht für ungewöhnliche Neigungen und ebensolches Verhalten, auch für Experimente in der Liebe, doch vor allem aber für einen starken Drang nach Unabhängigkeit. Goethes Venus ist durch Jacobis Uranus im Trigonaspekt angesprochen, also war es eine plötzlich aufflammende Sympathie. Es dominierte der Reiz des Außergewöhnlichen, eine Faszination, die Außenstehende nicht nachvollziehen können. Doch das muß nicht Homosexualität heißen. Es fehlen die dafür typischen Mondkonstellationen. Die beiden Marspositionen harmonisch verbunden, weisen eher auf eine Männerfreundschaft. Auf den Platz von Goethes Sonne fällt der Saturn- und Marseinfluß von Jacobi. Damit war nicht nur die spätere Trennung vorgegeben: Was beide Männer verband, war eine gewiß ganz ungewöhnliche, besondere Freundschaft, die mehr von Jacobi ausging. Allenfalls war er der sexuelle Experimentator, nicht Goethe.

Pruys sieht ein wesentliches Indiz für die vermeintliche Homosexualität Goethes in einigen Briefen, die Goethe und Jacobi wechselten. Stets hätte Goethes Schlußformel gelautet: »Lebe wohl und liebe mich wie von jeher.« Auch schrieb Goethe einmal: »Du hast gefühlt, daß es mir Wonne war, Gegenstand Deiner Liebe zu sein... Laß meine Briefe nicht sehen!« Es ist die Zeit Werthers. Die Jungen waren schwärmerisch. Goethes »Die Leiden des jungen Werthers« traf das Zeitempfinden, rief nicht nur eine Werthermode hervor, sondern äußerte sich auch in der Art, wie sich die jungen Leute gaben. Goethes Briefstellen entsprechen dem damaligen Verständnis von Freundschaft. Es wäre überzogen, daraus eine homosexuelle Neigung abzuleiten. Sie ist auch astrologisch nicht erkennbar.

ULRIKE VON LEVETZOW –
GOETHES LETZTE LIEBE

———————
———————
———————

Goethe nimmt Abschied von Marienbad in Böhmen, der ihm in vielen Jahren liebgewordenen deutschen Bäderlandschaft. 5. September 1823, an diesem Tag nun bestieg Goethe die Kutsche, die ihn nach Eger bringen sollte, von dort würde es über Hof nach Weimar weitergehen. In den letzten Tagen war ihm das Herz schwer geworden, seit ihm bewußt wurde, daß Ulrike seinen durchaus ernstgemeinten Heiratsantrag nicht annehmen mochte. Der Gedanke an eine Verbindung sollte ihn jedoch noch lange beschäftigen, auch wenn ihm die Ablehnung bald zur schmerzlichen Gewißheit wurde. Den Gepflogenheiten der Zeit entsprechend, hatte er nicht selbst um Ulrikes Hand angehalten, ja, Goethe hatte nicht einmal selbst mit der begehrten Braut über seine Absichten gesprochen. Er hatte vielmehr den honorigsten Brautwerber, seinen Großherzog Karl August, gewonnen und für sich ins Feld geschickt. Der war denn auch angetan mit allen Orden bei Ulrikes Mutter, der Freifrau Amalie von Levetzow, damals 35 Jahre alt, erschienen. Madame fühlte sich geehrt, gab aber ausweichende Antwort, erbat Bedenkzeit, denn Ulrike sollte befragt werden. Diese aber war von der Werbung überfordert. Zwar hatte ihre Mutter schon mit 14 Jahren geheiratet, doch Ulrike fühlte sich mit ihren 19 Jahren noch keineswegs reif für eine Ehe. 1821 hatte sie den Herrn Geheimrat kennengelernt, damals mit 17 ein naives, völlig unbefangenes blondes, reizvolles Mädchen, etwas schmal mit großen blauen Augen und einer feinen Nase. Es ist ein Habitus gemäß dem Aszendenten Jungfrau ihres Horoskops:

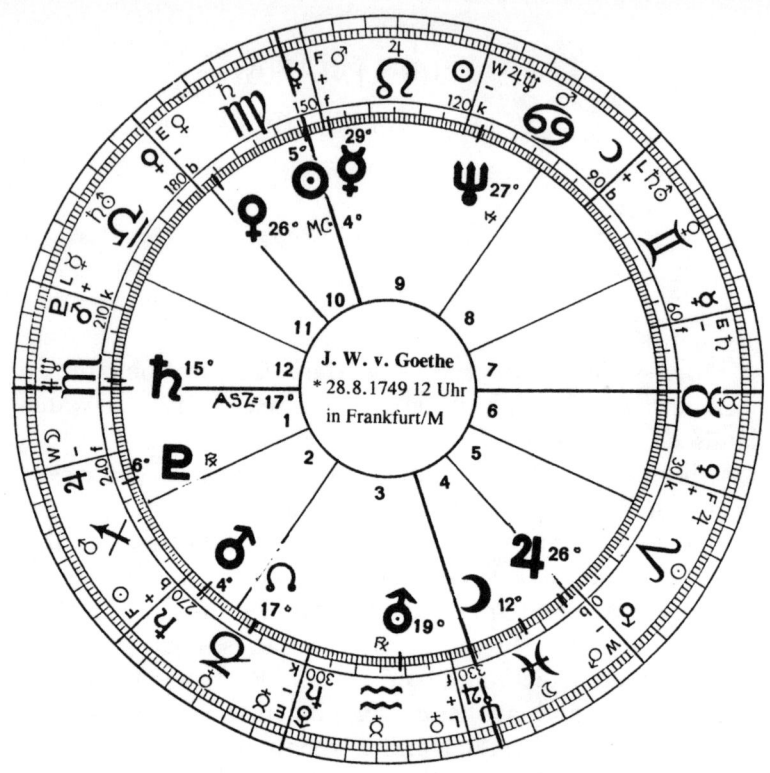

Ulrike von Levetzow wurde am 4. Februar 1804 um 20.25
Uhr im Schloß Löbnitz nahe Leipzig geboren. Ihr Horoskop
zeigt die Sonne mit Merkur im Wassermann. Der Mond
stand bei Neptun im Skorpion, beide mit Merkur verspannt.
Daran ist die Neigung ablesbar, die Eingebungen der Phantasie, die ohne Frage vorhandene Kreativität, vom Intellekt
her nur unzureichend zu bewältigen. Alle Gestirne waren
zum Zeitpunkt der Geburt unter dem Horizont, eine mehr
introvertierte Grundhaltung anzeigend. Auf eine eher ernste
Grundstimmung des Naturells deutet auch Saturn in der
Waage, da er als erstes Gestirn nach der Geburt aufsteigen
sollte. So war sie denn zwar von heiterem Gemüt, durchaus
dem Trigon von Jupiter mit Venus entsprechend, jedoch
nicht lustig.

Die anmutige Ulrike zeigte sich an Goethes Aktivitäten in

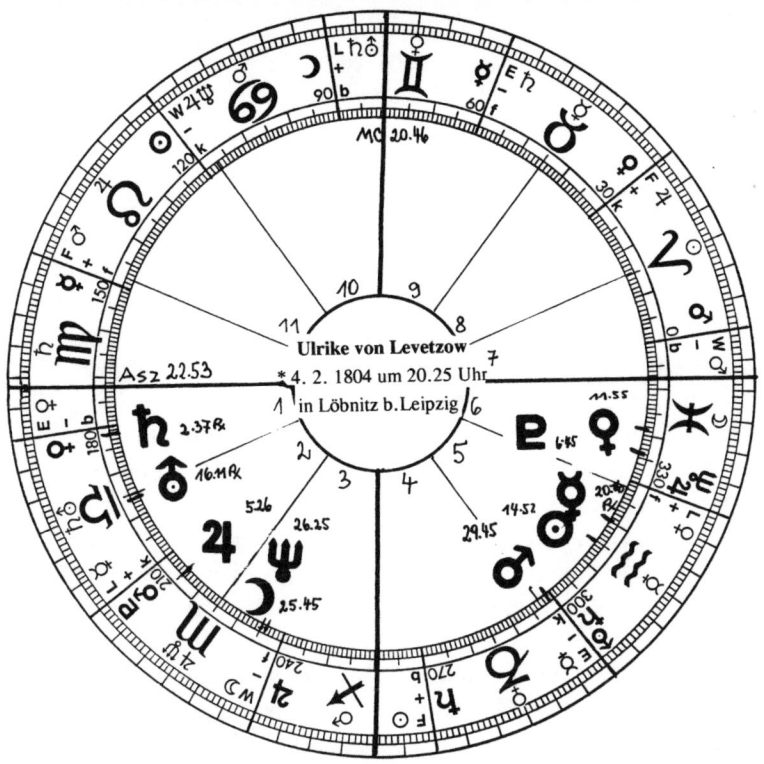

Ulrike von Levetzow
* 4. 2. 1804 um 20.25 Uhr
in Löbnitz b. Leipzig

Marienbad interessiert, so an seinen Wanderungen oder an den naturwissenschaftlichen Beobachtungen. Sie hatte einen großen Einfluß auf den Geheimrat. Wer ihm vorgestellt werden wollte, mußte sich an Ulrike wenden, der Goethe keine Bitte abschlug. Die gesellschaftliche Beachtung mag das Selbstgefühl des Backfischs aufgewertet haben. Im Horoskop sind Mars und Saturn harmonisch verbunden. Das zeigte sich später, als Ulrike im mittleren Lebensalter als eine vorzügliche Reiterin galt, die zu Parforcejagden einlud. Über die für ihr Leben und für die Literaturgeschichte so bedeutsame Zeit reflektierte Ulrike spät, vermutlich erst nach ihrem 90. Geburtstag:

»...ich erinnere mich nicht recht, ob in diesem Jahre (1822) oder erst im darauffolgenden der Großherzog von Weimar, welcher ja so befreundet mit Goethe war, auch nach Marienbad kam; doch daß er in unserem Haus wohnte, das weiß ich, wie auch, daß das Haus noch nicht den Namen ›Stadt Weimar‹ erhalten hatte. Ich sagte schon, daß der Großherzog sehr befreundet mit meinen Großeltern und meiner Mutter war, auch hatte er uns schon als Kinder öfters gesehen. Er war mit uns allen sehr freundlich und gnädig, und er war es, welcher meinen Eltern und auch mir sagte, daß ich Goethe heiraten möchte. Erst nahmen wir es für Scherz und meinten, daß Goethe sicher nicht daran denke, was er widersprach und oft wiederholte, ja selbst mir es von der lockendsten Seite schilderte, wie ich die erste Dame am Hof und in Weimar sein würde, wie sehr er, der Fürst, mich auszeichnen wolle, er würde meinen Eltern gleich ein Haus in Weimar einrichten und übergeben, damit sie nicht von mir getrennt lebten, für meine Zukunft wolle er in jeder Weise sorgen; meiner Mutter redete er sehr zu und später hörte ich, daß er ihr versprochen, daß, da aller Wahrscheinlichkeit ich Goethe überleben würde, er mir nach dessen Tod eine jährliche Pension, 10 000 Taler, aussetzen wolle. Meine Mutter hatte sich aber fest vorgenommen, keine ihrer Töchter zu einer Heirat zu überreden und zu bestimmen, doch sprach sie darüber mit mir und frug mich, ob ich mich wohl dazu geneigt fühle, worauf ich ihr erwiderte: ob sie es wünsche, daß ich es tue; ihre Antwort war: ›Nein, mein Kind, Du bist noch zu jung, daß, ich Dich schon jetzt verheiratet sehen mögte; doch ist der Antrag so ehrenvoll, daß ich auch nicht, ohne Dich darüber zu fragen, ihn abweisen kann; Du mußt es dir überlegen, ob Du in einer solchen Lage den Goethe heiraten (willst)‹. Ich meinte, ich brauche keine Zeit zu überlegen, ich hätte Goethe sehr lieb, so wie einen Vater, und wenn er ganz allein stünde, ich daher glauben dürfte, ihm nützlich zu sein, da wollte ich ihn nehmen; er habe ja durch seinen Sohn, welcher verheiratet sei und welcher bei ihm im Haus lebt, eine Familie, welche ich ja verdrängte, wenn ich mich an ihre Stelle setze; er brauche mich nicht, und die Trennung von Mutter, Schwestern und Großeltern würde mir gar zu schwer; ich hätte noch gar keine Lust zu heiraten. So war es

184

abgemacht. Goethe selbst sprach nie darüber, weder mit meiner Mutter noch mit mir, wenn er mich auch seinen Liebling nannte, doch meist sein liebes Töchterchen.« Ulrike schließt ihre Reminiszenz mit der Feststellung: »Keine Liebe war es nicht.« Die ungewohnte Formulierung erklärt sich aus Ulrikes Umgang mit dem tschechischen Personal auf Schloß Trieblitz, ihrem späteren Wohnort, da die tschechische Sprache die doppelte Negation kennt. Ulrike hat sie wohl verwendet, um zu unterstreichen, daß es keine Liebschaft war, die sie mit Goethe verband.

Hoch betagt verstarb Ulrike von Levetzow am 15. November 1899 um 5.30 Uhr auf dem zwölf Kilometer von Lobositz entfernten Schloß Trieblitz, das sie von ihrem Stiefvater Graf Klebelsberg geerbt hatte.

Wäre Goethe nicht in Ulrikes Leben getreten, würde dieses von der Nachwelt unbeachtet geblieben sein. Doch so ist ihr bei aller Durchschnittlichkeit ein Platz im Konversationslexikon sicher. Bei Goethe lagen die Dinge anders.

Die 55 Jahre Altersunterschied schreckten ihn nicht. Ausdrücklich hatte er sich vom Arzt bestätigen lassen, daß er gesund und fähig zu einer Ehe sei mit ihr, der »Lieblichsten der lieblichsten Gestalten«. Souverän stand er über dem Getuschel und der unverhohlenen Kritik, als sich in Marienbad seine Werbung herumsprach, nicht zu reden von der Eifersucht seiner Familie, die um ihr Erbe bangte.

In der »guten alten Zeit« war es üblich, daß Herren reiferen Alters sich eine jüngere Frau zur Gattin nahmen, nach Goethe zu recht: »Einem bejahrten Manne verdachte man, daß er sich noch um junge Frauenzimmer bemühte. ›Es ist das einzige Mittel‹, versetzte er, ›sich zu verjüngen, und das will doch jedermann«.

Als Goethe im September 1823 von Marienbad Abschied nahm, war ihm bewußt, daß er nun mit 74 Jahren die Schwelle zum Alter endgültig überschritten hatte.

Schon in der Kutsche zog er die Summe seiner abschlie-

185

ßenden Erfahrungen in dem Werk, das als »Marienbader Elegie«, zu einer poetischen Sternstunde wurde. Er resümiert:

> Mir ist das All, ich bin mir selbst verloren,
> Der ich doch erst den Göttern Liebling war;
> Sie prüften mich, verliehen mir Pandoren,
> So reich an Gütern, reicher an Gefahr;
> Sie drängten mich zum gabeseligen Munde,
> Sie trennten mich und richten mich zu Grunde.

Goethe war innerlich zerrissen, hat nie in seinem Leben tiefer gelitten. So warf ihn eine Nervenkrankheit nieder. Die Ärzte warteten sogar auf seinen Tod. Doch er überwand sein seelisches Leid. Immer wieder ließ er sich seine Elegie vorlesen, in der er sein Geschick dichterisch aufgearbeitet hat. Es war ein Akt der Selbstheilung. Noch zwei Jahre später notierte er am 30. November 1825 in sein Tagebuch: »Die Elegie gelesen und wieder gelesen«.

DAS GESCHEHEN IM LICHT DER ASTROLOGIE

Zu berechnen und zu deuten sind die Konstellationen der beteiligten Personen, also die Geburtshoroskope sowie das kosmische Geschehen im Hinblick auf die entsprechenden Lebensalter und auf den zeitlichen Ablauf. Gehen wir zunächst in das Jahr 1821 zurück. Goethe damals wohl in Marienbad gewesen und hatte auch einen engeren Kontakt zu Amalie von Levetzow und ihren drei Töchtern. Der war zwar herzlich, hielt sich jedoch im Rahmen der gesellschaftlichen Konventionen. 1822 sah Goethe die Levetzows nicht, doch verdient dieses Jahr eine astrologische Würdigung, um Goethes Neigungen besser zu verstehen. Der Planet Neptun war dominant. Bei seinem Lauf durch den Tierkreis pendelte er (vor allem um die Monate Januar, August, Oktober und November) über den Platz des Mars in 3°33' Steinbock in

Goethes Geburtshoroskop. Als er geboren wurde, hatten beide Gestirne keinen gemeinsamen Aspekt, weswegen die 1822 auftretende Konjunktion auch nicht gravierend war. Mars ist das Energiesymbol, Neptun steht für feingeistige Einflüsse, Medialität, für Schwächen, auch für Illusion und Täuschung. In der Kombination mit Mars wird in solchen Zeiten selten eine gravierende Entscheidung getroffen, eher ist man verunsichert oder sieht sich in seinen Aktivitäten gelähmt. Nun machte sich aber in der zweiten Jahreshälfte 1822 auch Uranus bemerkbar, Symbol jener großen Kraft, die plötzlich und mit Vehemenz in Erscheinung tritt. Das wird häufig als »Zufall« erlebt oder bringt einen besonderen Impuls. Uranus schritt im September 1822 über den Platz des Mars, wodurch die negative Periode neptunischer Lethargie unterbrochen wurde. Um Juli und November 1822 stellte sich Uranus ins Trigon zur Sonne am MC in 5° Jungfrau. Unter solchen »Einflüssen« werden plötzlich neue Pläne geschmiedet, stellt man sich neue Ziele oder brechen Barrieren. Damit wurden die Weichen für 1823 gestellt. Eine nächste Marienbader Kur wurde ins Auge gefaßt.

1823 war Neptun aus dem Umkreis des Radixmars herausgetreten und stand nun im Trigon zu Sonne und Meridian wie vordem Uranus. Dies kennzeichnete den Januar, deutlicher noch den Schicksalsmonat August und war nochmals abklingend im November wirksam. Unter dieser Gestirnstellung war Goethe aufgelegt, Entscheidungen, auch eine Neuorientierung, weniger aus sachlicher Motivation zu treffen, sondern instinktiv zu handeln. Neptun ist gewissermaßen der Gegenpol zu Merkur, dem Symbol der Vernunft.

Von März bis Juni, also ungewöhnlich lange, war Uranus mit der Position des Mondes durch Sextil harmonisch verbunden. Obwohl Jungfraugeborene im Wesentlichen sachlich eingestellt sind, bedeutet der Mond in den Fischen ein sehr beeindruckbares Gemüt. Goethe war denn auch weichherzig, »nahe am Wasser gebaut«. Seine reichen Gefühle wurden im Frühling angeheizt, Goethe »blühte auf«, als er am 19.6.1823 in Marienbad eintraf. Doch in diesem Monat stand Saturn im Deszendenten, damit auch an der Spitze des »Ehehauses« und war mit dem Radixuranus verspannt. Also keine günstige Ausgangslage für ein Herzensabenteuer, gleichwohl es ihn zu einem solchen drängte. Im August stellte sich Jupiter in die Opposition zum Radixmars, Ausdruck für einen ungleichen Lebensfluß, für Ungeduld, Tatendrang, Unbesonnenheit, auch für die Bereitschaft, sich unvermittelt über Konventionen aller Art hinweg zu setzen. Dies war der Stachel im Fleisch. Da Jupiter mit seinem eigenen Radixort wie auch mit dem Platz von Venus verspannt war, wurde Goethe leichtsinnig, handelte aus einem gesteigerten Lebensgefühl heraus, ließ jede gewohnte Vorsicht und das dem Zeichen Jungfrau gemäße risikobewußte Verhalten vermissen. Unter diesem Komplex astrologischer Umstände vollzog sich die Begegnung Goethes mit Ulrike, faßte er den Entschluß, sich mit ihr zu verheiraten. Diese gemüthaften, rein vom Instinkt gesteuerten Aufwallungen konnten nicht im großen Herzensglück münden, zu mächtig war die gespannte Natur der Aspekte, besonders auch Saturns Stellung, der im September auf das Quadrat mit Merkur zusteuerte.

Nun ist die Auswirkung von Transiten wesentlich davon abhängig, in welcher Lebenssituation, das heißt in welchem Alter sich ein Mensch befindet. Einen jungen Mann hätte diese komplexe Gestirnstellung vermutlich zu einem kurzfristigen Abenteuer aufgestachelt, doch Goethe war gerade 74 Jahre alt geworden. Saturn hatte seit Goethes Geburt zweieinhalb mal die Sonne umrundet, was eine markante saturnisch geprägte kosmische Rhythmenlage bedeutete. Uranus hatte Kurs auf seinen eigenen Radixort eingeschlagen, den er 1832 erreichen sollte. Ein Uranusumlauf aber bezeichnet die dem Menschen zugemessene Lebenszeit. Kein Zweifel also, Goethe war nun ein Greis, befand sich im letzten Abschnitt des Lebens. Das ließ naturgemäß wenig Hoffnungen für tiefgreifende Veränderungen im Lebensstil erwarten. Doch einen Greis konnte freilich eine solche Gestirnstellung zu einem juvenilen Verhalten verleiten, das ganz aus dem Rahmen fiel, zumindest von der Umwelt nicht toleriert wurde.

Ohne Zweifel ist die Pubertät die einschneidendste Entwicklungskrise. Sie betrifft auch alle Menschen, während die Alterskrise viel weniger deutlich bemerkt wird. Viele sterben, bevor sie überhaupt in die Jahre kommen. Auch trägt zu ihrer Unterschätzung wesentlich bei, daß alte Leute eher dazu neigen, sich vom Leben, insbesondere dem öffentlichen, zurückzuziehen. Sie sind mit ihren Problemen daher auch allein. Um so mehr fallen Einzelschicksale auf. Dabei können diese oft beispielhaft sein, denn in dieser oder jener Weise betreffen sie durchaus viele. Grundsätzlich muß man sehen, daß der alte Mensch nur zurückschauen kann, der Junge aber den Blick nach vorn richtet. Ihm gehört die Zukunft.

Schopenhauer meint, daß üblicherweise die Jugend als die glückliche Zeit des Lebens gilt, das Alter als die traurige. »Das wäre wahr, wenn die Leidenschaften glücklich machten. Von diesen wird die Jugend hin und her gerissen, mit wenig Freude und viel Pein. Dem kühlen Alter lassen sie Ruhe, und alsbald erhält es einen kontemplativen Anstrich; denn die Erkenntniß wird frei und erhält die Oberhand.« Verantwortlich für ein glückliches Greisenalter sei, »sofern es den bis dahin uns unablässig beunruhigenden Geschlechtstrieb endlich los ist. Sogar ließe sich behaupten, daß die mannigfaltigen und endlosen Grillen, welche der Geschlechtstrieb erzeugt, und die aus ihnen entstehenden Affekte, einen beständigen, gelinden Wahnsinn im Menschen unterhalten, so lange er unter dem Einfluß jenes Triebes oder jenes Teufels, von dem er stets besessen ist, daß im allgemeinen und abgesehn von allen individuellen Umständen und Zuständen, der Jugend eine gewisse Melancholie und Traurigkeit, dem Alter eine gewisse Heiterkeit eigen ist...das Alter aber hat die Heiterkeit Dessen, der eine lange getragene Fessel los ist und sich nun frei bewegt. – Andererseits jedoch ließe sich sagen, daß nach erloschenem Geschlechtstrieb der eigentliche Kern des Lebens verzehrt und nur noch die Schaale desselben vorhanden sei, ja, daß es einer Komödie gleicht, die von Menschen angefangen, nachher von Automaten, in deren Kleidern, zu Ende gespielt werde.«[2]

Schopenhauers Erkenntnis könnte trösten, ja geradezu ermuntern, im Alter die Krönung des Lebens zu sehen, wäre da nicht die pessimistische Resignation, die Sinnlosigkeit des Weiterlebens nach Erfüllung der biologischen Aufgaben. Während man bei Pubertät von durchschnittlichen Abläufen ausgehen kann, verläuft der letzte große Lebensabschnitt, das Alter, eben doch unterschiedlich. Wurde zur Goethezeit bereits ein Fünfzigjähriger als Greis bezeichnet, empfänden dies heutzutage fast Achtzigjährige als diffamierend. Wer noch am aktiven Leben teilhat, besonders wer sich auch noch sexuell betätigt, wenngleich dieses vom Trieb her weniger zwingend geschieht als in jüngeren Jahren, wird sich weniger alt sehen. Das mag auch die Haltung des 74-jährigen Goethe gewesen sein, dem erst nach dem Scheitern seiner Werbung um Ulrike schmerzhaft bewußt wurde, daß er die Alterskrise durchlebt, nämlich die Umstellung des ganzen Lebens. Nun war die Altersdifferenz zu Ulrike mit 55 Jahren ja enorm. Hätte er sich einer Partnerin zugewandt, die nicht ganz so jung war, wäre ihm sein Versagen vermutlich nicht so deutlich vor Augen geführt worden.

Es war eben der unvergleichliche Zauber der Jugend, der Goethe fasziniert hatte. Dieser betörte seine Sinne, zwar mehr romantisch, doch wohl auch sexuell anregend. Der Horoskopvergleich zeigt jedenfalls Goethes Venus in harmonischen Distanzen zu Mond, Neptun und Mars von Ulrike und vor allem im Platz ihres ASZ. Goethes Instinkt hatte sich nicht getäuscht, als er sich zu ihr hingezogen fühlte. Daß Ulrike dagegen glaubte, ihn nur »wie einen Vater« liebhaben zu können, liegt am Unterschied der Generationen, auch daran, daß Ulrike eine eher schwärmerische Neigung zum anderen Geschlecht empfand (die Fischevenus im Trigon zu Jupiter) als sexuelle Bedürfnisse. Solche scheinen selbst später nie geweckt worden zu sein, wie denn Ulrike auch unverehelicht blieb.

Goethes Erlebnis war ein von den Umständen her zum Scheitern verurteiltes, unschickliches Abenteuer. Mochte der Weltmann Goethe das nicht wahrhaben? Was er erlebte, kann nur teilweise beispielhaft für viele gesehen werden. An sich ist das Aufflammen einer Leidenschaft im höheren Lebensalter keineswegs ungewöhnlich. Was den Fall jedoch bedenkenswert sein läßt, ist die Macht des Triebhaften, die selbst in späten Jahren wider alle Vernunft und alle möglichen Folgen Bahn bricht. Hier zeigt sich die wirkliche Kraft der Vitalität, anders als die Einschätzung des Alters durch Schopenhauer. Doch Goethe kapituliert schließlich, was den Fall dann doch wieder exemplarisch macht, nämlich Beispiel zu sein, wie es einem Alten ergeht, der sich die Jugend in dauerhafter Form, sprich durch eine Ehe, zurückholen will.

Diana – der »Engel des Volkes«

Lady Diana, Princess of Wales, verunglückte am 31.8.1997 um 0.25 Uhr in Paris und starb nach dem tragischen Unfall gegen 3.50 Uhr. Sie war die meistfotografierte Frau der Welt. Ihre Trauerfeier wurde von 2,5 Milliarden Menschen live am Fernseher verfolgt, es war das Medienereignis dieses Jahrhunderts.

Zu Dianas Lebzeiten reagierte die Öffentlichkeit auf die Princess of Wales sehr unterschiedlich. In Anlehnung an Schillers Prolog zu Wallensteins Lager könnte man das bekannte Urteil abwandeln: Von der Parteien Gunst und Haß verwirrt schwankt ihr Charakterbild in der Geschichte. Ihr öffentliches Wirken begann in Zusammenhang mit ihrer Heirat am 29.7.1981. Damals bereits strahlend schön, mit sanften, großen Rehaugen, zerbrechlich, faszinierte sie die Menschen und beschäftigte deren Phantasie. Die zunächst sehr schüchterne Gattin des britischen Thronfolgers weckte gleichermaßen Beschützerinstinkte wie Voyeurismus. Wohl wurde sie rasch das Lieblingsobjekt der Medien, lernte aber auch bald, daraus Vorteile für sich zu ziehen. Sie brach Tabus, scheute sich nicht, in einem TV-Interview 1995 dem Volk ihre Seele zu offenbaren. Das waren nicht nur Punktesiege in ihrer ehelichen Auseinandersetzung mit ihrem Mann, sondern auch über das Königshaus. Obwohl Charles Verdienste durch sein soziales Engagement mindestens so gewichtig sind wie die Wohltaten Dianas an den Armen und Unterprivilegierten, verschlimmerte Charles doch durch sein ungeschicktes und negatives Verhalten seiner Frau gegenüber nur seine Position. Dianas Stern strahlte um so heller. Ein großes Kapital war ihr Sympathiegewinn durch die Geburt

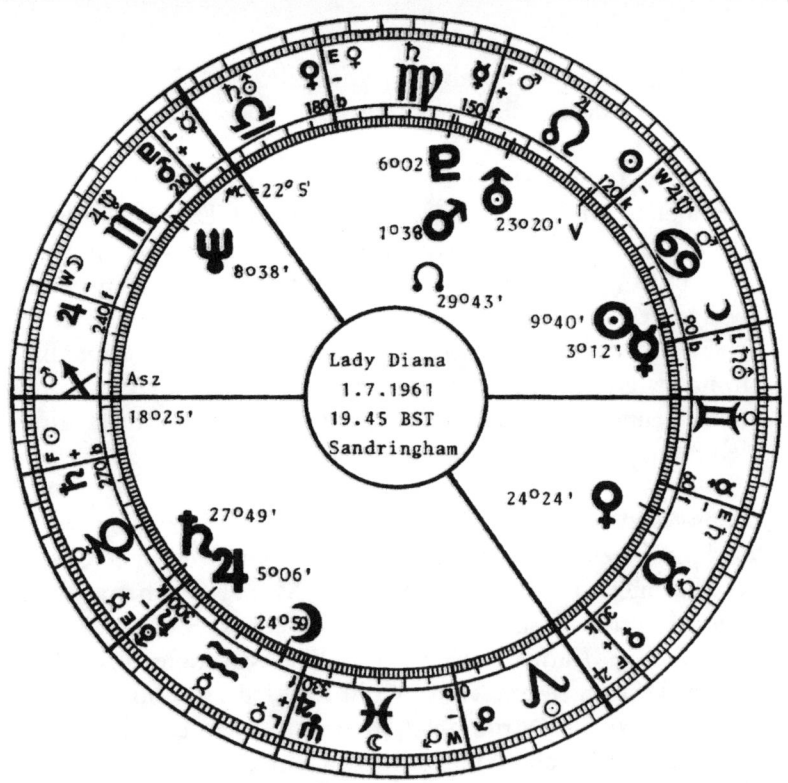

ihrer Söhne. Ihre Stellung in der Öffentlichkeit war stets
unangefochten, und als Mutter des künftigen Königs konnte
sie bei ihrer Scheidung optimal abschneiden. Je schlechter es
ihr ging, je enttäuschter sie vom Leben und der Liebe zu sein
schien, desto mehr steigerte sich die Neugier der Öffentlichkeit. Sie geriet immer an den falschen Mann, dazu ihre
Krankheiten wie die Bulemie, ihr Selbstmordversuch. Der
Gipfel war erreicht, als sich ein neues Liebesglück durch die
Beziehung zu dem ägyptischen Ladykiller Dodi abzeichnete.
Mit ihm zusammen starb Diana, als das öffentliche Interesse
auf einen Höhepunkt zusteuerte. »Ihr Tod entfachte anti-
monarchistische Gefühle und eine Massenhysterie weltweit.
Im kollektiven Gedächtnis bleibt Diana als im Leid erfahre-
ne Schutzherrin der Geschundenen.«[1] Wohl siegte Diana
über Charles wie über die Königin. Doch ihr Tod öffnete ihr

den Weg zur Unsterblichkeit, zur Kultfigur als» Rose von England«, »Prinzessin des Volkes«.

Die kritische Bewertung des Rummels um Diana brachte ein Kommentar in den ARD-Tagesthemen fünf Tage nach ihrem Tod auf den Punkt: »Man wird lange forschen müssen, welche emotionalen Defizite diese Nation mit der verkitschten Heiligsprechung des blonden Glamourgirls kompensiert«.[2] Darauf hagelte es Proteste, denn die Medienprinzessin sollte am nächsten Tag mit ihrer Beisetzung triumphieren und den überwiegenden Teil der Menschen für sich einnehmen. Eine Heiligenlegende war geboren worden.

Dianas Tod wirft viele Fragen auf, etwa nach der Schicksalhaftigkeit dieses Ereignisses, das den Charakter einer Cäsur im Hinblick auf die Resonanz der Monarchie beim Volk haben könnte, Fragen also nach den Konsequenzen dieser persönlichen Katastrophe. Kann die Astrologie aus ihrer Sicht Erklärungen anbieten? Wohl hat sich am Ende des 20. Jahrhunderts die Astrologie in ihrer modernen Form zu einer Methode der Psychodiagnostik entwickelt. Insofern kann sie Wertvolles leisten, das Charakterbild eines Menschen zu enthüllen, also auch das Dianas. Unbestritten ist aber auch, daß seit mehr als zweitausend Jahren nach der Vorstellung der meisten Menschen Astrologen durch ihre Horoskope Prognosen liefern.

Deshalb sei zunächst auf die Frage eingegangen: Wie konnte es am 31.8.1997 um 0.25 Uhr in Paris zu der Katastrophe kommen, die Diana das Leben kostete?

Als Diana Spencer am 1. Juli 1961 um 19.45 Uhr Britischer Sommerzeit in Sandringham geboren wurde, stieg im Osten 18° Schütze auf, wodurch Jupiter Geburtsregent wurde. Er sollte bedeutsam für das ganze Leben Dianas werden. In der Kulmination war 23° Waage mit den Fixsternen Spica und Arkturus, die Bedeutung dieses Geburtsmoments, des »ersten Schreies« zu unterstreichen. Damit lief der Meridian aber auch genau in der Achse von Jupiter und Sonne hindurch, nach den Regeln der Tradition Symbol für einen ungewöhnlichen gesellschaftlichen Aufstieg. Andererseits ist nicht zu übersehen, daß die Unglückssymbole Saturn und Neptun beide gleich weit vom ASZENDENTEN abstanden. Sie sollten signifikant auf das Ende des Lebens hinweisen. Die Positionen von Meridian (MC = medium coeli, d.h. Himmelsmitte) und Horizont (die Linie ASZ – DESZ, d.h. Aufgangs- und Untergangspunkt) im Tierkreis sind Grundlage für die Berechnung der zwölf »Häuser« des Horoskops, jener Felder, denen Bezug auf bestimmte Lebensbereiche zugeschrieben wird. So gilt das 8. Feld als »Haus des Todes«. Es wird in Dianas Horoskop vom Mond beherrscht. Ihm untersteht das Tierkreiszeichen Krebs, in dem an Dianas Geburtstag die Sonne stand. Der Mond selbst hatte seinen Platz im 25. Grad des Zeichens Wassermann und war dadurch mit Venus, dem Liebesstern, verspannt. Der Winkel von 90° zwischen beiden Gestirnen, bezogen auf den Geburtsort Sandringham, gilt als typisches Anzeichen für soziale Schwierigkeiten im häuslichen Bereich. Solche Menschen werden von anderen ausgenützt, lassen sich aber auch auf unkluge amouröse wie sexuelle Beziehungen ein. Aus ihrer Sentimentalität und starken Gefühlsbetontheit erwächst ihnen Schaden.

Nun stand der Mond als Herr des »Todeshauses« den Unsternsymbolen Uranus und Mars gegenüber, die damals nahe bei Pluto waren. Eine solche Konstellation rechtfertigt nach dem uralten astrologischen Schicksalsverständnis die Voraussage eines plötzlichen, gewaltsamen, schicksalhaft eintretenden Todes.

Am 31. 8. 1997 stieg um 0.25 Uhr im Osten von Paris 17° des Zeichens Zwillinge auf, fast auf den Bogengrad genau der Deszendent aus Dianas Geburtshoroskop. Die »kosmische Situation«, also die Stellung der Planeten zu den Gestirnsorten des Geburtshoroskops, war äußerst kritisch. Im direktionären, d.h. weitergerechneten Geburtshoroskop, war in diesem Monat Neptun genau im Halbquadrat zu Saturn, während Neptun auf seinem Lauf fast bogenminu-

195

tengenau jene Position erreichte, die am Geburtstag Saturn besetzt hatte. Damit waren alle Voraussetzungen gegeben, daß sich Dianas Schicksal erfüllen konnte.

Soweit gewissermaßen die technische Seite des Horoskops. Die horoskopischen Fakten sind eindeutig, astronomisch, also wissenschaftlich nachprüfbar. Die Deutung des Komplexes aber wirft Fragen auf, viele Fragen, die sich auch nicht eindeutig beantworten lassen.

Hätte man z.B. den Tod Dianas zu diesem Zeitpunkt voraussagen können? Theoretisch ja, praktisch nein. Es wäre wohl möglich gewesen, wenn man in der Bearbeitung des Horoskops alle individuell überhaupt möglichen Konstellationen zu einem bestimmten im voraus festgelegten Zeitpunkt ganz präzise nach ihrer Bedeutung hätte gewichten können. Dadurch hätte man also sehr bedeutsame Trends von weniger »wirksamen« unterscheiden können. Obwohl durch den Einsatz von Computern man einem solchen Arbeitsmodell heute schon recht nahe kommen kann, hängt doch die Möglichkeit der Realisierung einer Konstellation auch von den jeweiligen Umständen ab. Wer an kritischen Tagen, um es vereinfacht zu sagen, im Bett bleibt, wird sich weniger gefährden, als wenn er z.B. an einem Autorennen teilnähme, wo schon die kleinste Fehlreaktion sich böse auswirken kann oder wenn er zu einem betrunkenen Fahrer ins Auto steigt. Vergleichsweise waren im Hinblick auf die Gefährdung ihres Lebens im Krieg die Soldaten hinter der Front sicherer als jene, die sich an Kämpfen beteiligen mußten. Man kann wohl generell die Zeiten einer Gefahr im voraus abschätzen und von jenen unterscheiden, die nach der Erfahrung als harmonisch oder fördernd gelten.

Es ist nicht bekannt, ob sich Astrologen prognostisch sehr gründlich mit den Konstellationen auseinandergesetzt haben, die um die Monatswende August/September 1997 für Diana als maßgeblich zu erkennen gewesen waren. Wenn ja, so wird man die anfallenden Trends eher auf Dianas Partnerschaft gedeutet haben als auf ein gravierendes körperliches Geschehen, etwa auf die Folgen eines Unfalls. Anders gewiß wäre es gewesen, wenn am Abend des 30.8. ein Astrologe die Konstellationen der folgenden Stunden hätte untersuchen sollen. Da hätte man die Gefahren evident ausmachen können.

Vereinfacht läßt sich feststellen, daß der tragische Unfall in einer kritischen Lebensphase Dianas geschah, was denn auch zur Folge gehabt hat, daß sie ihre Verletzungen nicht überlebte, weil sie körperlich wie auch seelisch in diesen Stunden »nicht in Form« war.

KOLLEKTIVES SCHICKSAL

Wer sich einem anderen anvertraut, macht sein Schicksal von diesem abhängig. Man muß davon ausgehen, daß es ein kollektives Schicksal gibt. Nur in dessen Rahmen können sich individuelle Konstellationen auswirken. Wenn ein Flugzeug mit einigen hundert Insassen abstürzt, ist die individuelle Schicksalstendenz gewissermaßen außer Kraft gesetzt. Man sollte daher eher das Horoskop des Piloten studieren als das eigene, um die Aussichten auf einen glücklich verlaufenden Flug auszumachen.

Es wird behauptet: Wenn viele Menschen auf einmal und gemeinsam plötzlich sterben, müßten alle doch auch ein völlig gleiches Horoskop haben, was offensichtlich nicht der Fall sein kann. Daher kann Astrologie nicht wahr sein. Dieser Einwand ist keineswegs neu. Schon der griechische Philosoph Karneades (214 -129 v.Chr.) gebrauchte ihn. Er vertrat Athen als Gesandter in Rom. Damals war die furchtbare Vernichtungsschlacht von Cannae noch frisch im Gedächtnis der Menschen. 216 v.Chr., im Zweiten Punischen Krieg, hatten 50.000 römische Soldaten im Kampf gegen die Karthager ihr Leben verloren. Das war im Altertum eine unvorstellbar große Zahl, 80 Prozent der gesamten Streitmacht Roms. So konnte Karneades auf eine jener furchtbaren Massentötungen verweisen, wie sie die Menschheit in den folgenden zweitausend Jahren wiederholt erleben sollte. Es genügt daran zu erinnern, daß am 6. August 1945

Zehntausende Einwohner Horoshimas in Sekunden ihr Leben durch die Atombombe verloren.[3]

Wer Mitglied einer Schicksalsgemeinschaft ist, sei es durch Geburt in einem bestimmten Volk oder als Einwohner einer bestimmten Region der Erde, oder wer sich und sein Leben von den Entscheidungen anderer abhängig macht, etwa als Passagier eines Flugzeugs oder wer in ein Auto zusteigt, ist in seinem individuellen Schicksal fremdbestimmt.

Der Einwand des Karneades kann jedoch auch aus einem anderen Grund nicht gelten, denn kein seriöser Astrologe würde sich anmaßen, den Tod eines Menschen vorherzusagen. Das war freilich nicht immer so. Man war noch vor zweihundert Jahren weniger »pingelig« in der Auslegung der Konstellationen. Damals verliefen z.b. alltägliche Unfälle, Verletzungen oder Erkrankungen weit öfter tödlich als heutzutage, da durch die Fortschritte der Medizin so manches Leben gerettet werden kann. Diese ermöglichen, daß mancher sehr kritische Konstellationen überlebt, auch solche, die früher unbedingt zum Tode geführt hätten.

Starb Diana durch einen »Zufall«?

Die Frage nach den Ursachen bestimmter Ereignisse konfrontiert zwangsläufig mit vielen unbekannten Faktoren. Sind kausale Zusammenhänge nicht sogleich offensichtlich, wird das Geschehene gerne leichtfertig einem blinden Zufall zugeschrieben. Diana stieg zwar mit ihrem Begleiter Dodi und dem Sicherheitsbeamten in das Auto des Fahrers Paul, doch war es eben »Zufall«, daß er der Chauffeur war und darüber hinaus betrunken. Wenn man die Dinge näher untersuchen wollte, würde man wie bei jedem Ereignis feststellen können, daß sich dieses im Schnittpunkt verschiedener Kausalketten zuträgt. Im vorliegenden Fall sind die Verläufe der Kausalketten unbekannt.

Wer die Astrologie zur Grundlage seiner Weltanschauung macht, kann nicht an den »Zufall« glauben, denn zu offensichtlich sind die persönlichen Erfahrungen im Lauf des eigenen Lebens. Wir sind hinsichtlich unserer Entscheidungen viel weniger frei, als wir es wahrhaben wollen. Marie von Ebner-Eschenbach brachte es in dem bekannten Aphorismus auf den Punkt: »Wer an die Freiheit des menschlichen Willens glaubt, hat nie geliebt und nie gehaßt.« Wir sind vielen Zwängen unterworfen. Am meisten sind unsere Entscheidungen von unserer Veranlagung abhängig. Diese wurzelt wiederum in den ererbten Genen, modifiziert durch die verschiedenen Umwelteinflüsse, die auf uns einwirken. Daher läßt Friedrich v. Schiller seinen Wallenstein sagen: »Es gibt keinen Zufall; / Und was blindes Ohngefähr nur dünkt, / Gerade das steigt aus den tiefsten Quellen.« (Wallensteins Tod, A. 2, Sz. 3)

Die Auseinandersetzung mit dem Problem des Zufalls hat seit jeher die Philosophen beschäftigt, und die Dichter haben für ihre Erkenntnisse beredte Worte gefunden:

Gotthold Ephraim Lessing: »...das Wort Zufall ist Gotteslästerung. Nichts unter der Sonne ist Zufall.« (Emilia Galotti, A. 4, Sz. 3 Orsina)

Marie von Ebner-Eschenbach: »Der Zufall ist die in Schleier gehüllte Notwendigkeit.« (Aphorismen 1893)

Franz Grillparzer: »Keine finstern Mächte raten / Blutig über unsre Taten, / Sie sind keines Zufalls Spiel; / Nein, ein Gott, ob wir's gleich leugnen, / Führt sie, wenn auch nicht zum eignen, / Immer doch zum guten Ziel.« (Die Ahnfrau, A. 5 Jaromir)

Eine ganze Weltanschauung, ja religiöses Verständnis ließe sich von dem Wort Grillparzers ableiten. So hätte denn die tragische Katastrophe von Dianas Schicksal eine gottgewollte freundliche Konsequenz? Diesen Gedanken weiterzuspinnen hieße ihm eine transzendente Richtung zuzubilligen, die hier nicht weiter zu verfolgen ist.

Im Hinblick auf das Faktum Zufall ließe sich vereinfacht sagen: Was man nicht erklären kann, sieht man als einen Zufall an. Eine andere Sache wäre, wie man mit dem sich »zufällig« Ergebenden umgeht.

Friedrich v. Schiller: »Den Zufall gibt die Vorsehung; – zum Zweck muß ihn der Mensch gestalten.« (Don Carlos, A. 3, Sz. 9, Marquis)

Friedrich Hebbel: »Was der Zufall mir scheint? Ein Rätsel, welches das Schicksal aufgibt: Löse es, Mensch, und du bindest dein Glück.« (Gedichte, Nachlese, 1848, Epigramme)

Sprichwort: »Auf den Zufall bauen ist Torheit, den Zufall benützen Klugheit.«

DIANA UND CHARLES

Obwohl geschieden, waren beide doch durch gemeinsame Interessen weiterhin verbunden, sei es die Sorge um die beiden Söhne William und Harry, seien es öffentliche Auftritte. Nun weiß man heute, daß Charles schon vor der Ehe zu Pamela Parker-Bowles eine intensive Liebesbeziehung unterhalten hatte, die damals jedoch völlig aussichtslos war. Die Geliebte war zudem auch noch verheiratet. Als es dann zur Verbindung mit Diana kam, die durch die Heirat 1981 gekrönt wurde, wollten die Nation wie die ganze Welt darin eine Liebesheirat sehen. Eine starke Triebfeder war freilich der Wunsch, der Thronfolger möge endlich heiraten. Entsprechend groß war die Anteilnahme der Öffentlichkeit. Kein Chefredakteur, der damals zugelassen hätte, Kassandrarufe abzudrucken. Negative Schlagzeilen waren unerwünscht. So ging in der Begeisterung unter, daß manche Astrologen in den Chor der Jubler nicht einstimmen mochten, obwohl andere die Begeisterung gern teilten. Diese hielten sich an die ja durchaus auch vorhandenen harmonischen Konstellationen im Partnerhoroskop. Sicher mag auch auf Charles' Seite zunächst ein starkes sexuelles Begehren der schönen Frau vorhanden gewesen sein. Die Chancen des Gelingens dieser Ehe waren nach dem Partnerhoroskop wie 5:3, wenn man es zahlenmäßig ausdrückte. Aber das besagt nichts über die Qualität der gemeinsamen Konstellationen. Auf diese wies der Lorcher astrologische Kalender 1990 hin:

»Charles' Sonne kritisch mit Dianas Mond verspannt, erschwert, daß sie ihn geistig versteht, denn ihr Gefühl (Mond) und sein Geist (Sonne) haben nicht die gleiche Wellenlänge. Dianas Uranus greift Charles Sonne an, also ist die gegenseitige Attraktion nicht frei von Konfliktstoffen: Sie wird aufbegehren, wenn er versucht sie zu dominieren. Meinungsverschiedenheiten entzünden sich an Kleinigkeiten und verlaufen heftig. So etwas ist unbedeutend, wenn man das Kriegsbeil bald wieder begräbt und sich versöhnt. Sexualität könnte da eine Hilfe sein. Leider steht Dianas Mars nahe dem Platz von Charles' Saturn: Mars spornt an, findet aber Sperren vor: Energie stößt auf Widerstand, und je stärker der Druck wird, um so größer die Aggressivität. Die Partner heizen einander an. Dianas aggressive Haltung dürfte Charles gerade da treffen, wo er zurückhaltend und vorsichtig reagieren möchte. Ist allerdings eine gemeinsame Aufgabe zu bewältigen, treten die Gemeinsamkeiten in den Vordergrund. Sein Merkur bei ihrem Neptun: Wohl kann eine Art telepathische Verbindung vorliegen, merkt der eine instinktiv, was mit dem anderen vorgeht. Doch wenn es lebenspraktische Dinge sind, um die es dem Gatten geht, wird seine Frau nicht das nötige Verständnis aufbringen. Erzwingen läßt sich das nicht. Hier steht die Veranlagung gegen die Erziehung. Wie steht es da um die Brücke, die die Sexualität schlagen könnte? Die genannte Konstellation spricht für romantisches Schwärmen. Es fehlen Mars-Venus-Vergleichsaspekte... Die problematische Opposition Uranus-Jupiter von Charles fällt auf Dianas Merkur im Krebs. Sie denkt gewissermaßen ›mit dem Herzen‹. Aber um Charles vor Irrtümern, Vorurteilen und daraus resultierenden falschen Schlußfolgerungen zu bewahren, müßte sie vor allem auf seinen Intellekt einwirken. Statt dessen entzündet sich Geist an Geist. Was der eine als Idee hoch preist, lehnt der andere als völlig indiskutabel ab. Jähe Wendungen oder Veränderungen werden als störend abgetan. Was der eine dem anderen als erfreuliche Überraschung präsentieren will, wird vom anderen mißverstanden. Es gibt in der Beziehung

Ausbrüche und Perioden, in denen beide aus Verstimmung plötzlich voneinander abrücken. Das sind dann die Zeiten, in denen Charles allein sein muß, um die Problematik aufzuarbeiten. Er ist in dieser Ehe der Stärkere. Leider steht sein Saturn kritisch zu Dianas Aszendent. So sieht sich Diana auch mitunter von ihrem Gatten in ein Zwangslage gebracht, hat aber nicht die Kraft, dieser zu entfliehen. Solche Saturnwinkel machen sich in den ersten Jahren einer Ehe selten bemerkbar. Kommt es aber durch die Lebensumstände oder durch anderes zu einer Abnützung der Beziehung, verschärft sich die latent vorhandene Krise.«[4]

Die Zeit lief gegen das Ehepaar. Das Ergebnis ist bekannt. Die Königin griff in die ehelichen Auseinandersetzungen auf der Seite ihres Sohnes ein. Das ist an Charles' Horoskop ablesbar. In seinem Horoskop hat der Mond von allen Planeten den größten Abstand. Er ist damit als der »Spannungsherrscher« von besonderer Bedeutung. Bekanntlich symbolisiert der Mond im Horoskop eines Mannes u. a. die Mutter und die mit ihr zusammenhängenden Angelegenheiten. Charles Mond ist sowohl mit Jupiter wie mit Saturn in einem durchlaufenden Trigon harmonisch verbunden. Daran ist abzulesen, daß er sich nie gegen seine Mutter auflehnen wird, wie sie ihm andererseits im allgemeinen überwiegend Glück bringt. Mond und Saturn entspannen die Opposition Uranus – Jupiter. So ist es die Mutter, die Sorgen und Nöte des Sohnes versteht und ihm hilft, sie abzubauen, so weit das unter den gegebenen Umständen möglich ist.

In einer Prognose zu Charles hieß es 1995: »Sein persönliches Schicksalsjahr wird vermutlich 1997 werden, wenn Uranus den Deszendenten und Saturn das MC überschreitet, worauf Saturn 1998 den Mondort erreichen wird.«[5] Genau das geschah zur Monatswende August/September 1997. Durch ihren spektakulären Tod hatte Diana ihrem geschiedenen Mann wieder einmal die Schau gestohlen. Sie rächte sich an den Royals für alle Demütigungen, die sie erduldet hatte, auch wenn sie an diesen selbst nicht unschuldig war.

Astrologische Untersuchungen müssen komplex geführt werden. Alle Erkenntnisse, die aus künftigen Konstellationen abgeleitet werden, müssen zur Geburtskonstellation in Beziehung gesetzt werden. Das gilt auch für die Untersuchung der Unfallkonstellation. Im Radix Dianas ist Mars nahe bei Uranus, beide in Opposition zum Mond als dem Regenten des 8. Hauses. Am Tage des Unfalls waren am Himmel Mars und Uranus durch Quadrataspekt verspannt, Mars verletzte sowohl den Mond wie Jupiter und das MC. Es war somit für Diana die kritischste Stunde des Tages, durchaus höchste Lebensgefahr bezeichnend. Aber da ist noch eine Erkenntnis: Genau als die Katastrophe geschah, kulminierte in Paris Jupiter und ging der Mond durch den unteren Meridian. Es waren somit für sich genommen für Paris die Minuten des Tages mit der stärksten Publizität. Mehr noch: Jupiter am MC (= Himmelsmitte) steht symbolisch für ein Maximum an Ruhm, für Anerkennung, für sozialen Glanz. Und von dieser für ganz Paris geltenden Konstellation wurde Diana nicht nur betroffen, sondern profitierte auch durch sie. Eigentlich könnte man sagen, Diana hatte sich für Ihren Tod den denkbar schicksalsträchtigsten Moment ausgesucht. Es war also nicht allein ein »Ende mit Schrecken«. Die Konstellation belegt auch, daß in der Minute des Untergangs der persönlichen Existenz das Tor zu unbeschreiblichem Nachruhm aufgestoßen wurde, den sonst, unter anderen Umständen, Diana nie hätte erringen können.

Die Himmelsmitte (MC) in Dianas Geburtshoroskop liegt von Sonne und Jupiter exakt gleich weit entfernt. Das stellte der Geborenen Ruhm, sozialen Aufstieg, hohe Popularität und Würdigung ihrer Persönlichkeit in Aussicht. Selbst die Anhänger der Fixsterndeutung können sich in dem komplexen Geschehen bestätigt finden. Spica und Arcturus gehören zu den bedeutsamsten Fixsternen. Sie kulminierten bei Dianas Geburt. Venus war mit Algol, den die Araber den »bösen Geist« nannten, durch Konjunktion verbunden. Er gilt als der schlimmste aller Unsterne und rechtfertigte seinen Namen in Verbindung mit Dianas Venusposition. Am Tag des Unfalls bzw. des Todes stand Saturn, das planetare Schicksalssymbol, der Venus genau gegenüber. So fügte sich eins zum andern. Selbst wenn man den komplexen astrologischen Sachverhalt nur vordergründig, gewissermaßen technisch – astronomisch betrachtet, kann man sich der Faszination der Zusammenhänge nicht entziehen. Bewertet man die Fülle der Konstellationen und ihre Brisanz aber esoterisch, eröffnen sich für alle möglichen Überlegungen, bis hin zu gewagten Spekulationen, weite Horizonte. Dianas Tod war vorgegebenes Schicksal. Sie mußte sterben, um ewigen Ruhm zu erlangen, um lebendig zu bleiben im Gedächtnis der Menschen in aller Welt.

Betrachten wir den »Fall Diana« aber exemplarisch, so kann es nur bedeuten, daß eine solche Schicksalsdeutung für jedermann gilt, auch wenn die Zusammenhänge bei durchschnittlichen Menschen weniger augenfällig sind.

HOROSKOPE UND POLITIK –
DIE MUNDANASTROLOGIE

———————
———————

Astrologie ist ein Weg, der zu Selbsterkenntnis führt. Viele Menschen sehen in ihr seit jeher aber auch eine Chance, zu erfahren, »wie es kommen könnte«.

Die Geburtsastrologie wurde in den vergangenen tausend Jahren soweit entwickelt, daß ein individuelles Horoskop nicht nur begründete Schlüsse über die Struktur der Persönlichkeit erlaubt, sondern daß auch fundierte Aussagen künftiger Entwicklungstendenzen gemacht werden können. In Babylon studierten die Astrologen das Geschehen am Himmel und schlossen davon auf das Schicksal des Herrschers, zugleich auf das Wohl und Wehe des Staates. Die älteste Astrologie ist Mundanastrologie. Von einer solchen spricht man, wenn kosmisches Geschehen nicht auf den einzelnen, sondern auf die Welt (lat. mundus) bezogen wird.

Den Griechen war es vorbehalten, die Mundanastrologie in ihren Grundzügen soweit zu entwickeln, wie sie heute noch gültig ist. Während große Wissenschaftler in der Folgezeit, so Kepler (1571-1630) oder C.G. Jung (1875-1961) dazu beigetragen haben, die Zusammenhänge zwischen Sternenhimmel und dem Menschen als Einzelwesen zu interpretieren, hat auf dem mundanastrologischen Gebiet in den letzten tausend Jahren kaum Weiterentwicklung stattgefunden. Der Weltlauf aber hat sich gewaltig geändert. Hierin offenbart sich sogleich eine große Schwäche der Mundanastrologie. Die Gegenwart wird gewissermaßen mit alten Maßstäben gemessen, die deswegen allerdings nicht unbedingt als »veraltet« anzusehen sind.

Was ist nun die Problematik dieser Sonderform der Astrologie? Sie liegt zunächst in der Begriffsbestimmung des Objekts. Was die Geburtsastrologie angeht, so ist seit jeher unbestritten, wenn auch nicht undiskutiert geblieben, daß der genaue Zeitpunkt der Geburt (»erster Schrei«) jener Moment ist, auf den ein Horoskop aufgebaut werden muß. Die vorgeburtliche Phase, in der sich ein Mensch im Mutterleib entwickelt, kommt zu einem Abschluß und das Kind wird in ein Eigenleben entlassen. Ein Gewaltakt, bei dem es um Leben und Tod geht, bei dem sich der neue Mensch als existenzfähig bewähren muß. Die vorgeburtlichen Phase ist nicht unwichtig, doch sind Empfängnishoroskope nicht nur unüblich, sie haben sich auch als wenig nützlich erwiesen.

Da sich die Mundanastrologie also nicht mit einem einzelnen Menschen befaßt und man nur ganz selten einen zeitlich genau fixierten Geburtsaugenblick für ihre Objekte – Völker, Staaten, Städte, wirtschaftliche, finanzpolitische, kulturelle, sportliche oder andere Institutionen – angeben kann, erhebt sich zunächst die Frage, ob es sich bei diesen überhaupt um selbständige Organismen handelt. Und wenn ja, wofür es gute Gründe gibt, auf welchen Zeitpunkt von annähernd großer Bedeutsamkeit soll ein Horoskop gegründet werden?

Diese Problematik war schon Ptolemaios (um 150 n.Chr.) bekannt, dem größten Astronomen und Astrologen des Altertums. Ptolemaios half sich, indem er die Wesenseigentümlichkeiten (oder was man als solche ansah) der damals bekannten oder geschichtlich interessanten Völker in Beziehung zu den zwölf bekannten Tierkreiszeichen setzte. So kam er dazu, die als kriegerisch bekannten Bewohner Germaniens, Britanniens und Jütlands dem Mars- und Kriegszeichen Widder zu unterstellen. Es soll undiskutiert bleiben, ob es so etwas wie einen Nationalcharakter der einzelnen Völker gibt. Man wird dies annehmen können, obwohl Befragungen ergeben haben, daß eine Nation sich selbst und die angeblich für sie charakteristischen Eigenschaften anders sieht als ihre Nachbarn. Nehmen wir aber einmal an, Ptolemaios hätte recht gehabt, so müssen doch erhebliche Zweifel bestehen, ob mit der in der Antike getroffenen Zuordnung auch heute noch gearbeitet werden kann. Die Bewohner Jütlands galten im Altertum als besonders kriegerisch, aggressiv und kampflüstern. Aber sind die Dänen von heute denn wirklich so? Wahrscheinlich kommt nun eine andere Ansicht, die ebenfalls schon vor zweitausend Jahren vertreten wurde, mehr zur Geltung: Entsprechend seiner ihm eigenen Natur ist jedes Tierkreiszeichen auch signifikant für eine bestimmte Art von Landschaft. Widder-Gebiete gelten als unfruchtbar. Daher kann aus dieser Sicht die Einordnung Dänemarks nicht stimmen. Hier müßte man eher an das fruchtbare Stierzeichen denken.

In den letzten zweitausend Jahren hat sich das politische Antlitz der Erde sichtbar verändert. Aus primitiven Völkerstämmen wurden hochzivilisierte Nationen, die in Staaten mit genau vermessenen und bewachten Grenzen wohnen. Es gab und gibt eine ganze Reihe von Vielvölkerstaaten. Die daraus erwachsende Problematik ließ die Araber, deren Astrologen im frühen Mittelalter tonangebend waren, darauf verfallen, Staatenhoroskope aufzustellen, eine Praxis, die noch heute geübt wird und wenigstens in gewisser Hinsicht ein Ausweg sein könnte. Staatenhoroskope haben sich vielfach bewährt, sind aber auch nicht unumstritten. Das Problem ist wieder die Geburtsstunde des Staates.

War es wirklich die Sternstunde der Staatsgründung Englands, als am Weihnachtstag des Jahres 1066 zu Westminster Wilhelm der Eroberer zum König von England gekrönt wurde? Es existieren vier Horsokope. Das erste aus dem Jahr 1066, das zweite, als nach der Regierung Cromwells am 18.5.1660 um 12 Uhr zu London das Königtum wiederhergestellt wurde, das dritte, das auf der Vereinigung Englands mit Schottland am 1.5.1707 um 0 Uhr beruht, und ein viertes vom 1.1.1801, als um 0 Uhr die Vereinigung von England, Schottland und Irland in Kraft trat. Damals entstand das heutige Vereinigte Königreich. Es wäre anzunehmen, daß die Sache bei jungen Staaten weniger schwierig sei, wenn man davon ausgeht, daß ein Staatsakt, eine Proklamation oder eine feierliche Unterzeichnung einer Geburtsstunde gleichzusetzen sei.

Doch wie langwierig ist oft eine solche Prozedur – und jeder astrologisch Vorgebildete weiß, daß es auf den Geburtsaugenblick ankommt? Für die USA, die Vereinigten Staaten von Amerika, wird die Unabhängigkeitserklärung vom 4.7.1776 zugrunde gelegt. Man kennt Horoskope (und arbeitet mit ihnen), die auf 2.16 Uhr, 3 Uhr, 11.45 Uhr, 13 Uhr und 17 Uhr aufbauen, denn der Akt der Unterzeichnung dauerte Stunden.

In manchen astrologischen Veröffentlichungen werden Jahreshoroskope oder Jahrhunderthoroskope abgedruckt. Es bleibt unerfindlich, warum gerade ein so willkürliches, bürgerliches Datum ganz ohne Naturbezug wie der 1.1.1900, 0 Uhr, für ein ganzes Jahrhundert maßgeblich sein soll. Allenfalls geschieht das, weil die Menschheit sich auf einen solchen Termin geeinigt hat. Einen Bezug zum Naturgeschehen aber gibt es nicht.

Einsichtiger wäre indessen, wenn man den Kalender der Natur zugrunde legte, wie er sich durch den Sonnenlauf darstellt. Jedermann weiß, daß die Sonne am (oder um den) 21. März in das Zeichen Widder eintritt. Durch die Schaltjahre verschieben sich die Termine. Das astronomische Jahr ist jedenfalls eine Realität. Der Widderpunkt und der Waagepunkt sind die Tage der Tag- und Nachtgleiche. Ebenso wichtig sind die Solstitien, die Wendepunkte der Sonne, an denen der Winter bzw. der Sommer beginnt. Somit gibt es vier zeitlich exakt erfaßbare Kardinalpunkte, jeweils 0 Grad von Widder, Krebs, Waage und Steinbock. Horoskope, die für einen solchen Termin berechnet werden und die sich auf einen bestimmten, in seiner geographischen Position exakt festliegenden Ort auf der Erde beziehen, z.B. auf den Regierungssitz eines Landes, heißen Quartalshoroskope. Sie haben in der Mundanastrologie große Bedeutung. Das Frühlingshoroskop gilt für viele Astrologen zugleich als »Jahreshoroskop«.

Den Fixsternen wurde im Altertum besondere Bedeutung beigemessen. In der Geburtsastrologie werden sie indessen heute kaum mehr beachtet, in der Mundanastrologie sollen sie noch eine gewisse Berechtigung haben. Jedenfalls versuchten Astrologen zu jeder Zeit in Abhandlungen dies nachzuweisen.

Vor allen Dingen aber haben auch in der Mundanastrologie die Horoskope einzelner Persönlichkeiten ihr Gewicht. Politik wird von Menschen gemacht. Also ist es gerechtfertigt, auch die Horoskope führender Politiker ins Kalkül zu ziehen, wie das ja bereits in Babylon geschah. Beispielsweise kann man untersuchen, wie das Horoskop eines Politikers in Einklang mit dem Staatshoroskop steht; oder auch, wie er mit anderen Politikern, Parteifreunden, Verbündeten oder Gegnern »zusammengestirnt« ist. Horoskopvergleiche erweisen sich überhaupt als jenes Gebiet der Astrologie, auf dem man zu fast untrüglichen Aussagen kommen kann (Ehevergleiche, Partnerschaften im Geschäfts- oder Berufsleben).

Offen bleibt natürlich, wie weit der Einfluß eines einzelnen Politikers reicht, möge er auch Präsident oder Kanzler sein; das heißt in welchem Maße er in seiner Position unabhängig handeln kann. Immerhin wird man seine persönliche Tagesform untersuchen, was auch Schlußfolgerungen zulassen dürfte.

Überblickt man die dargelegten Umstände, erweist sich das weite Gebiet der Mundanastrologie als sehr diffizil. Ja, es erscheint fast unmöglich, daß ein einzelner Mensch überhaupt in der Lage sein könnte, diese astrologischen Fakten auseinanderzuhalten bzw. aufeinander abzustimmen. Denn soviel dürfte jedem klargeworden sein: Aus einem einzigen Horoskop kann und sollte man nie zu einer Prognose kommen wollen. Ganz sicher bleibt es problematisch, den Stellenwert der einzelnen Fakten richtig zu bestimmen, um zu astrologischen Arbeitsgrundlagen zu kommen, die den realen Verhältnissen adäquat sind. Ist man sich schlüssig, wie man zu rechnen hat und auf welche Fakten es ankommt, so bleibt die letzte große Hürde: die Deutung. Ein einziges Beispiel möge für eine Vielzahl stehen. Wollte man Konstellationen bewerten wie in der Geburtsastrologie, wären die Deutungsmöglichkeiten nicht zu zählen.

Deutungsbeispiel: ein Aspekt zwischen Merkur und Mars. Heute hat sich eine symbolische Betrachtungsweise durchgesetzt. So kennzeichnet man den Planeten Merkur symbolisch als »Vermittler«, Mars aber als »Planet der aufbauenden oder zerstörenden Energie«.

Man stelle sich einen Vermittler als Person vor. Welche Eigenschaften müßte er wohl aufweisen?

Ganz sicher sind körperliche und geistige Frische und Beweglichkeit entscheidende Voraussetzung. Wie sollte er sonst wohl Kontakte suchen und zustandebringen, sich überall umhören, informieren, in jeder Hinsicht up-to-date sein? Er muß über gute Verbindungen verfügen, Nachrichten sammeln und für sich auswerten. Ja, er wird ein guter Geschäftsmann sein müssen, soll er aus der Vermittlerrolle Gewinn ziehen. Und das alles ist auch Merkur, Planet der Intelligenz, der Jugendfrische, der Beweglichkeit, der Kommunikation, der Geschäfte. Er hat Bezug zum ewigen Wandel, dem Kommen und Gehen, hegt vielseitige Interessen, pflegt Bildung und Auswertung des Wissens. Merkur steht daher in der Mundanastrologie für den Bereich Jugend, Bewegung, internationale Kontakte, für Nachrichtenwesen und für Verkehr, für Schule und Studien, Handel.

Bei allen Planeten, Tierkreiszeichen und den astrologischen Sektoren eines Horoskops, den »Häusern«, ist es ähnlich, auch bei Mars. Wir nehmen nur eine Bedeutung aus der Symbolkette, die er repräsentiert heraus, die Energie.

Relativ leicht scheint es, zu beurteilen, ob man von aufbauender oder von zerstörender Energie wird sprechen müssen. Wer darüber nachgedacht hat, wie schwierig es oft ist, den kosmischen Zustand eines Planeten zu bestimmen, kann hier sogleich Klippen sehen. Denn es ist keineswegs gleichgültig, an welcher Stelle des Horoskops, des Tierkreises, in welcher Aspektverbindung ein Planet sich befindet, wonach sein »kosmischer Zustand« einzuschätzen wäre. Nehmen wir aber einmal an, es sei klar, die Bedeutung der Aspektverbindung müsse z.B. positiv eingeschätzt werden. Was nun? Wird die Energie im Nachrichtenwesen zu entscheidenden Veränderungen führen? Wird es einen lebhafteren Verkehr geben? Werden Studiengänge beschleunigt, Kontakte intensiviert? Und wie wird sich das am fraglichen Objekt auswirken?

Hier liegen die Gründe, warum von allen Sparten der Astrologie die Mundanastrologie ohne Zweifel die höchste Fehlerquote in der Prognose hat. Jetzt ist zu verstehen, warum einem Astrologen diese oder jene »Fehlprognose« angekreidet wird, obwohl er genau weiß, daß er es »richtig« meinte. Er hat den verzeihlichsten »Fehler« gemacht, der in den Augen eines Kritikers, der Laie ist, aber furchtbar schwer wiegen muß: Er hat den Akzent verschoben, er hat aus der Symbolkette auf den falschen Begriff getippt. Der Astrologe sieht es natürlich anders: Er hat die Richtung und Entwicklungstendenz des Aspektes ganz klar und eindeutig erkannt, es fehlten ihm nur die treffenden Worte, den Tatbestand zu beschreiben.

Weil das so ist, hat mancher Astrologe daher auf diesem schwierigen Gebiet nicht weiter geforscht oder nichts veröffentlicht. Das ist der Grund, warum es kaum ernstzunehmende Fachliteratur oder Veröffentlichungen zur Mundanastrologie gibt.

DER KANZLER UND DIE ASTROLOGIN

Elfriede Keiser erinnerte sich an Konrad Adenauer

————————
————
————————

Am 5. Januar 1976 jährte sich zum hundertsten Male der Geburtstag Konrad Adenauers. Dies nahm ich zum Anlaß, der wiederholt aufgestellten Behauptung nachzugehen, daß die Astrologin Elfriede Keiser, die »Pythia von Rhöndorf«, Einfluß auf die Entscheidungen des Bundeskanzlers gehabt habe. Elfriede Keiser verneinte dies strikt. »Adenauer stand der Astrologie durchaus neutral gegenüber«, meinte damals die vitale Dame (geb. 1903), die den Altbundeskanzler seit dem Verlassen von Rhöndorf 1965 nicht mehr gesehen hatte. »Er hatte mich einmal im Scherz gefragt, ob er lange leben werde«, fährt die Astrologin fort, die ich in Bad Nauheim, ihrem späteren Wohnort, befragte. »Sie werden über 90«, habe ich ihm damals geantwortet. »Aber das war keine astrologische Beratung, sondern eines unserer vielen nachbarlichen Gespräche am Gartenzaun.« Die Familie des Kölner Oberbürgermeisters Adenauer und die Familie des Industriellen Theodor Keiser waren 1939 am Zennigsweg in Rhöndorf Nachbarn geworden. Beim Notar hatte man sich kennengelernt, und kurz vor Kriegsbeginn bezogen die Familien ihre beiden Häuser am »Faulen Berg«, der früher einmal eine gute Weinlage gewesen war. Im Laufe von fast drei Jahrzehnten Nachbarschaft wurde manches persönliche Gespräch über den Gartenzaun geführt. Am Anfang der Begegnung standen die harten Kriegsjahre. »Konrad Adenauer glaubte nie an einen Sieg der Deutschen«, erinnerte sich Elfriede Keiser, »er war ein erklärter Pazifist. Um so mehr wunderte es mich, daß er sich später nachdrücklich für die Wiederaufrü-

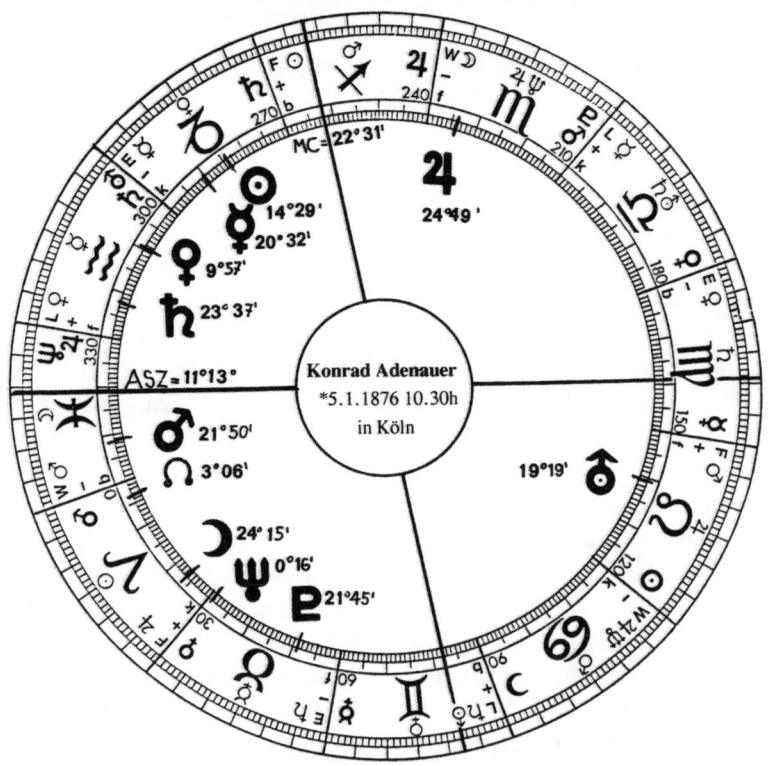

Konrad Adenauer
*5.1.1876 10.30h
in Köln

stung einsetzte. Als dieses Thema einmal im nachbarlichen Austausch zur Sprache kam, zitierte der Bundeskanzler ein lateinisches Sprichwort: ›Si vis pacem, para bellum‹ statt einer weitschweifigen Erklärung. ›Wenn Du den Frieden, willst, bereite den Krieg vor.‹«

Adenauers Familie war groß und während der harten Jahre nicht auf Rosen gebettet. »Bei uns herrscht KdF«, erzählte Konrad Adenauer eines Tages seiner Nachbarin, die eine solche Feststellung irritierte. Die politischen Ansichten des ehemaligen Kölner Oberbürgermeisters war bekannt, und KdF war die NS-Organsiation »Kraft durch Freude«. Ob des erstaunten Gesichtes kam denn auch in rheinischem Humor die Erklärung: »Können dauernd fressen«. Es war die Zeit, in der Konrad Adenauer, damals schon ein Herr mit über 60 Jahren, ein Schaf namens Nelke an einer eisernen Kette auf

213

dem Zennigsweg spazieren zu führen pflegte. Konrad Adenauer hielt auf gesunde Lebensweise, aß nur Gemüse aus dem eigenen Garten, der in erster Linie für den täglichen Bedarf angelegt war. »Was die Rosen betrifft, hat er nie selbst Hand an seine Blumen gelegt,« erklärt Elfriede Keiser. Das besorgte der Gärtner. Seine Liebe zu Rosen hat der Altbundeskanzler nach Meinung der Gartennachbarin erst entdeckt, nachdem in Presseberichten darüber geschrieben wurde, und da der Ruf verpflichtet, wurden ab sofort Rosenbeete angelegt. Seit Anneliese Poppinga ihre »Erinnerungen« an den ersten Bundeskanzler veröffentlichte und etwa gleichzeitig die Presse darüber berichtete, daß der Altbundeskanzler sich auch als Erfinder betätigt hatte, lernte die Nachwelt Konrad Adenauer von einer anderen Seite kennen. Der passionierten Imkerin Elfriede Keiser geschah ebensolches, als ihr Konrad Adenauer einmal einen wissenschaftlichen Vortrag über Erdbienen gehalten hatte. Dieses Privatissimum erledigte den nachbarlichen »Bienenfall«: »Eine Ihrer Bienen hat schon wieder meine Tochter Lisbeth gestochen«, hatte sich eines Tages als erboster Vater der Nachbar telefonisch gemeldet. Frau Keiser schaffte ihre Bienen ab, womit das nachbarliche Einvernehmen wieder hergestellt war.

In den Tagen, als die Hauptkampflinie durch Rhöndorf verlief, war der Kontakt der Nachbarn sehr eng. Später fand der Bundeskanzler kaum noch Zeit zu Gesprächen am Gartenzaun.

Es war dann in den 50er Jahren, als chauffeurgesteuerte Limousinen, häufig genug mit dem CD-Schild, am Zennigsweg parkten, und Anwohner wie neugierige Journalisten rätselten, ob der Besuch »ihm« (Haus-Nr. 8a) oder »ihr« (Haus Nr. 8b) galt. In beiden Häusern ging Prominenz ein und aus. So war es verständlich, daß die Journalisten dem Bundeskanzler eine astrologische Beraterin andichteten. Elfriede Keiser, Tochter eines Physikers, eines Assistenten von Konrad Röntgen, hatte Kunstgeschichte studiert, war viel gereist und mehrerer Fremdsprachen mächtig. Gewiß hatte sie oft des Kanzlers Ohr, aber mit Astrologie hatten die Gespräche nichts zu tun. Als ein »Zaungast der Geschichte« sah sie manche Politiker kommen und gehen. Einige kamen mit ganz großer Eskorte, und zwei Jahre später waren sie von der politischen Bühne abgetreten. Zu Fuß schlug eines Tages ein alter Herr mit langer weißer Mähne den steinigen Weg zur Kanzlervilla ein: Albert Schweitzer. Staatspräsident de Gaulle machte mehr Aufhebens. »Es war ein Leben wie im Ghetto«, erzählt Elfriede Keiser. Sie hatte sich mit der ganzen Familie am Gartenzaun aufgestellt und erregte das Mißfallen eines Polizisten, der aus Furcht vor Attentätern keine Neugierigen dulden wollte. Die Ankunft Staatspräsident de Gaulles machte dem Kampf um den Stehplatz am Zaun ein Ende. Sichtlich erfreut dankte de Gaulle für Frau Keisers »Vive la France!«

Elfriede Keiser kannte Konrad Adenauer von seiner menschlichen Seite und, selbstverständlich, nach seinem Horoskop. Sie war überzeugt, daß die Geburtszeit 10.30 Uhr, zu welcher Konrad Adenauer am 5. Januar 1876 in Köln geboren worden sein soll, nicht stimmen kann. Auch einige andere Astrologen, darunter der astrologische Forscher Dr. Koch, teilten diese Auffassung. Es ist bekannt, daß in früherer Zeit häufig Fehler bei der Eintragung in das Kirchen- bzw. Geburtsregister gemacht wurden. Adenauers Sohn Georg meinte, die damalige Eintragung sei gewiß richtig gewesen. Es könnte jedoch insofern ein Irrtum unterlaufen sein, als die Geburt tatsächlich nicht um 10.30 Uhr vormittags, sondern abends erfolgt wäre. In diesem Falle wäre das Zeichen der Jungfrau aufsteigend gewesen. Ein Jungfrau-Aszendent mit Merkur als Geburtsgebieter paßt sicher besser zum Wesensbild des ehemaligen Bundeskanzlers. Wer sich an die Durchrechnung und astrologische Auswertung der bekannten Lebensdaten Konrad Adenauers begibt, sollte sein Todeshoroskop berücksichtigen. Konrad Adenauer starb am 19.4.1967 um 13.21 Uhr in Rhöndorf.

ASTROLOGIE UND KOMMUNISMUS

Begriffe und Vorgeschichte: Es ist bekannt, daß man die Beziehungen zwischen Menschen und Sternen, wie man Astrologie umschreiben kann, früher anders interpretierte, als es heutzutage geschieht. In der Schicksalsfrage ging man z.b. davon aus, daß der Mensch in seinem Lebensvollzug ganz beträchtlich vom Sternenlauf abhängig sei. Heute ist erwiesen, daß der Freiheitsraum für die Selbstbestimmung und im Hinblick auf die Selbstverwirklichung des Menschen aus eigener Verantwortung doch relativ groß ist. »Die Sterne machen geneigt, sie zwingen nicht«, heißt die übliche moderne Formel. Einen solchen Wandel vom Wesen der Astrologie gilt es im folgenden im Auge zu behalten.

Der Zusammenbruch des Weltkommunismus um die Jahreswende 1989/90 hat zwar große Umschichtungen in der Politik gebracht, die Idee des Kommunismus aber nicht völlig von der Bildfläche verschwinden lassen. Selbst die Öffnung Chinas für kapitalistische Wirtschafts- und westliche Lebensformen muß auf die kommunistischen Ideale aufbauen. So ist die Auseinandersetzung mit kommunistischen Ideen keineswegs nur eine historische Reminiszenz. Die Formen vermeintlicher Menschheitsbeglückung sind langlebig. Aber auch die Betrachtungsweise und die Inhalte des Kommunismus sind der Wandlung unterworfen. Der Begriff kam vor etwa hundertfünfzig Jahren in Frankreich auf und wurde dann zunehmend verwendet. Zunächst verstand man darunter eine Gesellschaftsordnung, in der alle Mittel zur Warenherstellung Gemeineigentum sein sollten. Häufig wurde der Anspruch dahingehend erweitert, daß nicht nur die

Produktionsmittel vergesellschaftet sein sollen, sondern daß sich die Sozialisierung auf alle Güter zu erstrecken habe. Am weitesten ging wohl die Forderung, die festgefügte Form der Familie, die auf der Einehe gründet, aufzulösen. Mit anderen Worten heißt dies, daß in den Zeiten, als man noch nicht von der Gleichberechtigung der Geschlechter sprach, die Frau nicht mehr Privatbesitz des Ehemannes sein sollte. Die Frauen sollten allen Männern der Gemeinschaft gehören.

Karl Marx begründete den modernen Kommunismus

Seit Karl Marx (1818 – 1888) versteht man unter Kommunismus einen ganz bestimmten Zustand der Gesellschaft (oder auch den Weg dahin), wie ihn die kommunistischen Parteien oder Länder, allen voran die Sowjetunion und China, als Ideal erstrebten.

Wer in unserer Zeit mit kommunistischen Gedanken sympathisiert, gibt sich als Anhänger von Karl Marx zu erkennen. Dieser forderte die Diktatur des Proletariats als notwendig, um die kapitalistische Gesellschaftsordnung stürzen und die Weltrevolution durchführen zu können. Nur so sei der Kommunismus zu verwirklichen, die klassenlose Gesellschaft, in der sämtliche Mitglieder gleichgestellt und die Produktionsmittel Volkseigentum sind. Jeder soll nach seinen Fähigkeiten leben und arbeiten können, und jedem soll nach seinen Bedürfnissen gegeben werden. Nach marxistischer Auffassung bestimmt das Sein das Bewußtsein. Karl Marx vertrat den philosophischen Materialismus, der die Existenz Gottes leugnet.

Die Geschichte des Kommunismus begann lange Zeit, bevor der Begriff als solcher geprägt wurde. Versteht man ihn im allgemeineren Sinn, reichen seine Wurzeln ebenso weit zurück wie die der Astrologie, bis in die graue Vorzeit, als die Jäger und Sammler auf primitiver Stufe »kommunistisch« zusammenlebten.

Doch erst Platon (427-347 v.Chr.) wurde als Theoretiker in der Antike sowohl für die Astrologie wie für den Kommunismus bedeutsam. In seinen Alterswerken »Timaios« und »Der Staat« unternimmt er es u.a., sowohl die Beziehungen der Menschen zu den Sternen zu überdenken, als auch auf eine erwünschte Neuordnung der menschlichen Gesellschaft hinzuweisen, bei der »kommunistische« Vorstellungen im weitesten Sinne eine Rolle spielen. Zwar wäre es sicherlich falsch, Platon als Astrologen darzustellen. Ebenso unrichtig wäre es, ihn einen Kommunisten zu nennen. Allerdings hat sich dieser Philosoph mit zwei Grundbedürfnissen des Menschen auseinandergesetzt, mit den vertikalen Beziehungen, also »nach oben«, gleichzeitig aber auch mit den horizontalen, um eine bessere Ordnung für das Zusammenleben der Menschen zu ersinnen. Für Platon steht damit der Mensch im Koordinatensystem eines Seinsbezuges, ohne daß er den Versuch unternimmt, beides aufeinander abzustimmen. Platons astrologische Vorstellungen gehen auf persisch-ägyptische Astrallehren zurück. Wahrscheinlich wußte er auch um indische Gedanken, denn die Lehre vom Karma spielt bereits bei ihm eine Rolle.

Wie Platon in mythischer Form erzählt, habe eine Göttin geoffenbart, daß der Mensch vor seiner Inkarnation sein Schicksal frei wählen könne. Dieses wird dann von den Moiren, den Schicksalsgöttinnen, an den Himmel geheftet und ist von da an unabänderlich. Es ist den Planeten unterstellt, die über seine Erfüllung wachen. Die Planetengötter hegen und pflegen den Menschen und nehmen ihn nach seinem Tode zu sich. Für die Antike begründete solcher Glaube, warum das Schicksal aus dem Gang der Wandelsterne geschaut werden könne.

Was den Staat angeht, wünscht Platon für die oberste Klasse der Gesellschaft, die er »vollkommene Wächter« oder »Regenten« nennt, eine Gütergemeinschaft, die auch Frauen und Kinder einbegreift.

Für die Kommunisten, die Platon als ihren »utopischen« Vorläufer ansehen, ist noch der Gedanke wichtig, daß der Staat alle Bürger erziehen und geistig leiten soll, ein Anspruch, den die kommunistischen Staaten in der zweiten Hälfte dieses Jahrhunderts, wenn auch vergeblich, weitgehend zu verwirklichen versucht haben. Ein halbes Jahrtausend nach Platon finden sich Elemente eines Kommunismus im weiteren Sinne bei den Urchristen, wie auch das Prinzip des Gemeineigentums in der Apostelgeschichte durchklingt. Gütergemeinschaft wurde bei Mönchsorden ebenso praktiziert, wie sie bei einzelnen Sekten, z.B. bei den Wiedertäufern, vorkam.

DER SONNENSTAAT

Tommaso Campanella (1568-1639) blieb es vorbehalten, ein erstes Buch zu schreiben, das dem Leser das Modell eines Staates vorstellt, der – anders als bei Platon – alle Bürger erfaßt und der astrologisch gelenkt werden soll. Es ist sein Werk »La Cittá del Sole« (1602), wörtlich übersetzt »die Sonnenstadt«. Man wird dem Inhalt jedoch besser gerecht, wenn man es »der Sonnenstaat« nennt. Wenn im folgenden ausführlich auf diesen »Sonnenstaat« eingegangen wird, geschieht dies nicht, um eine der vielen Staatstheorien, die es seit Platon gibt, eingehender zu beleuchten. Einzig und allein soll dargelegt werden, welche hervorragende Rolle Astrologie im Denken und im Bewußtsein der Menschen der Spätrenaissance gespielt haben muß, wenn sie eine so weitgehende Berücksichtigung findet. Daher wird aus dem »Sonnenstaat« vorwiegend betrachtet, was für diesen Aspekt gilt.

Zahlreiche Theoretiker haben den »Sonnenstaat« kritisch gewürdigt. In der Regel stellen sie Campanella auf eine Stufe mit Thomas Morus, der »Utopia« schrieb, oder mit Francis Bacon, von dem ein ähnliches Werk »Neu-Atlantis« stammt. Natürlich ist ein Vergleich möglich, denn es handelt sich ja um utopische kommunistische Staatstheorien. Aber

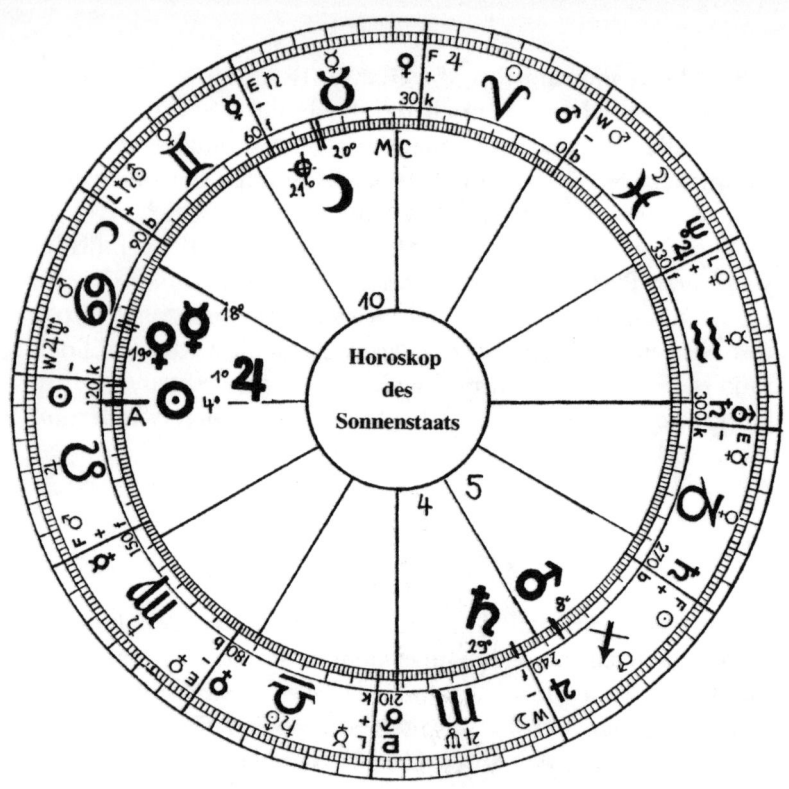

Horoskop des Sonnenstaats

Campanella kann man nur verstehen, wenn man sich mit dem umfassenden Inhalt des Begriffs Astrologie auseinandergesetzt hat.

Einige Kritiker Campanellas behaupten, er betone Astrologie zu sehr. Wer so urteilt, übersieht, daß für Campanella die Astrologie überhaupt die Grundlage seiner Überlegungen darstellt. Andere Kritiker wiederum mutmaßen, Campanella habe seinen »Sonnenstaat« nur geschrieben, um Astrologie zu rechtfertigen. Auch diese Behauptung ist falsch. In der Spätrenaissance – und nur um diese Zeit geht es hier – war astrologisches Denken so vollkommen in das Leben und in die Vorstellungswelt der Menschen einbezogen, daß es keiner Apologie bedurfte. Es kann daher mit Sicherheit davon ausgegangen werden, daß es Campanella durchaus um die Entwicklung einer Staatstheorie ging.

Man muß seinen Lebensgang berücksichtigen, wenn man das Werk begreifen will.

CAMPANELLAS HARTES LEBEN

Tommaso Campanella wurde am 15. September 1568 in Stilo in Calabrien geboren. Als begeisterungsfähiger Jüngling wurde er einmal von der Predigt eines Dominikanermönchs so gepackt, daß er sogleich in diesen Orden eintrat. Mit 23 Jahren macht er zum erstenmal mit dem Gefängnis Bekanntschaft, da man ihm Ketzerei vorwarf. Zwar wurde er bald wieder freigelassen, um schließlich dann nochmals für 27 Jahre seines Lebens hinter Kerkermauern zu verschwinden.

Der Untergang der spanischen Armada 1588 und der Tod Philipp II. von Spanien ermunterten Verschwörer, gegen die spanische Herrschaft in Süditalien aktiv zu werden. Ihr Schicksal, ergriffen, schrecklich gefoltert und in den Kerker geworfen zu werden, teilte auch Campanella. Seinen Feuergeist konnte ein solches Martyrium allerdings nicht auslöschen. Zeitweise erhielt er Hafterleichterung und konnte seine Gedankenfülle ordnen und niederschreiben. Von 1584 bis 1594 entstanden religionsphilosophische Schriften, deretwegen er von der Inquisition angeklagt wurde. Später schrieb er Bücher vorwiegend politischen Inhalts. Campanella vertrat ein neuplatonisches Weltbild und lehrte eine doppelte Offenbarung durch die Natur und die Bibel. Als ihn die Spanier freigelassen, d.h. nach Rom ausgeliefert hatten, gelang ihm die Flucht nach Frankreich. Gönner unterstützten ihn bis zu seinem Tod am 21. Mai 1639.

Seinen Peinigern hat sich Campanella nie unterworfen. Die lange furchtbare Haft hat ihn nicht brechen können, fand aber indirekt in seinem Werk ihren Niederschlag. Diese besonderen Umstände gilt es zu berücksichtigen, wenn man Campanellas leidenschaftlichen Kampf und seine Vorstellungen von einem idealen Staat begreifen will.

Das Glück der Bürger konnte damals wohl kaum in demo-

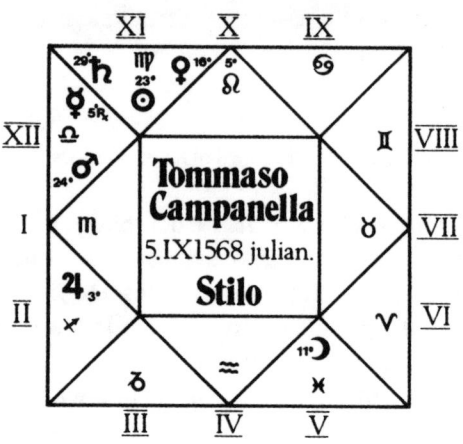

kratischen Gemeinwesen verwirklicht werden, wie unsere
Zeit sie kennt. Damals meinte man vielmehr recht allgemein,
man müsse die Menschen zu ihrem Glück hinführen. Immer
wieder hat es im Lauf der Geschichte Menscheitsbeglücker
gegeben, die ihre Vorstellungen mit Gewalt durchzusetzen
versuchten. Solches Verhalten der Kommunisten hat etwa
hundert Millionen Menschen das Leben gekostet. Seit Karl
Marx bis in die Gegenwart behaupteten sie, ihre alleinselig-
machende Lehre in Erbpacht zu besitzen und als einzige zu
wissen, welcher Weg in das irdische Paradies führt.

Übergroß mag früher in Europa die Zahl der Ärmsten
gewesen sein, die nicht satt zu essen hatten; ebenso werden
die meisten Menschen unter gesellschaftlichen Zwängen
gelitten haben. Daher ist es zu verstehen, wenn das rein körperliche Wohlergehen und geordnete wirtschaftliche Verhältnisse vor allem erstrebenswert schienen. Dem Mönch Campanella mag es darüber hinaus darum gegangen sein, die
Voraussetzungen zur Begründung eines Reiches Gottes auf
Erden zu schaffen.

Campanella war ein Optimist, der an die Macht des Guten glaubte. Seine soziale Gemeinschaft würde sich in einem Kulturstaat bewähren, der auf Gerechtigkeit gegründet sein sollte. Die Besten aber sollten den Staat lenken, ausersehen für die hohen Ämter aufgrund astrologischer Kriterien. Die Konfrontation mit der Gewalt, der sich Campanella während der grausamen Haftzeit jahrelang ausgesetzt sah, hatte seinen Blick für Macht- und Herrschaftsdenken geschärft. Er mußte erleben, wie seine Peiniger durch eine Überfülle an Besitz in der Lage waren, andere zu unterdrücken. Wahrscheinlich sah er deshalb im Eigentum eine Gefahr und forderte den Gemeinbesitz. Die Verteilung des Nötigen sollte den Behörden zukommen. Sie sollten überwachen, daß keiner mehr erhält als er verdient, jedoch auch keinem Notwendiges vorenthalten werde.

Durch eine Art astrologisch fundierter biologischer Zuchtwahl soll die Fortpflanzung geregelt werden.

Die einzelnen Theorien schildert Campanella in seinem Werk »Sonnenstaat« in Form des Gesprächs zwischen einem Großmeisters der Hospitaliter mit einem weitgereisten Genueser Admiral. Dieser berichtet von seinem Aufenthalt auf der Insel Tapobrana, auf der die Sonnenstadt gelegen sei. Hinter dem Namen Tapobrana verbirgt sich Ceylon. Es stimmt nachdenklich, daß gerade dort sich die Pflege astrologischen Gedankengutes bis heute erhalten hat. Noch vor wenigen Jahren wurde berichtet, daß dort wichtige politische und wirtschaftliche Entscheidungen von der Regierung nach Einholung von astrologischem Rat getroffen werden.

In dem Zwiegespräch zwischen dem Großmeister und dem Genueser beschränkt sich der Erstgenannte darauf, Fragen zu stellen, die der Admiral ausführlich beantwortet. Der Dialog berührt nahezu sämtliche Lebensbereiche. Viele Einzelheiten betreffen die Astrologie.

Der Stadtstaat liegt auf einem Hügel und ist von sieben Ringmauern umgeben. Sie sind nach den sieben Planeten benannt. Zwischen ihnen liegen Paläste, Höfe, Gebäude. Auf dem Gipfel des Berges erhebt sich der Tempel. Sein Kernstück ist der Altar mit einem Himmelsglobus. Dieser zeigt alle sichtbaren Sterne und enthält Erklärungen, wie sie auf den Menschen wirken.

Oberster im Staate ist ein Priester, der »SOL« (lat. die Sonne). Diesem »Metaphysikus« stehen drei Würdenträger zur Seite, die bestimmte Ressorts verwalten. Der PON (vom lateinischen Wort potentia abgeleitet, was soviel wie die MACHT bedeutet), ist für die Erhaltung der Ordnung, besonders für das Kriegswesen zuständig. Dem SIN (lat. sapientia), also der WEISHEIT, untersteht die Betreuung der Bildung und der Wissenschaften, zu denen auch Astrologie zählt. Der dritte Oberbeamte ist MOR (lat. amor), die LIEBE. Dieser kümmert sich um die Versorgung der Bürger mit Lebensmitteln, um die medizinische Betreuung, vor allem aber überwacht er die staatlich geregelte Fortpflanzung. Diese drei Männer werden in der Volksversammlung für die Ämter vorgeschlagen und dann gewählt. Sie beraten den SOL.

Vom Metaphysikus wird erwartet, daß er Theologie beherrscht und alle Künste und Wissenschaften näher kennt. Vor allem die Erscheinungen des Himmels, der Erde und des Meeres muß er zu deuten wissen als Gedanken Gottes, aus denen Schicksal und Harmonie der Welt erwachsen. Da er von größtmöglicher Vollkommenheit ist und soviel weiß, wird er weder grausam noch verbrecherisch oder tyrannisch sein. Er regiert mit Güte, wie überhaupt das Leben der Bürger nach den edelsten Zielen ausgerichtet ist. Sie leben in Liebe und Freundschaft zusammen, Hochmut gilt als Laster. Die Erziehung zu den Idealen, die als Leitsterne angesehen werden, geschieht früh und intensiv. Die Belehrung erfolgt durch große Bilder, mit denen die Stadtmauern geschmückt sind. Sie unterrichten über Mathematik, Geschichte, Geographie, Botanik, Zoologie.

Die Jugend wird im Geiste der Brüderlichkeit und der

Gemeinsamkeit erzogen. »Sie verhalten sich deshalb so zueinander, weil sie ja überhaupt Glieder eines Körpers und der eine
ein Teil des anderen zu sein glauben«.[1] »Wohnungen, Schlaf-
räume, Betten und andere lebensnotwendige Dinge besitzen
sie gemeinsam. Aber nach jeweils sechs Monaten wird von
den Behörden festgesetzt, wer in diesem und wer in jenem
Ring, wer im ersten und wer im zweiten Schlafraum schlafen
soll. . .«[2] Gemeinsam werden auch die Mahlzeiten eingenom-
men. Ein Privatleben in unserem Sinne ist nicht bekannt und
denkbar. Vor allem aber erfolgt die Gattenwahl durch den
Staat. Ein Beischlaf, der nicht der Fortpflanzung dient, ist nur
mit schwangeren oder unfruchtbaren Frauen erlaubt.

»Diese Stunde (der Zeugung zum Zwecke der Fortpflanzung) bestimmen der Astrologe und der Arzt, die sich
bemühen, die Zeit zu treffen, in der Venus und Merkur östlich der Sonne in einem günstigen Hause stehen, in gutem
Aspekt zu Jupiter sowie zu Saturn und Mars, oder aber in
gar keiner Beziehung zu diesen. Besonders werden Sonne
und Mond, die sich oft feindlich entgegenstellen, geschätzt.
Sie bevorzugen die Jungfrau im Horoskop (d.h. als Aszendent). Sie hüten sich aber vor Übeltätern im Winkel, da diese ja alle übrigen Aspekte durch ihr Quadrat und ihre Opposition ungünstig beeinflussen. Von ihnen hängt ja der
Ursprung der Lebenskraft und von der Harmonie des
Ganzen mit den Teilen der des gesamten Schicksals ab.«[3]

»Da die Gleichaltrigen aber meistens unter derselben Konstellation gezeugt sind, haben sie auch ganz ähnliche Anlagen, Eigenschaften und Merkmale. Daher rührt auch die
große und anhaltende Eintracht innerhalb des Staates. In Liebe und Hilfsbereitschaft unterstützen sie sich gegenseitig.«[4]

Das Problem des Gemeinbesitzes der Frauen und der vom
Staat überwachten Kinderzeugung nimmt in der Unterhaltung zwischen dem Großmeister und dem Genueser einen
breiten Raum ein. Obwohl Campanella auf die äußeren
Umstände der Zeugung – sie wird gewissermaßen feierlich
zelebriert – ausführlich eingeht, läßt er außer acht, wie weit
die fruchtbaren und unfruchtbaren Tage der Frau astrolo-

gisch berücksichtigt werden. Es genügt ihm offensichtlich der Hinweis, daß der Arzt mit dem Astrologen gemeinsam den Termin bestimmen.

Fortpflanzung als zentrales Thema zu behandeln, halten Kritiker bisweilen für die Ausgeburt einer überhitzten Mönchsphantasie. Vielleicht sollte man eher annehmen, daß Campanella davon überzeugt war, seinen Kommunismus nur verwirklichen zu können, wenn er in seinem Sonnenstaat auch die entsprechend veranlagten Menschen als Bürger vorfände. Es leuchtet ja schließlich ein, daß eine so totale Sozialisierung nur von Menschen als besonderes Glück empfunden und daher auch angestrebt werden kann, die von Natur eine diesbezügliche Veranlagung mitbringen.

Die strenge Regelung des gesamten Lebens erfolgt nach astrologischen Grundsätzen und Überlegungen. »Ferner weilen vierundzwanzig Priester oberhalb des Tempels, die um Mitternacht, am Mittag, am Morgen und am Abend, also viermal zur Ehre Gottes Psalmen singen und deren Aufgabe es ist, die Gestirne zu beobachten, mit Hilfe von Astrolabien ihre Bewegungen und Wirkungen auf die menschlichen Angelegenheiten zu vermerken und ihre Eigenschaften kennenzulernen. Daher wissen sie auch, in welcher Gegend des Erdkreises eine Veränderung vor sich geht oder eintreten wird und zu welcher Zeit. Sie senden dann Leute aus, um zu erforschen, ob sich die Sache so verhält und verzeichnen die wahren und falschen Voraussagen, um mittels der Erfahrung ganz einwandfrei auch Merkur in gutem Aspekt voraussagen zu können. Diese Priester bestimmen die Stunden der Zeugung, den Tag der Aussaat, der Ernte und der Weinlese. Sie sind gleichsam Unterhändler und Vermittler: das Band zwischen Gott und Menschen. Aus ihrer Mitte wird meistens der Sol gewählt.«[5]

»Ihre Festlichkeiten sind großartig. Wenn die Sonne die vier Wendepunkte des Himmels erreicht, das heißt den Krebs, die Waage, den Steinbock und den Widder, veranstalten sie schöne und gelehrte, gewissermaßen szenische Vor-

stellungen. Auch Neumond und Vollmond sind jeweils Fest-
tage, ebenso die Gründung der Stadt...«[6]

DAS HOROSKOP DES SONNENSTAATES

Campanella läßt den Genueser im Laufe der Unterhaltung
auch das Horoskop des Sonnenstaates darlegen: »Sie setzten,
als sie die Stadt bauten, feste Zeichen in die vier Himmels-
richtungen (Löwe, Skorpion, Wassermann, Stier). Im Horoskop (gemeint ist der Aszendent) hatten sie den Löwen und
Jupiter östlich der Sonne, Merkur aber und Venus im Krebs,
jedoch so nahe, daß sie sich begleiteten (d.h. in Konjunktion
stehen), Mars im fünften Hause, im Schützen, in so glückli-
chem Aspekt, daß er Opposition (gemeint ist der Deszendent) und Horoskop (Aszendent) günstig beeinflußte, den
Mond im Stier in günstigem Aspekt zu Merkur und Venus,
jedoch ohne durch seine Quadratur der Sonne zu schaden.
Saturn suchte das vierte Haus auf, ohne aber Sonne und
Mond zu stören, vielmehr die Grundlagen festigend. Fortu-
na (gemeint ist der Glückspunkt) war mit Algol im zehnten
Hause, woraus sie auf Stärke und Vortrefflichkeit ihrer Herrschaft schlossen. Ferner kann Jungfrau und ihre Bahn, vom
Monde bestrahlt, nicht schlecht sein.«[7]

ANSICHTEN ÜBER ASTROLOGIE

Kapitel 29 des Buches vom Sonnenstaat behandelt Astrologie, göttliche Vorsehung und Willensfreiheit. Als Auszug sei
eine Darlegung des Genuesers wiedergegeben. Sie spiegelt die
im Mittelalter weitverbreiteten Ansichten über das Thema
und stellt im wesentlichen die Auffassungen dar, wie sie vom
hl. Thomas von Aquin vertreten wurden.
»Gott gab allen zukünftigen Wirkungen die allgemeine
Ursache, und die besonderen können nur wirken, wenn die
allgemeinen wirken. Die Pflanze blüht nämlich nicht, wenn

227

die Sonne sie nicht von nahem erwärmt. Die Zeiten aber kommen von allgemeinen Ursachen, das heißt von himmlischen. Also tun wir alles, was wir tun, auf himmlischen Antrieb hin. Die freien Ursachen aber bedienen sich der Zeit, sowohl in sich als auch zuweilen anderen gegenüber. Denn auch durch Feuer veranlaßt der Mensch die Bäume zu blühen, und die Lampe erleuchtet das Haus, wenn die Sonne fehlt. Die natürlichen Ursachen aber werden durch die Zeit hervorgerufen. Daher geschieht dies am Tage, jenes in der Nacht, dieses im Winter, jenes im Sommer, im Frühling oder im Herbst, bald aus freien, bald aus natürlichen Ursachen, das eine in dem einen, das andere in einem anderen Jahrhundert. Und wie man durch eine freie Ursache nicht gezwungen wird zu schlafen, wenn es Nacht wird, oder sich zu erheben, wenn es tagt, sondern nach Belieben handelt je nach dem Wechsel der Zeiten, so wird man auch nicht gezwungen, Schießgewehr und Druckerkunst zu erfinden, wenn die großen Begegnungen im Krebs, und Monarchien zu gründen, wenn diese im Widder stattfinden, und so in allen übrigen Dingen, wenn man im September sät, im März die Bäume beschneidet usw.

Sie (das sind die Bürger des Sonnenstaates) können nicht glauben, daß der oberste Priester der weisen Christen die Astrologie verbietet, es sei denn, um denjenigen das Handwerk zu legen, die Mißbrauch mit ihr treiben, indem sie die Handlungen des freien Willens und übernatürliche Ereignisse voraussagen; denn die Gestirne sind ja nur Zeichen des Übernatürlichen, die allgemeinen Ursachen der natürlichen Ereignisse dagegen sind bloß Gelegenheiten, Anreize und Einladungen zu Willenshandlungen. Denn nicht die aufgehende Sonne zwingt uns, uns vom Lager zu erheben, sondern sie lädt uns dazu ein und zeigt uns die Vorteile, während die Nacht ungeeignet zum Aufstehen und geeignet zum Schlafen ist. Da sie also auf dem freien Willen nur mittelbar und zufällig wirken, während sie auf den Körper und auf den körperlichen und mit einem körperlichen Organ verbundenen Sinn Einfluß nehmen, wird der Geist durch den Sinn zur

Liebe oder zum Haß, zum Zorn und zu anderen Leidenschaften aufgestachelt. Dann aber kann er den aufgereizten Leidenschaften zustimmen oder sie ablehnen. Ketzerbewegungen also und Kriege und Hungersnöte, die durch die Gestirne angezeigt werden, treten meistens ein, weil sich die Mehrzahl der Menschen mehr von dem sinnlichen Triebe als von der Vernunft leiten läßt; deshalb tun sie dann auch das, was gegen die Vernunft ist. Manchmal freilich stimmen sie auch vernunftmäßig der Leidenschaft zu, wenn sie etwa in gerechtem Zorn einen gerechten Krieg anfangen.«[8]

Diese Ausführungen mögen genügen, um Campanellas »Sonnenstaat« hinsichtlich seiner astrologischen Bedeutsamkeit zu würdigen.

Unter den Zeitgenossen erregte Campanellas Werk großes Aufsehen. Besonders die Gesellschaft Jesu, wie der 1534 von Ignatius von Loyola gegründete Jesuitenorden ursprünglich hieß, interessierte sich für die Theorien des Dominikaners. Sie hatten es sich zur Aufgabe gestellt, den katholischen Glauben mit den zeitgemäßen Mitteln, besonders durch Mission, Erziehung und Unterricht zu verbreiten.

EIN »KOMMUNISTISCHER« JESUITENSTAAT IN PARAGUAY

Im 17. Jahrhundert mögen derartige Gedanken eines auf astrologischer Basis ruhenden theokratischen Staates, dessen Mitglieder durch Teilung des Besitzes, Arbeitspflicht und durch eine umfangreiche staatliche Fürsorge gefördert wurden, von revolutionärer Tragweite und eigenartiger Faszination gewesen sein. Jedenfalls nahmen die tüchtigen Padres des Jesuitenordens die Gelegenheit wahr, die ihnen der neu entdeckte Kontinent Amerika bot, einiges aus den Theorien Campanellas in die Tat umzusetzen.

In den weitläufigen Gebieten am Paraguay- und Uruguayfluß gründeten die Jesuiten an die dreißig »Indianer-Reduktionen« mit etwa 100 000 Guarani-Indianern als Einwohnern. Unter der milden Führung der frommen Väter, welche dem Sinne nach die Rollen von SOL, PON, SIN und MOR übernahmen, bestanden diese im Rahmen der spanischen Kolonialverwaltung weitgehend unabhängigen Territorien länger als 150 Jahre, nämlich von 1609 bis etwa 1767. Sie unterhielten sogar eine schlagkräftige kleine Armee, mit der man sich erfolgreich gegen die Sklavenjäger wehrte. Es ist bezeichnend, daß diese Indianer-Reduktionen erst zerfielen, als man die Jesuiten verfolgte und ihr Missionswerk unmöglich gemacht wurde. Denn ein solches war es ohne Zweifel. Alle Indianer mußten lesen und schreiben lernen. Der Arbeitsertrag kam allen zugute. Er wurde an Magazine geliefert, von denen aus die Bedürfnisse der Indianer befriedigt wurden. Die Überschüsse dienten dem Export. Der Handel blühte, sehr zum Leidwesen einzelner Großkaufleute.

Da die Indianergebiete völlig abgeschlossen waren und Fremde keinen Zutritt hatten, gab es bald Grenzkonflikte. Vor allem waren es Sklavenjäger, die sich benachteiligt fühlten. So fanden sich genügend Feinde, die sich gegen die frommen Patres verschworen. Am 16. Januar 1750 schlossen Portugal und Spanien einen Grenzberichtigungsvertrag, von dem die Indianergebiete betroffen waren. Die Eingeborenen setzten sich zur Wehr und leisteten jahrelang Widerstand. 1766 wurde die Verbannung des Ordens aus Spanien beschlossen, ein Jahr später an einem einzigen Tag alle Jesuiten in den spanischen Besitzungen in Südamerika festgenommen, auch in den Indianergebieten. Mit ihrer Ausweisung hörte die zivilisatorische Arbeit in den Indianergebieten auf. Sie verfielen, und die Eingeborenen verwilderten. Das christliche Europa hatte wieder einmal eine große Chance verspielt, abendländische Kultur zu verbreiten.

DAS HOROSKOP TOMMASO CAMPANELLAS

Die horoskopische Aufzeichnung in antiker Manier entspricht den astronomischen Verhältnissen am Geburtstag, dem 5. September 1568. Campanella muß in den Vormittagsstunden geboren worden sein, als Mars noch in Konjunktion mit dem Aszendenten Skorpion gestanden hat. Der Körperbau und die Physiognomie des Gesichts lassen den Schluß auf einen starken Skorpion-Einschlag zu: Ein muskulöser Körper, wie ihn »Sitzriesen« oft haben, die »beauté du diable«, jene eigenartige Faszination, die vom Gesichtsausdruck ausgeht und auf den geradezu stechenden Blick zurückzuführen ist, starke Jochbeine, eine breite Nase, der kräftige Hals. Auch das physische Regenerationsvermögen, das ihn 27 Jahre Kerkerhaft und zahlreiche schwere Folterungen überstehen ließ, entspricht dem Skorpiontyp. Unter allen Tierkreiszeichen repräsentiert dieses Menschen mit ungewöhnlichem Selbsterhaltungstrieb. Aber auch in geistiger Hinsicht ist der Skorpioneinfluß unverkennbar, nämlich die Art und Weise der Durchsetzung der eigenen Ansichten innerhalb einer feindlichen Umwelt.

In mentaler Hinsicht dominiert freilich die verstandesmäßig nüchterne Jungfrauart. Im »Sonnenstaat« soll alles Leben friedlich und vernünftig geregelt sein. Partnerwahl und Zeugung werden rein aus Nützlichkeitserwägungen vom Staat verordnet und organisiert. Für echte Erotik bleibt kein Raum. Venus-Opposition-Mond erklärt, warum Campanella über die Beziehungen der Geschlechter zueinander nicht anders denken konnte. Er war unfähig, sich anderen gegenüber aufzuschließen, seine Romantik war verkrampft.

Sein an sich edles Denken erliegt einem Gerechtigkeitsfanatismus, wie er oft jene erfüllt, die an Prozeßwut leiden oder die zeitlebens in gerichtliche Auseinandersetzungen verstrickt sind. Daran ändert nichts, daß Campanella durch eine günstige Jupiter-Merkurverbindung sehr wohl praktisch eingestellt war. Auch die Organisation im Sonnenstaat war ja mustergültig. In gewisser Hinsicht dachte und handelte Campanella durchaus ökonomisch. Er verstand es auch, sich auf seine Peiniger einzustellen und wie ein guter Kaufmann auch aus einer verfahrenen Situation das Beste zu machen. Jupiter-Trigon-MC kann als Berühmtheitsaspekt aufgefaßt werden. Trotz mißlicher Lebensumstände wurde Campanellas Werk bekannt. Dabei ging es ihm im Prinzip mehr um die Sache als um die Menschen, was man aus der Nähe Merkurs bei Saturn ersehen mag. Mars in der Achse zwischen Merkur und Jupiter läßt vermuten, daß der Feuergeist Campanella Leidenschaft und Rednergabe in sich vereinte, nur daß der Vollmond, er war erst Stunden nach der Geburt exakt, ihn daran hinderte, leicht und ohne Schwierigkeiten Vorteile aus der übergroßen Spannkraft seiner Natur zu ziehen. Der in den kommunistischen Ländern als Vorläufer utopischer Kommunisten geschätzte Dominikanerpater war ein Renaissancemensch, erfüllt von faustischem »dunklen Drang«, wie ihn die Kombination des Skorpion-Aszendenten mit dem Sonnenstand im Zeichen Jungfrau erkennen läßt, eine Kombination, die auch Goethes Horoskop bestimmt.

KOMMUNISMUS UND ASTROLOGIE IN HEUTIGER SICHT

Seit Campanella und den Versuchen der Jesuiten, seinen kommunistischen »Sonnenstaat« zu verwirklichen, sind Jahrhunderte vergangen. In den zivilisierten Gegenden haben sich die Lebensverhältnisse seither ebenso vollständig gewandelt wie die politischen Systeme. Die Begriffe haben andere Inhalte bekommen. Unter Kommunismus ist heute ausschließlich die Lehre von Karl Marx zu verstehen. Nur der Zusammenhang erlaubt es, den Sonnenstaat mit dem Attribut kommunistisch zu bezeichnen.

Was die Astrologie angeht, sind Veränderungen nach Form und Inhalt viel weniger augenfällig. Zwar brachte die Hinwendung zu den Naturwissenschaften im 17. und 18. Jahrhundert eine Abkehr von dem mehr ganzheitlichen Verständnis der nunmehr als »Wissenschaft« in Frage gestellten Lehre. Die Erforschung der uns umgebenden Natur ließ vergessen, daß wir selbst ein Stück von ihr sind. In das neue mechanistische Weltbild ließ sich Astrologie nicht einfügen, obwohl die Beziehungen Planet-Mensch vielfach kausal verknüpft schienen.

Im 19. Jahrhundert schließlich geriet der historische Materialismus zum Triumph. Marx und Engels meinten, mit ihrer neuen Lehre eine Art Entwicklungsmechanismus der menschlichen Gesellschaft gefunden zu haben. Tatsächlich gestatten ihre Erkenntnisse es, viele historische Vorgänge zu deuten.

In Deutschland, einem für das geistige Leben in der Neuzeit hochbedeutsamen Land, erlitt die Astrologie einen völligen Niedergang. Er war weithin selbstverschuldet, denn ungebildete Menschen, den »Chaldäern« der Antike gleich, bemächtigten sich der Lehre und brachten sie in Verruf. Mit allerlei Hokuspokus suchten sie Geld aus der Unwissenheit der Menschen zu ziehen und nützten das einfache Volk aus. Astrologie geriet in Verruf. Wer ihre Wahrheiten verkündete, wurde nicht gehört oder ernst genommen. Vor hundert Jahren glaubte kein Mensch in Deutschland mehr daran, daß Astrologie jemals wieder Bedeutung erlangen könnte. Die simple Begründung dafür war, daß die Astrologen ja immer noch die Erde im Mittelpunkt des Weltsystems sähen, während doch seit Kopernikus dieser Rang der Sonne zukam. Dabei behauptet gewiß kein Astrologe in der ganzen Welt, daß die Erde das Zentrum des Kosmos sei. Wohl aber sieht jeder Mensch sich selbst »in der Mitte«.

DER MENSCH IM MITTELPUNKT – DER WEG ZUR INDIVIDUALITÄT

So hat auch jeder seine eigenen Ansichten von der Welt, sieht sie durch seine Brille. Der Mensch begreift sich als Individuum. Dies unterscheidet ihn von anderen Lebewesen. Indem er über sich nachdenkt, bezieht er alles Geschehen auf sich. Heute »wissen« schon Schulkinder, daß wir gleichsam auf einem Kugelkarussell mit unvorstellbarer Geschwindigkeit durch den Raum jagen. Richtig begreifen können wir es aber nicht, auch wenn wir Satelitenfotos von der Erde anschauen können. Die »Wirklichkeit« ist doch anders. Berge und Flüsse sahen schon vor Jahrtausenden so aus, man spricht vom »ewigen Schnee«. Die Welt scheint festgefügt, ja, unser Organismus und unser ganzes Leben sind nach der Sonne ausgerichtet. Wir orientieren uns nach ihrem sichtbaren Tages- und Jahreslauf. Für uns geht sie im Osten auf und im Westen unter, weil wir es so sehen. Und unser Körper stellt sich darauf ein. Für den Astrologen ist es mithin gleichgültig, ob das Weltbild des Kopernikus das des Ptolemaios ablöste. Der Mensch steht »in der Mitte«, er bezieht alles in der Welt auf sich. Unsere Erfahrungen mit dem Kosmos sind homozentrisch.

Als im 20. Jahrhundert Astrologie eine Renaissance erlebte, handelte es sich nicht um das Wiederaufleben antiker oder mittelalterlicher Vorstellungen.

Es war und ist vielmehr das Allgemeinmenschliche, das als das Allzumenschliche gern belächelt wird. Der Wunsch, mehr über die Zukunft zu erfahren, ist indessen legitim, wie Vorherwissen Ziel jeder Wissenschaft ist. Schlüsse hinsichtlich der persönlichen Chancen sind Schlußfolgerungen aufgrund unserer Veranlagung und unserer Strebungen.

Deswegen muß jede Prognose mit dem Zustand des Objekts beginnen, ganz gleich, ob man über ein mögliches oder wahrscheinliches Schicksal eines Tieres, eines Autos oder irgendeines Dinges etwas aussagen will. Auf den Menschen trifft das erst recht zu. Es gilt mithin, sein Wesen als Ganzes zu erfassen, seine Individualität zu ergründen.

»WERDE DER, DER DU BIST!«

Gesellschaftsordnungen nach westlichem Muster bejahen die Individualität. Der vielzitierte Begriff der Freiheit darf in diesem Zusammenhang dahingehend verstanden werden, daß der Mensch durch das Schaffen gleicher Startbedingungen ins Leben durch den demokratischen Staat in den Stand gesetzt werden soll, sich zu dem zu entwickeln, der er nach seinen Anlagen und Begabungen sein könnte. Das antike »Erkenne dich selbst!« ist die Voraussetzung für das »Werde der, der du bist!« Hierzu Wege zu weisen war und ist das ethische Anliegen der Astrologie, weshalb Ernst Jünger feststellen konnte, sie sei der Religion benachbarter als der Wissenschaft.

Die Wiederbesinnung auf die Astrologie fällt in den Beginn des Wassermannzeitalters, dessen Planetensymbol Uranus ist. Wassermann verkörpert die uralten Erfahrungen der Menschheit, Wissen, das die Archetypen in den Regionen des Unbewußten als existent anzeigen. Das Zeichen Wassermann richtet den Blick auf die Frühzeit der Geschichte. Der Planet Uranus dagegen bedeutet vor allem den weiten und plötzlich erfolgenden Ausgriff in die Zukunft. Er ist Symbol der Umschwünge im Leben des einzelnen wie in der Gesellschaft. So repräsentiert er z.B. die Oktoberrevolution von 1917 in Rußland, die den Sieg des Marxismus brachte. Wassermann wurde zum Zeichen der Sowjetunion. Mundanastrologische Beobachtungen haben das immer wieder bestätigt.

Dr. Fidelsberger schreibt in seinem Buch Astrologie 2000 (Verlag Kremayr & Scheriau, Wien 1, 1972): »Selbsterkenntnis ist aber der wichtigste Schritt zum Aufbau einer eigenen Persönlichkeit, zur vorteilhaften Charakterentwicklung. Wenn die Horoskopie die Möglichkeit gibt, die eigenen Charakterzügen besser zu verstehen, dann hilft sie mit, Individualität zu ›stärken‹«.

Kein Wunder daher, daß überall dort, wo die kollektiven Bestrebungen besonders mächtig waren, wo die Sozialisierungstendenzen jede Individualität zu nivellieren suchten, die Astrologie verpönt, stark behindert oder gar verboten war. Das war in nahezu allen kommunistischen Ländern der Fall, wo die Sterndeuterei mit den Grundlagen des orthodoxen Marxismus nicht zu vereinbaren war. Der Einschätzung Dr. Fidelsbergers bleibt wenig hinzuzufügen. In den kommunistischen Ländern herrschte eine Partei, die im Namen des Proletariats die Diktatur ausübte. Es entsprach ihrem hierarchischen Aufbau, daß die oberste Funktionärsschicht die Weichen stellte, auch in der Personal- und Kaderpolitik. Versucht wurde vor allem, potentielle Regimegegner frühzeitig zu erkennen und zu vernichten, sonst schien die Ausübung der Macht gefährdet. Daher die konsequente Ausrottung Andersdenkender. Dennoch blieben Diadochenkämpfe nicht aus, wenn ein Großer von der Bühne abtrat. Man denke an die Jahre, als Stalin seine Position als Nachfolger Lenins durch die großen »Säuberungen« stärkte, was Millionen Menschen Leid und sogar die physische Vernichtung brachte. Nach Stalins Abgang wurde das Verfahren weniger augenfällig. Es bedurfte aber keiner Prophetie, um z.B. für das China Mao-Tse-Tungs Rivalitäten der Nachfolger vorauszusagen. Der Sturz und das Schicksal Lin Piaos zeigten das. So waren es vorwiegend politische Gründe, aus denen Astrologie in kommunistischen Staaten verboten war. Es durfte nichts geben, was mächtiger sein könnte als die Partei.

VERORDNETES GLÜCK

Man wird unwillkürlich daran erinnert, welches Schicksal jenen im Mittelalter widerfuhr, die das Horoskop Christi auszurechnen versuchten. Die Inquisitoren nannten es Blasphemie, denn man könne Christus schließlich keinem anderen Menschen gleichstellen! Ebensowenig war es zulässig, »die Partei« etwa mit anderen ähnlichen Organisationen zu vergleichen. Kommunisten stellten auf Spruchbändern gern ihr Glaubensbekenntnis zur Schau: »Der Marxismus ist richtig, weil er wahr ist!« Wer »ewige Wahrheiten« verkündet, um damit eine Diktatur zu rechtfertigen, muß hinnehmen, als doktrinär und intolerant bezeichnet zu werden.

Trifft ein solcher Vorwurf auch auf Campanella zu? Ganz ohne Zweifel. Man muß bei einer Beurteilung des Sonnenstaates allerdings die Zeitverhältnisse vor fast vier Jahrhunderten berücksichtigen, Ketzergerichte der Inquisition waren an der Tagesordnung und setzten mit nackter Gewalt die Anerkennung einer bestimmten Religion als allein seligmachend durch, wobei nichts unterlassen wurde, auch das diesseitige Leben der Gläubigen entsprechend zu ordnen. Gegenüber dieser Diktatur mögen die utopischen Maßnahmen Campanellas zur Regelung gesellschaftlicher Verhältnisse als milde bezeichnet werden. Entscheidend ist das Kriterium, nach dem bei ihm auf manchen Gebieten dem einzelnen Einschränkungen auferlegt werden. Bei Campanella ist es die Astrologie. Ihr wird nach unserer heutigen Auffassung ein zu großes Gewicht beigemessen.

Unser modernes Astrologieverständnis sieht in ihr nicht die einzige Lehre, die es möglich macht, den Menschen und seine Stellung in der Welt bzw. sein Schicksal zu interpretieren. Wir bejahen durchaus Einflüsse von Milieu, Erziehung, Rasse, Religion u.a.m. Aber damals war die tiefe Überzeugung weit verbreitet, der menschliche Wille sei unfrei. Man sah in der Schrift der Sterne, wonach der Wille Gottes stand. Es war ihm wohlgefällig, diese Schrift zu lesen.

Wenn Campanella in seinem utopischen Staat die Freiheit des Individuums beschneidet, z.B. was sexuelle Partnerschaften angeht, ist das gewiß ein erheblicher Eingriff in die Intimsphäre. Er ist nach unserer heutigen Auffassung unerlaubt. Andererseits ist der Gebrauch der »Pille« den Katholiken vom Papst verboten.

Astrologen werden als Lebensberater heute am meisten mit Partnerschaftsproblemen beschäftigt. Wird dann ein Partnervergleich ausgearbeitet, d.h. die Übereinstimmung zweier Horoskope ermittelt, läßt sich sehr gut herausfinden, ob die zwei Menschen »füreinander bestimmt« sind. Es ist bekannt, daß gerade auf dem Gebiet der vergleichenden Horoskopie die höchste Erfolgsquote erzielt wird. In Abwandlung der kommunistischen Parole könnte man daher – mindestens für diesen Sektor – mit gutem Gewissen feststellen: Astrologie ist wahr, weil sie funktioniert. Im Lichte einer solchen Überzeugung beurteilt man die Utopien

Campanellas milder. Man ist eher geneigt, Goethes Iphigenie zuzustimmen, wenn sie bekennt: »Und folgsam fühl ich mich am schönsten frei!« Dies, weil die Erfahrung den Beweis liefert. Campanella dürfte nicht weniger von der Richtigkeit der Astrologie überzeugt gewesen sein als Karl Marx von seiner Ideologie.

Nur hat Astrologie sich in den letzten zweitausend Jahren immer wieder bewährt, wenn man den Kern ihrer Lehren betrachtet. Es ist keine Sache der Weltanschauung, wie weit man ähnliches vom Kommunismus sagen kann. Macht über Völker auszuüben ist nicht das gleiche wie Menschen glücklich, d.h. zufrieden zu machen. Den Beweis, dies zu können, ist der Marxismus bisher schuldig geblieben. Die Geschichte hat da ihr Urteil gesprochen.

ASTROLOGIE NUR FÜR DIE HERRSCHENDEN

Aus dem weiten Gebiet der Grenzwissenschaften wurde inzwischen die Parapsychologie als Realität anerkannt. Dies ist u. a. ein Erfolg der Russen und Tschechen, die neben den Bulgaren, wichtige Entdeckungen gemacht haben, was Telepathie, Hellsehen und ähnliche Phänomene angeht.

Es verwundert nicht, daß sich die Berichte häufen, nach denen in den Staaten des ehemaligen Ostblocks auch die Astrologie von einem kleinen Kreis Wissenschaftler erforscht wurde. So suchte sich das Regime der Vorteile und real-praktischen Erkenntnisse zu bedienen, ohne sich der Kritik »von unten« aussetzen zu müssen, die wohl sicher gekommen wäre, hätte man die Beschäftigung mit Astrologie allgemein zugelassen.

Auch liegt es nahe, an das Dritte Reich zu denken. Erst wurde Astrologie toleriert. Als die Prognosen für Hitler schlechter wurden, sperrte man die Astrologen in die KZ's und beschlagnahmte alle astrologischen Bücher, deren man habhaft werden konnte. Mit ihnen wurden jene Astrologen reichlich ausgestattet, die im Auftrag höchster Stellen, freiwillig oder gezwungen ihre Herren mit astrologischen Analysen zu versorgen hatten. Individualität und Kritik am Regime jedoch waren unerwünscht.

Astrologie und Kommunismus – offensichtlich eine »unendliche Geschichte«.

ZAHLEN, NOTEN UND GEHEIMDIENST – VON DEN MERKWÜRDIGKEITEN DES FISCHE-TYPUS

Astrologiekritiker, die nichts dabei finden, daß Psychologen bestimmte Typensysteme verwenden, um menschliche Strukturen erfassen und ordnen zu können, mokieren sich über die zwölf astrologischen Typen anstatt sich die Mühe zu machen, sie zu studieren. In ihnen schlägt sich nicht nur eine jahrhundertealte Erfahrung nieder, nach C. G. Jung die Summe aller psychologischen Erkenntnisse des Altertums, einmalig reichhaltig an Fülle von Definitionen.

Während die Frühlingszeichen Widder, Stier und Zwillinge, um nur einige Beispiele zu nennen, recht eindeutig bestimmbare Typen kennzeichnen, gibt es einige andere, die schwieriger zu interpretieren sind. An Merkwürdigkeiten reich ist das zwölfte Zeichen, die Fische. Das Tierkreiszeichen Fische korrespondiert mit dem zwölften Sektor des astrologischen Meßbildes, dem Horoskop. »Auf seinem Wege zum Licht muß das Ich durch die Dünste und Niederungen des Horizonts, wo dunkle Nebel den sonnenhaften Geist umlagern«, schreibt Bibliotheksdirektor Knappich, ein astrologischer Forscher. Und weiter: »Das ist das Haus der Hemmnisse und Bedrängungen, hier brütet in den Nebeln der Kakodämon oder der böse Geist, worunter Saturn zu verstehen ist. Er beherrscht dieses Haus, ist langsam, schleichend in seinen Wirkungen, gefährlich und bedeutsam für heimliche Feinde, für chronische Krankheiten und alle abgeschlossenen Orte, wie Spitäler, Kerker, Verbannungsorte usw.«[1]

Wie das Zeichen Fische bezeichnet der zwölfte Sektor die Region der unteren Welt und die verschwiegenen Geheimnisse. Als eigentliche »Regenten« gelten Neptun, wohl nicht zuletzt wegen der Verbindung zum Geheimen, sodann auch Jupiter, wegen Religiosität und Menschlichkeit.

Merkwürdig ist nun, daß die ausufernde Phantasie, die Verbindung zu den Geheimnissen, zu den diffusen Konturen, zum Unwirklichen, sich mit mathematischer Veranlagung zu verbinden scheint, was widersprüchlich anmutet. Eher mag man verstehen, wenn dem reinen Fischetyp Musikalität nachgesagt wird. Ein gut bekanntes Beispiel für diesen Sachverhalt ist Albert Einstein, dessen Fischesonne im zehnten Horoskophaus an höchster Stelle des Tierkreises steht. Er besaß ein bedeutendes künstlerisches Temperament und griff gern zur Geige. Künstlerisches drückt Harmonieverlangen aus, wie es sich in seiner Tätigkeit als Mathematiker und Physiker in wissenschaftlichen Experimenten spiegelte, eine besondere Art der »Spekulation«, die es ihm möglich machte, die Relativitätstheorie zu begründen.

Albert Einstein ist kein Einzelfall. Es geht im folgenden nicht um horoskopische Untersuchungen, vielmehr sollen einige weitere Beispiele erhellen, daß Musikalität, mathematische Begabung und Sinn für Geheimnisse häufig zusammengehen.

Im Zweiten Weltkrieg hatten nicht nur die Spione ihre große Zeit. Ihre Gegenspieler, die Codeknacker, kamen vielfach entscheidender zum Zuge. »Kryptoanalytiker« entzifferten die geheimen Anweisungen oder Befehle der Oberkommandos, so daß Gegenoperationen von größter militärischer Bedeutung möglich wurden. Es ist bezeichnend, daß die Dechiffrierspezialisten typische Intellektuelle sind, die Wortspiele lieben, Puzzles zusammensetzen oder sich am Schachbrett gegenüber sitzen. Als der britische Schachmeister C.H.0'D. Alexander seine Kräfte mit dem russischen Großmeister David Bronstein maß, stellten sie fest, daß beide sich als Codeknacker betätigten. Georges-Jean Painvin, der berühmteste französische Dechiffrierspezialist aus dem Ersten Weltkrieg, gewann am Konservatorium von Nantes einen Preis für sein Cellospiel. Als nach dem Desaster von

Pearl Harbor die US-Marine dringend Aushilfskräfte zum Abhören und Dechiffrieren brauchte, wurde die gesamte Kapelle des gesunkenen Schlachtschiffs »California« dazu abkommandiert. Es ergab sich, daß alle diese Männer überdurchschnittlich für diese Geheimdienstaufgabe begabt waren. Ihr Zahlenhirn arbeitete hervorragend.

In den Horoskopen von Kryptoanalytikern dürfte nicht nur das Zeichen Fische eine Rolle spielen, möglicherweise ist auch Wassermann gut besetzt, was ja durch die Nähe von Merkur und Venus bei der Sonne oft vorkommen kann. Dies würde erklären, warum es nicht nur auf ein »Zahlenhirn« ankommt, sondern daß diese Männer auch oft exzentrische Persönlichkeiten sind. Ein beliebter Ausspruch trifft den Kern der Sache: »Du brauchst als Kryppie nicht verrückt zu sein, aber es hilft.«

Von nahezu kriegsentscheidender Bedeutung war die Tätigkeit von Dilwyn Knox, der im Ersten und Zweiten Weltkrieg für die Briten arbeitete. Seine Intuitionsfähigkeit war außergewöhnlich. Mit diesem Einfühlungsvermögen deckte er auf, was die Deutschen an ihrer Chiffriermaschine »Enigma« verändert hatten. Aber er war zugleich so zerstreut, daß die Sekretärinnen Wetten abschlossen, ob er sein Büro nicht doch einmal durch die Tür anstatt durch den Wandschrank verlassen wollte, wie er es Tag für Tag versuchte.

Knox Kollege Alan Turing galt als einer der größten Mathematiker unseres Jahrhunderts und hatte eine Art Computer entwickelt. Während des Krieges fuhr er mit seinem Rad zur Arbeit. Während der drei Meilen sprang ihm regelmäßig die Kette ab. Es war typisch für seine Denk- und Arbeitsweise, daß er den Schaden nicht sogleich reparierte, sondern sich aufs Beobachten verlegte. So fand er heraus, daß nach einer bestimmten Anzahl von Pedalumdrehungen eine verbogene Radspeiche und ein beschädigtes Kettenglied in ganz bestimmter Stellung zueinander stehen mußten. Erst dann reparierte er die Sache.

Es wäre eine interessante Aufgabe, einmal zu testen, in

welchem Maße bekannte Mathematiker, Musiker und mit geheimdienstlichen Angelegenheiten befaßte Menschen dem Fischetypus entsprechen. Der deutsche Geheimdienstchef Reinhard Gehlen hatte übrigens Merkur in den Fischen am Aszendenten.

DAS ENDE DES JAHRHUNDERTS –
GEBURTSWEHEN EINER NEUEN ZEIT

Noch sitzen vier oder fünf Milliarden Menschen im Boot Erde, im Jahr 2000 werden es sieben Milliarden sein, in hundert Jahren mehr als 25 Milliarden, wenn die Bevölkerungslawine so ungehemmt weiterrollt. Die Zeitspanne ist zu kurz, sie aufzuhalten. Schon hungert die Hälfte der Menschheit. Nur zwei Generationen weiter werden vier Fünftel in Megastädten leben. Ein unvorstellbares Bild, Dantes Inferno gleich. Vorbei die Zeiten, als jede Familie ihre Nahrung anbaute, sich Wohnung und Kleidung selbst anfertigen konnte.

Bald wird es nicht mehr möglich sein, das gegenwärtige wirtschaftliche und soziale Geschehen mit derselben Elle zu messen, die wir in der Vergangenheit anlegten. Es erfolgt ein vollständiger Bruch mit dem Bewährten. Das ist die Fratze des Uranus, Herrscher des Uranus und Regent des Wassermann-Zeitalters. Wir stehen an dessen Beginn.

Bewußt schließen wir die Augen vor den Problemen, mit denen wir umgeben sind, weil wir keine Lösungen wissen. Dies weder für die Übervölkerung, noch für eine Reparatur der unübersehbaren ökologischen Schäden.

Wir zerstören unsere Welt, wie am Beispiel der Vernichtung der Wälder besonders deutlich zu sehen ist. Nie wieder wurden der Balkan, Griechenland und Italien aufgeforstet, die einst ebenso reich bewaldet waren wie Deutschland vor tausend Jahren. In Nordamerika verschwanden die riesigen Wälder mit dem Eisenbahnbau. Damit eine Sonntagsausgabe der New York Times gedruckt werden kann, müssen 60.000 Bäume gefällt werden. Jetzt stirbt der Regenwald, eine Klimakatastrophe zieht herauf. Unabwendbar. Die Politiker sind unfähig zu erkennen, daß es nicht mehr 5 vor 12 ist. Die Schwäche, die Unentschlossenheit, das Gesundbeten, die böse Illusion sind eine der Fratzen Neptuns.

Die Tragödie um Jugoslawien zeigte, daß nur palavert wird, daß keine Entscheidungen mehr fallen, selbst wenn einzelne diese wollten, es geht nicht mehr.

Die ethnischen Säuberungen, die wir Deutsche mit dem Holocaust begonnen hatten, die im Zweiten Weltkrieg und danach die Vertreibungen brachten, sind von unerhörter Grausamkeit. 1942 bot der Himmel dem Eingeweihten (oder besser gesagt astrologisch Informierten) das entsprechende Schauspiel der Saturn-Uranus-Mars Konjunktion. Völkermord, erst einmal angefangen, setzte sich weltweit fort, siehe die Ereignisse im ostasiatischen Raum durch die japanische Invasion in Korea und China, später das Morden in Kambodscha, in diesem Jahrzehnt der Krieg auf dem Balkan.

In einem Blutbad ohnegleichen blieb die Zivilisation auf der Strecke. Was bei Beginn des Jahrhunderts als Hochkultur erlebbar war und gelebt wurde, Humanität, Kunst, Religion verlor seinen Platz in einer festen überschaubaren Ordnung. Am Vorabend des Ersten Weltkriegs war im Vergleich zu heute die Welt noch in Ordnung. Der Nationalismus hielt sich in Grenzen, die sozialen Spannungen waren überschaubar, die Arbeiterschaft organisiert, die Demokratie nicht nur in den westlichen Staaten existent. Die technische Entwicklung, Elektrotechnik, Chemie, Medizin waren auf hohem Standard. Der Staat achtete im Prinzip die Würde der Bürger.

1914 trat Pluto in den Krebs ein. Mit dem Ersten Weltkrieg brach eine Welt zusammen. Brutalität und Gewalt ebneten dem Wassermann-Zeitalter den Weg. Gewiß wird, ja muß etwas Neues kommen. Stichwort: Computer = Uranus. Das Zeitalter des Wassermanns ist das elektronische. Es bringt nicht nur Segen. Die Technisierung hat einen Grad erreicht, in dem der Fortschritt zum Fluch wird, denn globale Katastrophen sind programmiert. Es ist keine Frage, daß sie kommen, offen ist lediglich wann genau und wo. Durch das verrottete kommunistische Erbe zeichnen sich bestimmte Bereiche ab.

Von 1984 bis 1995 stand Pluto im Skorpion. Was geschehen könnte, wenn Pluto in seinem eigenen Zeichen ist, war lange zuvor befürchtet worden. Katastrophen aller Art statt Planspiele, wirtschaftlich, politisch, ökologisch. Tschernobyl, am 26. 4. 86, (Sonne Konjunktion Pluto) war das Menetekel.[1] Unübersehbar einzelne weitere Marksteine des politischen Geschehens, etwa der Beginn des Freiheitskampfes der Palästinenser, der Intifada am 9.12.1987. Afghanistan, Iran/Irak. Schließlich kam der Zusammenbruch des Kommunismus 1989 mit all seinen Folgen.

Pluto im Skorpion, das ist das Ausufern der Gewalt, sind mafiose Zustände wie das Anwachsen der Kriminalität. Raub tritt an Stelle von Diebstahl. Es wird immer mehr gemordet. In den USA werden täglich 300 Feuerwaffen verkauft. 1974 gab es in Detroit bereits 800 Morde. Die Straße wird zum Kriegsschauplatz, 50.000 Menschen sterben in den USA jedes Jahr. Einerseits haben die Menschen die Chance, älter zu werden als ihre Vorfahren, andererseits ist ihre körperliche Existenz durch Allergien, Gifte in der Nahrung und in der Umwelt oder durch Krankheiten wie Krebs und Aids bedroht. Das erinnert an Neptun wie an Pluto.

Pluto ist seit 1995 im Schützen. Man sollte sich keiner trügerischen Illusion hingeben, etwa daß Schütze als ein Zeichen Jupiters für Frieden und Glück stünde und die Menschheit Aussicht auf ein neues Paradies bekommen könnte. Es wird bescheiden ausfallen. Jupiter steht auch für Medizin. Da ist einiges zu erwarten, doch sind die Trends nicht jovisch (von Jupiter ausgehend) sondern nur die Ereignisbereiche. Pluto erweist sich als der Auslöser. Es wird keine Wunderdrogen geben. Doch manches Plutonische dürfte geschehen: Etwa rasende »Fortschritte« in der Gentechnik. Plutonisch wäre allerdings, daß diese außer Kontrolle geriete mit nicht mehr umkehrbaren Ergebnissen. Der Bedarf an Organen zur Verpflanzung wird in einem Maß steigen, daß um der

246

Organbeschaffung willen gemordet wird. Erste Anzeichen für solchen modernen Kannibalismus gibt es schon. Krebs scheint viele Ursachen zu haben. Zwei Drittel der Krebskranken gelten als unheilbar. Von dem verbleibenden Drittel überleben derzeit auch nur 35 %. Es ist zwecklos, sich etwas vorzumachen, zu sehr ist der Krebs die Krankheit unserer Zeit, von ebenso neptunischer Qualität wie Aids. Die Menschen werden mehr denn je zuvor in dieser Zeit leiden.

Das lenkt die Hoffnungen auf Jupiter, als ein Synonym für Religion und Kirche. Nach den Päpste-Weissagungen ist Johann Paul II. der vorletzte Papst. Dies könnte sich bewahrheiten, denn die Kirchen sind einer gravierenden Wandlung unterworfen. Nicht sie, die Sekten und pseudoreligiösen Zirkel sind es, die Zulauf erhalten. Unbelehrbare Fanatiker suchen und finden bereits viele Anhänger für ihre selbstgestrickten philosophisch-religiösen Lehren. Auch der islamische Fundamentalismus gewinnt zusehends an Boden.

Vor allem wird die neue Epoche noch stärker zum TV-Zeitalter: Das Fernsehen durchdringt unsere Kultur so sehr, daß der Medienökologe Neil Postman die Frage aufwirft: ›Vielleicht ist es eine neue verdammte Religion?‹ Wie definiert man eine Religion? Religionen unterscheiden sich von Wissenschaften, Ideologien und Philosophien vor allem dadurch, daß sie keine rationalen Inhalte transportieren. »Dann ist Fernsehen Religion«, meint E. W. Heine.[2]

Und das Wahrsagen? Das alte Orakel ist tot, es lebe die computerisierte Vorausschau! Einst waren Prophezeihungen Sache der Seher und Propheten. Heute sind Politik und Wirtschaft die Spielwiese professioneller Experten. Ihre »Prognosen« stimmen selten, gleich, ob sie Steueraufkommen, Wachstumsraten, Bilanzen oder Wahlergebnisse betreffen. Ein »Rat der Weisen« wird hofiert. Er fungiert als Alibi, um zu bezeugen, die eigene propagierte Politik liefe in wissenschaftlich sicheren, überschaubaren Geleisen und wäre nicht das Chaos, als das wir sie tagtäglich erleben.

Auch die Astrologie wird neptunische, uranische Impulse erhalten. Die zunehmende Computerisierung unseres Lebens begünstigt die Verwendung von Statistiken bzw. statistische Hochrechnungen. Das wird sich auch auf die Horoskopie auswirken.

Eine Konjunktion zweier Planeten kann man als Hochzeit, als innige Umarmung zwecks Austausch ihrer Essenzen ebenso sehen, wie als spannungsträchtige Vereinigung, als Kampf von Gegensätzen. Die Mischung von Uranus und Neptun, 1993 eingegangen, und nun weit in die Zukunft ausstrahlend, betrifft vor allem Esoterisches. Ob nun das Wunder siegt bei dieser Umarmung, die Ganzheitsschau oder die Intuition, das radikale Umdenken, ob der nebulöse Traum, der unausgegorene Entwurf oder die aus dem Unbewußten gespeiste reale Vision, das wird sich erweisen. Bleibt zu hoffen, daß man in der Übergangszeit, bis sich geklärt hat, was das Wassermann-Zeitalter wirklich ausmacht, nicht alle Traditionen über Bord wirft. Denn auch sie begreifen wir unter »Jupiter«.

Weitere typische Stichworte für das Prinzip Jupiter sind Recht, Gesetz, Ordnung. Vergessen wir aber nicht: Pluto ist der Auslöser. Und plutonische Anlässe haben mit Gewalt zu tun, mit »Macht und Masse«. Wir werden erleben, daß sich auflöst, was bisher das Wesen einer gewachsenen Hochkultur ausmacht.

Wie werden unseren fernen Ahnen, den Jägern und Sammlern, immer ähnlicher. Der Mensch ist vom Produzenten zum Konsumenten geworden. So sind wir unterwegs, ziehen durch den Supermarkt und sammeln, um zu konsumieren. Man rechnet, daß schon bald nach der Jahrtausendwende in den USA 90 Prozent der Nahrung Fertigprodukte sein werden. Die heutige Jugend ergötzt sich schon hinreichend am Fast Food, keine Bürger-, eine Burger-Generation wächst heran.

In der Weimarer Republik hatte man Angst vor dem Militär als eine Macht im Staat. Heute nimmt keiner Anstoß, daß die Medien diese Macht längst okkupiert haben, daß sie die eigentlichen »Macher« sind. Ist die öffentliche Meinung erst hinreichend manipuliert, werden freie Wahlen sinnlos, sie, die Grundlage der Demokratie. Allein die Einschaltquoten bestimmen das Programm und beeinflussen damit die öffentliche Meinung. Längst hat der Showmaster den Professor von der Spitze der angesehenen Berufe verdrängt. Auch das alles ist »Jupiter«, freilich ein pervertierter, nämlich die bedenkenlose, ausufernde Fülle, der fatale Schein.

Wo sind die alten an der Tradition orientierten Maßstäbe? Wie können die Ordnung im Staat, das Gemeinwohl gedeihen, wenn die Menschen mit falschen Gewichten betrogen werden?

Recht und Gerechtigkeit setzt Mitdenken voraus, sich selbst ein Urteil bilden. Dazu aber muß man lesen, sich bilden. Schon jetzt geben unsere Kinder und Jugendlichen von ihrem Taschengeld zwölfmal mehr für Schallplatten aus als für Lektüre, und bei dieser dominieren die Sprechblasen-Comics. Schon klagen die öffentlichen Bibliotheken über mangelnden Zuspruch der Jugend, und der Staat kürzt die Mittel für die Büchereien. Es gibt bereits hunderttausende Analphabeten. Das öffentliche Schulwesen verkommt. Statt höhere Leistungen anzustreben, werden die Normen herabgesetzt. Auch das ist Jupiter. Ferner ist er das Symbol für Luxus und Genußstreben auch in den negativen Formen.

Nach dem Ersten Weltkrieg wurde der 8-Stunden-Tag erkämpft. Das ist lange her. Bald wird es ein Privileg sein, arbeiten zu dürfen. Die Automation (Uranus) in Büros und Fabriken begründet die strukturelle Arbeitslosigkeit. So heißt denn eine Schicksalsfrage: Was fängt man mit der Freizeit an? Man möchte kaufen und sich etwas gönnen. Doch jeder Konsum erfordert finanzielle Mittel. Die Leute haben immer zu wenig Geld. Kann man es sich nicht verdienen oder legal vom Staat (Jupiter) bekommen, reizt die schiefe Bahn. Ein weiteres Jupiter-Szenario. Der »Staat« geht diesbezüglich voran. Korrupte Beamte und pflichtvergessene Politiker füllen sich die Taschen oder greifen per Gesetz in die seiner Bürger.

Freizeit – Auto – Reisen. Das Auto war und bleibt Statussymbol, Sinnen und Trachten aller Teenager. Um ein Auto zu fahren, braucht man nur etwas Geld, Wertmesser für alles. Es bedarf keiner Bildung. Bei zwei Drittel aller Gerichtsprozesse geht es heute in den USA ums Auto. »Bei einer Befragung amerikanischer Teenager, was sie für das Wichtigste an einem Jungen hielten, stand an erster Stelle der Besitz eines Autos. Erst durch das Auto wird der Stadtzeitmensch volljährig.« (E. W. Heine) Früher galt als erwachsen, wer ein Pferd führen durfte. Heute macht der Führerschein den Jungen zum Mann. In den USA wird er mit 16 erworben. Folgerichtig gibt es dort bereits Pläne, das Erwachsenenalter herabzusetzen.

Bisher prägten die Einschnitte des 7-Jahres-Zyklus das Menschenleben, um das 14. Jahr die Pubertät, um das 21. Jahr das Erwachsensein. Die Akzeleration, das nach dem Krieg bei uns zu beobachtende gesteigerte Längenwachstum der Jugend, täuscht über den Grad der psychischen Reife. Doch die Natur läßt sich nicht manipulieren. Wie einstmals in der DDR, um die Jugend für sich zu gewinnen, das Wahl- und Volljährigkeitsalter herabgesetzt wurde, werden die Politiker auch bei uns bald Gleiches versuchen. Übersehen wir nicht, daß die Jugend eine Periode der Entwicklung ist, eine Zeit des geistigen Reifens. Wer diese verkürzt, bringt die Heranwachsenden um die Chance, ihre Neigungen und Talente zu entfalten.

Die Generation der heutigen Endsechziger hat am eigenen Leib bereits erlebt, was es heißt, um die Jugend betrogen zu werden, damals im Krieg.

Jupiter/Schütze steht symbolisch fürs Reisen. So werden die Menschen noch mehr unterwegs sein als bisher, freilich im Zeichen Plutos nicht immer aus eigenem Antrieb. Gewalt wird der Anlaß zu neuen Migrationsströmen sein. Dieser Entwicklung entspricht der Trend, die Seßhaftigkeit aufzugeben. Auch darin sind die USA Vorreiter der Entwicklung. So wechselten allein schon in den Jahren 1979-1981 50 Millionen Amerikaner ihren Wohnsitz. »Leasing« ermöglicht Mobilität. Die meisten Eigenheime sind ja ohnedies durch Hypotheken bereits in Bankbesitz.

Jupiter ist schließlich bekannt als Symbol des Finanz- und Bankwesens. Pluto könnte auch hier für Schubkräfte sorgen. Neben den Medien wird man in den Banken die wahren Herrscher im Land sehen bzw. zu spüren bekommen.

Man kann es drehen und wenden wie man will: Der einzelne Mensch wird immer weniger Freude an seiner Individualität haben. Er wird vom Staat (Jupiter/Pluto) oder vergleichbaren Organisationen wie Gewerkschaften, Partei etc. immer mehr vereinnahmt, wird als einzelner bedeutungslos.

War man sich in Mitteleuropa vor hundert Jahren sicher, eine Hochkultur zu besitzen, sind wir nun auf dem Wege, sie zu verlieren. Wir werden wieder zu Primitiven.

Deutlich zeichnet sich das in allen Formen der Kunst ab. Ihr scheint das schöpferische Element auszugehen. Was etwa an alter Musik oder Malerei vorhanden ist, wird konsumiert, doch wird nichts Gleichwertiges mehr gestaltet. Die Sprache der Kunst ist primitiv geworden. Die Spirale dreht sich. Als Endzustand einer Hochkultur betrachtet, ist ein solcher Abschluß der freie Fall auf die unterste kulturelle Stufe. Immer stärker und bewußt beginnen die Künstler sich mit dem Primitiven auseinanderzusetzen. Doch eine künstlerische Entwicklung braucht ein Ziel. Ein solches ist noch nicht auszumachen.

Das Zusammenleben der Menschen im Staat nach Recht und Ordnung tangiert auch den intimsten Bereich, die Sexualität. Was wir als Bruch der Tabus verstehen, erweist sich ebenfalls zunehmend als ein Rückfall in die Primitivität. Der Gebrauch der Pille war ein entscheidender Schritt zur sexuellen Freiheit, zu häufig wechselndem Geschlechtsverkehr. Einst im Zusammenhang mit der Prostitution war dieser Ausdruck ein Charakteristikum, heute ist es eine Massenerscheinung, nicht ohne Folge für das Anwachsen der Scheidungsrate. Auch dies ist Spiegelbild einer Entwicklung, die unter Pluto im Skorpion (dem Sexzeichen) begann und sich im Schützen fortsetzen wird.

Was also bleibt und bietet sich entsprechend unserem heutigen Weltverständnis als positiv in der Zukunft an? Das ist schwer zu sagen, weil wir wohl gemäß unserer bisherigen Auffassung sehen, was zerbricht, nicht aber vermuten können, was aus den Ruinen der Hochkultur als neues Leben zu sprießen vermöchte.

Sicher ist nur, daß wir von unserem mitteleuropäischen Lebensstil werden erhebliche Abstriche machen müssen. Das einfachere, um nicht zu sagen primitivere Leben wird wieder »natürlicher« sein, nämlich in seiner Existenz bedrohter. Das könnte die Menschen veranlassen, neue Kräfte zu mobilisieren. Und vergessen wir nicht, Uranus und Neptun mögen vermutlich an der Schwelle des Wassermannzeitalters es leichter machen, daß aus positiven esoterischen Erkenntnissen exoterische Praktiken werden könnten. In diesem Sinne wird auch Astrologie ihren Platz in einem neuen Denken in einer neuen Welt haben.

URANUS UND SEIN
TIERKREISZEICHEN WASSERMANN

Bekanntlich ist »Urania« die Muse der Himmelskunde. Sie verdankt ihren Namen dem griechischen Wort Uranos, was Himmel bedeutet. Davon ist auch der Name des Planeten abgeleitet. Uranus ist die lateinische Form des griechischen Namens.

Uranus sieht man als den Symbolstern der Astrologen an. Weil im Tierkreiszeichen Wassermann sich das »uranische Prinzip« am reinsten darstellt, wie die nachstehenden Ausführungen verdeutlichen, gilt auch dieser als die eigentliche Region dieses Planeten.

Der Planet Uranus wurde am 13. März 1781 von Wilhelm Herschel entdeckt. In der angelsächsischen Welt verwendet man üblicherweise zur Kennzeichnung des Planeten noch heute ein Symbol, das gleich dem bei uns üblichen, wohl die Form des Kreises mit einem zentralen Punkt und auch den nach oben weisenden Pfeil kennt, jedoch statt der Pfeilspitze zeigt es ein H, die Initiale des Namens Herschel.

Uranus gleicht einem Stern der 6. Größe, ist daher unter günstigen Witterungsbedingungen gerade noch mit freiem Auge zu sehen. Blickt man durch ein gutes Fernrohr, erkennt man eine blaugraue Scheibe. Uranus ist von der Sonne rund 3000 Millionen Kilometer entfernt. Sein Durchmesser beträgt etwa 50 000 Kilometer. Zu seinem Umlauf um die Sonne benötigt er 83 Jahre und 271 Tage. Der Planet hat vier Monde.

Wie oben gesagt, stammt der Name aus dem Griechischen. Uranos nannten die Griechen einen ihrer Götter. Er war vaterlos von Gäa (d. i. Erde) geboren worden und zeugte später mit ihr häßliche Monster, so die Kyklopen, Titanen und die Hekatoncheiren. Dieser Verbindung des Uranos mit Gäa lag die Vorstellung zugrunde, daß sich die Feuchtigkeit des Himmels mit der Erde vermähle. Als Uranos seine mißgestalteten Kinder in die Finsternis der Unterwelt verbannte, empörten sie sich gegen ihren Vater. Gäa gab dem jüngsten der Titanen, Kronos (lat. Saturn), eine gewaltige Sichel, mit der dieser den Vater entmannte. Aus dem Blut gingen die Erinnyen, die furchtbaren Rachegöttinnen, und die Giganten hervor. Uranischer Natur sind nicht nur diese Furien, die als böse Dämonen jene verfolgen, die Schuld auf sich geladen haben. Denn als das abgeschlagene Glied des Göttervaters Uranos ins Meer fiel, entstieg dem Schaum Aphrodite, »die Schaumgeborene«, Göttin der Schönheit und der Liebe. In Uranos verehrten die Griechen die Naturkraft, die sich selbst erzeugt.

Uranus hat auch in der Astrologie die Bedeutung des Schöpferischen, z.B. jene Gedanken, die aus dem Nichts entstehen. So beinhaltet das Uranusprinzip das scheinbar Plötzliche, das als Zufall in Erscheinung tritt. Ihm begegnen wir auch als dem Unglaubhaften, dem Absurden.

Die Deutung des Uranus als ein Grundprinzip geistig-seelischer Strebungen ist ein Beispiel dafür, wie es möglich ist, in dem Zeitalter der Tiefenpsychologie die »Götter in uns« zu erkennen.

Es ist das Verdienst des bekannten astrologischen Forschers Dr. H. A. Strauß durch seine psychologischen Untersuchungen aufgedeckt zu haben, welche Beziehungen zwischen den mythologischen Gestalten der antiken Götterwelt und den in uns wirkenden Kräften bestehen. So schreibt Dr. Strauß in »Psychologie und astrologische Symbolik« (Rascher Verlag, Zürich, 1953): »Uranisch ist im Gegensatz zum organischen, normalen, steten Ablauf des Lebens: das Unorganische, Unnormale, Unstete, das Abrupte, das Voraussetzungslose, dessen Ausdruck contra naturam verläuft; es ist das Sprunghafte, Unkontinuierliche, an keine Entwicklung Gebundene, also auch das aus der Art Geschlagene, das urplötzlich als Neues, Unvermutetes vor uns steht. Es ist das Unverbundene und Unverbindliche, das ebenso gut wie böse sein kann, als unerwarteter Glücksfall – oder als unberechenbares, unheilvolles Geschick, das, wie ein Blitz aus heiterem Himmel hereinbricht, nicht abzusehen, nicht vorauszusehen, ein unberechenbarer Zufall, ein blindes Ohngefähr, an keine Ablaufgesetze gebunden, ein unorganisch Zerstörendes. Es sind die Katastrophen, die gleichsam aus dem Nichts geboren den Menschen überfallen, dann wenn er es am wenigsten erwartet. Es sind die Zufälle, deren Voraussetzungen für uns ins Dunkel gehüllt sind, die Ereignisse, die im Unsichtbaren ansetzen, deren plötzliches In - Erscheinung-Treten eklatartig geschieht, als Zusammenprall, Zusammenstoß.

Alltägliches vielleicht, ein Fahrtablauf hier, einer dort, wie er tausendmal geschieht: aber aus unvorstellbaren Gründen prallen beide Gefährte aufeinander; dann setzt, gänzlich unverhofft und nicht vorauszusehen »Uranus« ein: der normale Ablauf wird gestört, Schicksal beginnt für die Beteiligten; jäh brechen organische Entwicklungen ab, aus dem Anliegen wird im Moment das Unnormale, Unvorhergesehene, das Neue, das Ereignis. Es ist das Revolutionäre, das seine Fäden im Geheimen, im Dunkeln spinnt, dann unerwartet aufbricht, umstürzt und gewaltsam ans Licht der Erscheinung tritt. Im menschlichen Denken zeigt sich das uranische Prinzip in den blitzartigen Einfällen oder Erkenntnissen, scheinbar ohne stete Vorarbeit ein Problem fassen und unter Umständen lösen; es ist, als ob der Mensch nicht das entrollte, problematische Gebilde entlang schritte, sondern, unbezogen und abrupt, quer hindurch seinen Weg wählt.« Das Uranusprinzip bedeutet das Geniale, das ein Ausbrechen aus der Norm des Üblichen ist, wie auch der Aberwitz, das Irresein. Denn beides, das Geniale und der Irrsinn, haben gemeinsam, daß sie sich vom Zusammenhang mit der Gesellschaft ablösen.

In der Astrologie wird es durch eine Doppelwelle bezeichnet (≈). Die alten Römer feierten am 25. Dezember den Geburtstag der unbesiegten Sonne. Symbolhaft wird so der Sieg des Lichtes über die Finsternis, die Wiedergeburt der Sonne dargestellt, die den Anbruch eines neuen Lebenszyklus in der Natur einleitet.

Laien sind geneigt, das Zeichen Wassermann in eine Reihe mit den Wasserzeichen Krebs (♋), Skorpion (♏) und Fische (♓) zu bringen, da die bekannte Doppelwelle als Symbol eindeutig auf »Wasser« hinzuweisen scheint. Eine solche Annahme ist jedoch irrig, denn Wassermann gilt als »luftiges« Zeichen, verwandt mit Zwillinge (♊) und Waage (♎). Die Doppelwelle bezeichnet kein gewöhnliches Wasser, sondern das geheimnisvolle Wasser des Lebens, das höchst Geistiges bedeutet. Astrologisch drückt das Zeichen Wassermann aus, wie »Geist« durch das Denken erkannt wird.

Dieses Symbol hat noch einen tieferen Sinn, denn es bedeutet »Auferstehung«. Der Geburtstag der unbesiegten Sonne wie auch das Julfest der Germanen fielen in die Zeit der Wintersonnenwende. Heute stehen diese Tage unter dem Steinbock, der in seiner Starrheit gewiß nichts mit Auferstehung zu tun haben kann. Daher mußte in Zusammenhang mit der Vorstellung von der Wiedergeburt des Lichts an der astronomisch bedeutsamen Stelle des Tierkreises (nämlich im Meridian) ein anderes Zeichen treten, eben der Wassermann. Als das Zeichen der Sonnenwende wurde er zum Symbol für die Auferstehung. Dies dürfte etwa 3300 vor Christus gewesen sein. Wer die Theorie der Zeitalter kennt, weiß, daß diese Epoche das Stierzeitalter genannt wird, welches man von 4410 v. Chr. bis 2250 v. Chr. datiert. In dieser frühen Zeit wurde der Begriff »Wassermann« nicht durch das heute übliche Zeichen der Doppelwelle dargestellt (≈), sondern durch einprägsamere Bilder.

Jeder kennt aus Kalendern oder von künstlerischen Bildwerken Wassermänner, die entweder Kannen oder Krüge entleeren oder die einem Meeresgott gleichen, sich also im Wasser aufhalten. Diese bildlichen Auffassungen des Wassermanns entfernen sich sehr weit von den ursprünglich mit diesen Bildern gemeinten Inhalten. Der Wassermann, der in lateinischer Übersetzung »Aquarius« heißt, ist weder ein Wasserträger, noch ein orientalischer Wassersprenger, der mit dem an heißen Tagen besonders begehrten »köstlichen Naß« den Straßenstaub netzen soll. Er hat mit Wasser im Sinne von H_2O überhaupt nichts zu tun.

Vielmehr ist der Wassermann der Hüter der Quelle, aus der das Wasser des Lebens sprudelt. Bisweilen hat diese Quelle auch eine doppelte Funktion. Aus ihr quillt dann das Wasser des Lebens und das Wasser des Todes.

Uranus vertritt als Regent des Wassermanns das plötzliche, schöpferische Prinzip. Wenn ein Gedankenblitz eine ganze geistige Landschaft erhellt, wenn gleichsam ein »Aha-Erlebnis« Zusammenhänge erfassen läßt, die durch die Kette logisch aufeinander folgender Denkakte nicht einsichtig wurden, dann ist Uranus am Werk.

Auch Hellsehen und verwandte Bereiche der Parapsychologie werden daher mit Recht uranisch genannt und somit ebenfalls durch das Tierkreiszeichen Wassermann erfaßt. Uranus verhilft dazu, in einem fruchtbaren Augenblick die Schicksalswende zu erkennen. Intuition, also geistiges »Schauen«, das ganz anders verläuft als normales, in der Folge richtigen Denkens, ist uranisch. Edgar Dacqué nennt Intuition »Natursichtigkeit«, vielleicht, weil diese Eigenschaft, die wir in ihrer Steigerung als Hellsehen bezeichnen, gerade bei primitiven Völkern anzutreffen ist, die noch in einem ganz anderen Ausmaß ein Teil der Natur sind, als dies bei uns Zivilisierten der Fall ist. Dacqué meint, daß wir mit Hilfe der Technik jene verlorengegangenen Fähigkeiten auszugleichen suchen. Wir können auf die sich unvorstellbar schnell weiterentwickelnde Technik nicht mehr verzichten. Das Wassermann-Zeitalter, dessen Beginn wir erleben, wird der Menschheit noch viele technische Großtaten bescheren. Denken wir an den Mythos von Uranos und den Titanen, so bleibt jedoch zu fürchten, daß der Menschheit auch grausame Geschicke nicht erspart bleiben werden.

Noch besteht die Hoffnung, daß Göttin Aphrodite/Venus ein mildes Geschick bereithält. Denn ebenfalls uranisch ist ja der plötzlich zündende Gedanke der Liebe, der ein Menschenpaar so total erfassen kann, daß sich ihr ganzes Leben zu ändern vermag. Uranische Spannungen dürfen also nicht nur negativ gesehen werden. Immer aber regt Uranus uns an, den Zugang zu jenen im Unbewußten vorhandenen Urbildern zu suchen, die C. G. Jung die »Archetypen« nannte.

So ist das uranische Prinzip auch das Verbindungsprinzip zwischen unserem wachen Tagbewußtsein und jenen Kräften, die in uns schlummern oder die uns leiten, ohne daß wir sie mit unserer Vernunft begreifen können. Der »Uranus in uns« beweist, daß auch das scheinbar »zufällige« Schicksal in uns selbst wurzelt.

Das »Wasser« ist demnach in diesem Bilde die Hauptsache, nicht der »Aquarius«. Unsere moderne, sachliche Interpretation der Doppelwelle trifft daher durchaus den Kern, nur muß man immer bedenken, daß es sich bei dem »Wasser« um ein Symbol für den Geist des Lebens handelt.

Der Tod bedeutete nach den Vorstellungen der Menschen vor vielen tausend Jahren nicht das Ende. Auf ihn würde die Auferstehung, also eine Neugeburt folgen. Die Natur machte das den Menschen durch die sichtbaren Vorgänge bei der Sonnenwende anschaulich. Dieser Sinngehalt konnte nur von einem Tierkreiszeichen verkörpert werden, das gleichsam eine Nahtstelle zwischen dem Tod in der Natur und dem neuen Leben einnahm und Bezug zur Sonnenwende hatte: Sumerische und babylonische Rollsiegel zeigen oft die Gestalt des Wassermanns in der uns bekannten Form. Oder er wird als Herrscher abgebildet, aus dessen beiden Schultern das heilige Wasser quillt.

Man vergleiche die Aussage Jesu (Johannes 7,38): »Wenn jemand an mich glaubt, werden von dessen ganzem Wesen Ströme lebensschaffenden Wassers ausgehen.« Sagen und Bilder berichten auch von Wasserfrauen. Bei der sumerischen

Göttin Gula handelt es sich um eine solche. Sie »heilt« als eine wundertätige Ärztin mit dem Wasser des Lebens die schlimmste Krankheit, den Tod. Als Hüterin der Quelle wird Gula oft mit einem liegenden Hund abgebildet, Sinnbild des Wächteramtes. Gula gilt nicht nur als die große Heilerin. Sie vermag die Menschen auch durch schwere Krankheit zu schlagen. Die Wasserfrau-Göttin Gula ist Symbol für Leben und Tod. Auf diesen Doppelsinn weisen denn auch die beiden parallelen Wellen unseres heutigen Wassermannzeichens hin. Einprägsamer war freilich stets die bildliche Darstellung. Es gibt solche in verschiedener Art, z.B. auch als Amphore, aus der das Wasser nach zwei Seiten fließt, den Gegensatz von Leben und Tod anzeigend.

Es ist bekannt, daß die Babylonier in den beiden großen Flüssen des Landes, Euphrat und Tigris, die irdische Verkörperung der beiden himmlischen Ströme sahen. Von ihnen hing schließlich die Existenz des ganzen Volkes ab. Sie machten überhaupt das Entstehen der großen Kulturen in Mesopotamien möglich.

Ein Gegenstück zur sumerischen Göttin Gula ist bei den Griechen der Heilgott Asklepios, der mitunter ebenfalls mit einem liegenden Hund abgebildet wird.

»Lebenswasser« kannten auch die Einwohner Perus der vorkolumbianischen Epoche. Am Tage der Wintersonnenwende vergoß in einer feierlichen Zeremonie der Inka, als »Sohn der Sonne« deren Personifizierung, Wasser, gleichsam zum Zeichen, daß die Sonne nun stürbe. Hatte sie den tiefsten Punkt ihrer Bahn durchschritten, kredenzte der Inka seinen Würdenträgern neues, »lebendiges« Wasser. In der Natur konnte der Aufstieg des jungen Lebens beginnen, Grund genug, um ein Fest zu feiern.

Alte Bilder zeigen mitunter einen Pfau als Wechselbild für den Wassermann, denn auch er symbolisiert die Wiedergeburt und damit die Unsterblichkeit. Häufig sieht man ihn am Fuße des Lebensbaumes oder am Lebensquell. Besonders in alten chinesischen Grabkammern ist der Pfau häufig das benützte Sinnbild der Hoffnung auf ein neues Leben. Gelegentlich sieht man auch zwei Pfauen, vergleichbar den zwei Wellen des Wassermanns, Hinweis auf Tod und Neugeburt. Bei den Griechen war nicht nur Asklepios eine Wassermanngestalt. Sie erzählten sich auch von Ganymedes, den sie sich als schönen Jüngling vorstellten. Der in einen Adler gewandelte Göttervater Zeus soll ihn geraubt und in den Olymp entführt haben, um ihn dort lieben zu können. Im Olymp hatte Ganymedes den Göttern täglich den Trank der Verjüngung zu reichen. Des ewigen Lebens bedurften sie nicht, da sie ja unsterblich waren. Auch Homer beschäftigt sich mit diesem Thema. Er erzählt von einer Ganymeda, einer weiblichen Mundschenkin, als Hebe allgemein bekannt. Das Wasser des Lebens wird zu Wein oder Nektar. So verschwindet bereits in der Antike der mythische Sinn des einstigen Urbildes.[1]

Das Wassermannsymbol hat eine lange Entwicklung durchgemacht, bis es bei den Römern zum Aquarius wurde, der als solcher noch heute in der Astrologie das 11. Feld des Zodiaks bezeichnet. Früher galt Saturn ($\hbar$) als dessen Regent, heute sieht man besser Uranus (δ) als solchen an. Das Zeichen Wassermann ist die geistige Klammer, die das Uralte und das Ultramoderne umschließt. Es ist das Band zwischen gestern und morgen.

Bevor der Astronom Herschel den Planeten Uranus entdeckte, die Reihe der Planeten also bei Saturn als dem sonnenfernsten endete, sahen die Astrologen Saturn als Herrscher des Wassermanns an. Noch heute verkörpert der Wassermann-Saturn tiefe Weisheit, wie sie nur einem in sich Vollendeten zukommt. Dem gegenüber stellt der Wassermann-Uranus das Besondere dar, das sich am Realen im täglichen Leben des Menschen mißt.

Die im Zeichen Wassermann Geborenen oder von ihm durch Konstellationen Beeinflußten bleiben ihrer Umwelt oft ein Rätsel. Im Milieu versteht man nicht, was diese Menschen zwingt, ganz eigentümlichen Bahnen zu folgen und nach der eigentümlichen Vollendung zu streben. Ist es ein

Griff nach den Sternen, bei dem ihnen der Boden unter den Füßen schwindet? Das Zeichen Wassermann ist Signum jener, die als Exzentriker oft mißverstanden werden, weil sie über sich hinauswachsen. Wen nimmt es Wunder, daß solche Menschen darum ringen, sich einer ihrem Wesen entsprechenden Art, Stoff und Materie zu unterwerfen? Wassermann-Beeinflußte sehen viele Möglichkeiten, um ihre Ziele zu erreichen, gehen am liebsten eigene Wege, verlassen die eingefahrenen Geleise und werden so nicht selten zu Pionieren oder Bahnbrechern für den Fortschritt. Bisweilen folgen sie ungewöhnlichen Pfaden, wobei ein untrüglicher Instinkt sie zu leiten scheint. Ihre Neigung zum Phänomenalen prägt sich auch als Sinn fürs Ausgefallene, Originelle aus. Sie entwickeln häufig neue Ideen oder erfinden. Infolge ihres ungewöhnlichen Magnetismus vermögen sie mitunter zu heilen, mindestens fällt es ihnen dank der persönlichen Ausstrahlung leicht, Sympathien zu erwerben und Menschen als Anhänger um sich zu sammeln. Stark Wassermann-Beeinflußte können Ahnungen haben, vermögen »hinter die Dinge« zu sehen. Oder sie erweisen sich als Reformer, die von hohem Idealismus geleitet werden.

Wassermanngeborene sind Swedenborg, Francis Bacon, Darwin, Edison, Alfred Adler, Martin Buber, Theodor Heuss oder Franklin D. Roosevelt, um nur einige wenige Beispiele zu nennen. Doch auch Mozart gehört in dieses Zeichen – und Robespierre, in dessen Geburtsstunde Wassermann als Aszendent aufstieg ebenso wie bei George Sand. Sie alle wußten instinktiv um die großen Kräfte, die in ihnen schlummerten und die sich gemeldet haben dürften, um in Schicksalsstunden den Weg zu weisen.

Wassermann-Menschen können sich weniger in der Zusammenarbeit oder in der Gemeinschaft entfalten. Sie bleiben – wie etwa Wallenstein – Individualisten. Wassermann wird oft zum Zeichen der Einsamen oder Unverstandenen, die gleichsam am Rande des sie umgebenden Lebens zu stehen scheinen. Zu dessen vielfach gewundenen Bahnen haben sie indessen selten Zugang. Ihr »sechster Sinn« läßt sie erkennen, wann und warum Traditionen den Fortschritt verhindern. Ihn aber wollen sie in der Regel fördern. So brechen die unter diesem Zeichen Stehenden oft aus innerem Zwang mit Überlieferungen und erweisen sich als von glühender Begeisterung erfüllte Vorkämpfer neuer Ordnungen.

Darin liegt ihre Größe, aber auch oft die Tragik ihrer irdischen Existenz. Es ist das Los der Überflieger, sich dem Zufälligen verschwistert zu fühlen. Dem Wassermann kommt es zu, die großen Zusammenhänge zu ahnen, in die wir Menschen, jeder auf seine Art, eingewoben sind.

Von diesem Zeichen Geprägte bekennen sich zu einer ästhetischen Lebensauffassung. Für sie wird der Vollzug ihres Seins zur Kunst des Möglichen. Diese handhaben sie oft grotesk. Heute hüten sie eine Tradition, um sich morgen von ihr loszusagen. Sie mißachten anerkannte Autoritäten oder setzen sich über gesellschaftliche Konventionen hinweg, wenn diese ihnen nichts mehr bedeuten. Wem sie ihre Liebe schenken, der darf sicher sein, sie auch künftig zu besitzen.

Wassermann ist eines der problematischsten Zeichen des Tierkreises. In seiner astrologischen Bedeutung schwingt noch vieles mit, was aus den Mythen herzuleiten ist. Seine Wurzeln reichen in den Urgrund unserer menschlichen Existenz. Er hebt Phänomene in unser Bewußtsein, die wir mit dem vordergründigen Verstand nicht immer begreifen können. So bezeichnet Wassermann auch das Okkulte und jenes, das Shakespeare die Dinge nennt, von denen sich Schulweisheit nichts träumen läßt.

Jenseits der Grenzen –
das Okkulte

———————

Für manche ist Astrologie uninteressant, weil sich eben der Lottogewinn oder anderes Glück als nicht berechenbar erweisen. Den meisten freilich kommt es gar nicht so sehr darauf an, genau zu erfahren, was sich zutragen dürfte. Nur selten gibt es ja in einer bestimmten Zeit eine einzige Konstellation, so daß es schwer fällt, im voraus richtig zu kalkulieren, welcher Trend sich denn nun überwiegend durchsetzen könnte.

Anders in der Rückschau. Da fällt es leicht zu ergründen, welche kosmischen Entsprechungen bei bestimmten schwerwiegenden Ereignissen, die man erleben durfte oder mußte, maßgeblich waren. In dieser Rückschau liegt der eigentliche Wert des Horoskops. Wer sich unbefangen mit seiner eigenen Vergangenheit astrologisch auseinandersetzt, wird eine ganz bestimmte Erkenntnis gewinnen: Unser Leben läuft nicht wie ein Film von der Spule ab. Wir sind abhängig von unseren Anlagen und von den Lebensumständen. Da machen wir allerdings die Beobachtung, daß wir uns unbewußt offensichtlich bestimmte Situationen suchen, um uns in diesen zu bewähren.

Ein gutes Horoskop kann ein Kompaß fürs Leben sein. Es stärkt durch Einsicht in unsere Anlagen und Möglichkeiten den Willen zur Selbstverwirklichung.

In bösen Zeiten kann es ein wahrer Tröster sein. Wir können nicht nur Glück, wichtiger noch auch Leid, objektivieren, gewissermaßen es von außen betrachten, es mit dem Lauf der Gestirne vergleichen. Das mindert viel Kummer und Schmerzen.

Außer dem Horoskop gibt es noch andere Wege, neues Wissen von Zukünftigem zu gewinnen. Allen Widerständen zum Trotz setzen Parapsychologen ihre Forschungstätigkeit fort, den Zweifel als Kopfkissen, wie Claude Bernard es von jedem Wissenschaftler fordert. Heute gilt als erwiesen, daß die Grenzen der Forschungsmethoden durchaus nicht mit den Grenzen der Erkenntnisfähigkeit zusammenfallen, daß diese sich nicht nur auf unsere fünf Sinne beschränkt, sondern daß es einen sechsten Sinn gibt. Untersuchungen über Telepathie und Hellsehen sind schon so weit fortgeschritten, daß es Hypothesen zu ihrer Erklärung gibt, denen man trauen darf. Der Traum, der große Akteur, wird wissenschaftlich erforscht, »biologische Funkverbindungen« werden geprüft. Immer neue Fakten werden aus dem Reich des Okkulten herausgelöst und einsichtig. Was früher okkult, d. h. verborgen war, wird immer weniger geheimnisvoll.

Astrologie macht diesbezüglich keine Ausnahme, nur begann der Prozeß der Transponierung ins Reale schon in der Antike. Wußte man auch nicht viel über die Zusammenhänge, so erlaubten doch die Regeln, die Ptolemaios und seine Nachfahren aufstellten oder zusammentrugen, die praktische Handhabung in den Griff zu bekommen. Heute hat Astrologie mit Okkultem direkt nichts mehr zu tun. Nur naive und unwissende Menschen sehen sie als ein Phänomen an, bei dem außersinnliche Wahrnehmung eine Rolle spielt. Jedoch bleibt ein Rest. Aus der Parapsychologie ist der Begriff der Separation bekannt: Der Mittelpunkt des Bewußtseins ist vom Körper getrennt. Man nimmt den eigenen Körper »von außen« wahr. Durch eine dünne »Silberschnur« bleibt das Ich jedoch mit seiner Physis verbunden. Vielleicht darf man dieses Bild auch auf Astrologie im Bezug auf das Okkulte übertragen. Gewiß, Astrologie hat nichts mit Hellsehen zu tun, sie ist vergleichsweise eine aktive Leistung des Intellekts, während beim Hellsehen wie bei anderen ähnlichen parapsychologischen Phänomenen »geschöpft« wird. Ohne Zweifel hat sich Astrologie im Laufe der letzten zweitausend Jahre verselbständigt, ist als Erfahrungswissenschaft und Kunst eine eigenständige Disziplin geworden. Wir haben die Wurzeln in der Magie gesucht, im magischen Weltverständnis, also in der Wechselwirkung des Oben und Unten.

Diese magische Haltung ist keineswegs okkult zu nennen. Hier kommt Licht ins Dunkel. Zusammenhänge gerade im Hinblick auf den Animismus werden sichtbar. Aber es sind erst wenige Pfade auf einem unbekannten Kontinent, der in uns liegt. Es sollte uns die Frage beschäftigen, ob denn astrologisches Wissen ausschließlich durch Beobachtungen gewonnen wurde. Astrologen ist der Name Charubel ein Begriff. Von diesem englischen Seher stammen symbolische Deutungen für die einzelnen Grade des Zodiak.[1] Alan Leo, der seit 1898 fortlaufende Studien darüber gemacht hatte, war überzeugt, daß ihnen eine substantielle Bedeutung zukommt. Ein anderes Beispiel, das zugleich Anlaß sein könnte, sich mit den Zusammenhängen zwischen Astrologie und Okkultismus zu befassen, ist Nostradamus. Centurio stellt klar, daß es sich bei ihm keineswegs um einen König der Astrologen, sondern um einen Seher handelte, der seine Visionen mit Hilfe der Astronomie zeitlich fixierte bzw. überprüfte.[2] Die Geschichte kennt zahlreiche Beispiele von Sehern, die astronomische Kenntnisse besaßen. Seher sind Propheten. Wir haben es bei ihnen mit einer besonderen Form der außersinnlichen Wahrnehmung zu tun. Beim Gedankenlesen ist klar, daß man hier einen sensitiven Gedanke eines anderen, auch über tausend Kilometer, »anzapfen« kann. Bei den Prophezeiungen ist unverständlich, worauf sie gründen. Zu denken ist dabei an Vorauswissen bestimmter Begebenheiten, ohne daß der Seher oder besser gesagt der Sensitive auch nur die geringste Möglichkeit zum »Anzapfen« der Gedanken anderer hat. Es bleibt die Annahme eines »Plan transzendental« (Osty), eines Weltbewußtseins, als eine Art von überpersönlichem Subjekt, als ein die Wissensübertragung möglich machender Rahmen (Driesch).[3] Wir sind im Reiche des Okkulten, in dem Hypothesen fragwürdig werden und für Szientisten völlig indiskutabel sind. Für Wissenschaftler, die nur gelten lassen, was meßbar und nachvollziehbar ist, beginnt hier der Unsinn, obgleich eine überaus reichhaltige Literatur aufhorchen lassen müßte.

Astrologen sind gut beraten, wenn sie sich an das Vordergründige halten und Realisten bleiben. Sie haben es nicht nötig, sich in Zukunftsvisionen zu verlieren. Das schließt nicht aus, zu mutmaßen, ob es eine »Silberschnur« geben könnte und wohin sie läuft. Man halte deshalb Astrologen unserer Tage nicht für Okkultisten! Aber Rückblick und Ausblick erfordern, auch jener unbekannten Dimension Aufmerksamkeit zu schenken, die heute nicht mehr allein die Domäne der Philosophen und Religionen ist, sondern zu der ernstzunehmende Wissenschaftler Zugang suchen.

Hans Driesch, der als Zoologe und Philosoph ein anerkannter Gelehrter war, wandte sich seit 1924 ganz der Erforschung parapsychologischer Phänomene zu und setzte dabei in den Kreisen der Wissenschaftler seinen guten Ruf aufs Spiel. Siebzig Jahre später gibt es für vieles, was für ihn noch hypothetisch war, Beweise. Offen ist die Annahme eines »Telefonanschlusses im Absoluten« (E. v. Hartmann). Sind wir »Gedanken Gottes«? Woraus schöpft unser Unterbewußtsein und was liegt hinter den Kulissen des Schicksals? Ein »kosmisches Reservoir der Erinnerungen« (William James)?

In ihrem Bestreben, von der Wissenschaft ernstgenommen zu werden, gehen manche Astrologen so weit, die Existenz einer Silberschnur zum Okkulten zu leugnen oder durchzutrennen. Sie sollten es nicht voreilig tun, es könnte die Nabelschnur sein. Mag es auch scheinen, daß in ihr kein Pulsschlag mehr festzustellen ist, daß das »Kind« ein Eigenleben führen kann, so sind die Fakten, die durch Parapsychologen immer zahlreicher zusammengetragen werden, doch ein nicht zu übersehender Hinweis, wie ausgedehnt das Feld des Okkulten ist. Es ist nicht auszuschließen, daß eines Tages vielleicht festgestellt werden wird, daß eine allein vordergründige realistische Darstellung der Astrologie der Sache nicht gerecht wird, daß man vielmehr der Rückkoppelung an jenes bedarf, das heute noch »verborgen« ist. Zu einer abergläubischen Astrologie aber wird kein Weg zurück führen.

ANHANG

Was unsere fernen Ahnen im himmlischen Bilderbuch lasen, ab Seite 9

[1] Peukert Will-Erich, Astrologie – Geschichte der Geheim-wissenschaften, Stuttgart 1960, S. 256
[2] Cassirer Ernst Individuum und Kosmos in der Philosophie der Renaissance, Leipzig 1927
[3] Renthe-Fink L.v., Magisches und naturwissenschaftliches Denken in der Renaissance, Darmstadt 1933
[4] Vgl. Johannes v. Buttlar, Reisen in die Ewigkeit, Düsseldorf 1973
[5] Butlar a.a.O. S. 171
[6] Butlar a.a.O. S. 173
[7] Urania – das astrologische Magazin 1/73, S. 53
[8] Strauß-Kloebe Sigrid, Kosmische Bedingtheit der Psyche, Weilheim 1968 S. 10
[9] Gundel Wilhelm, Sternglaube, Sternreligion und Sternorakel, Leipzig 1933, S. 24
[10] Gundel, a a.O. S. 26
[11] Gundel, a.a.O. S.53 f
[12] Trevor Ling, Die Universalität der Religion, München 1968, S. 46 f
[13] Peukert Will-Erich, Pansophie, Berlin 1956, S. 24
[14] Cassirer E., a.a.O. S. 179

Von Babylon nach Griechenland – die Astrologie vor der Zeitwende, ab Seite 27

[1] Knappich Wilhelm, Geschichte der Astrologie, Frankfurt/M 1967, S. 9

² Boll/Bezold/Gundel, Sternglaube und Sterndeutung,
   Stuttgart 1966 (Reprograf. Nachdruck der 4. Aufl.
   Leipzig 1931) S. 11
³ Knappich W., a.a.O. S. 38
⁴ Schoeps Hans-Joachim, Religionen, München 1970,
   S. 155
⁵ Knappich W., a.a.O. S. 50

Planetengötter am Limes, ab Seite 33

¹ Marc Aurel, Wege zu sich selbst, Rowohlt Verlag 1969
² Cumont Franz, Die Mysterien des Mithras, Leipzig
   1911
³ ders. a.a.O. S. 117
⁴ ders. a.a.O. S. 117
⁵ ders. a.a.O. S. 122
⁶ ders. a.a.O. S. 123

**Astrologie und Menschenbild in der Renaissance,
ab Seite 52**

¹ Vgl. Cassirer Ernst: Individuum und Kosmos in der
   Philosophie der Renaissance, Leipzig 1927
   Vgl. auch Dresden Sam, Humanismus und Renais-
   sance, München 1968
   Vgl. auch Charon Jean, Geschichte der Kosmologie,
   München 1970
² Vgl. Cassirer Ernst: Individuum und Kosmos in der
   Philosophie der Renaissance, Leipzig 1927

Paracelsus, der große Arzt und Astrologe, ab Seite 60

   Zitate nach Anrich Elsmarie, Groß Göttlich Ordnung,
   Tübingen 1951, aus K. Sudhoff, Sämtliche Werke,
   Berlin 1923-33 Band 1

Astrologie und Kirche, ab Seite 74

¹ Knappich Wilhelm, Geschichte der Astrologie,
   Frankfurt /M. 1967
² Ptolemäus Claudius, Tetrabiblos,

Übersetzung von M. Winkel, Berlin Pankow 1923
[3] Anrich Elsmarie, Groß Göttlich Ordnung, Tübingen 1951
[4] Haack Friedrich Wilhelm, Astrologie, München o.J.

Abt Knauer und sein Hundertjähriger Kalender, ab Seite 101

Quelle: Kurt Allgeier »Der Original 100jährige Kalender«, Heyne Taschenbuch 4915

Arthur Schopenhauer: Lebensstufen und letzte Fragen, ab Seite 105

Arthur Schopenhauer, Aphorismen zur Lebensweisheit, Reclam Stuttgart 1949
Ralph Wiener, Der lachende Schopenhauer, Militzke Verlag Leipzig 1996

Die kosmisch-biologische Bindung des Menschen, ab Seite 115

[1] Thure von Uexküll, Grundfragen der psychosomatischen Medizin, Reinbek 1963 S.275
[2] Gauquelin Michel, Die Uhren des Kosmos gehen anders, Bern/München 1973
[3] Gauquelin Michel, a.a.O. S. 127

Zwischen Geburt und Tod – das Leben, ab Seite 122

[1] Seneca, Briefe an Lucilius, Übers. von Marion Giebel
[2] Ebertin Reinhold, Welcher Tag ist günstig für mich? Ebertin Verlag Aalen 1970
[3] Schopenhauer Arthur, Aphorismen zur Lebensweisheit, S. 248 Reclam UB5002/03/03a
[4] Grillparzer Franz, Sappho 1822, A.1, Sz.3
[5] Hebbel Friedrich, Sommerbild

[6] Wittgenstein Ludwig, Tractatus logico-philosophicus 6,4311
[7] Tempora mutantur nos et mutamur in illis
[8] Schiller, Don Carlos, 5. Auftritt
[9] Marc Aurel, Selbstbetrachtungen, 2,14,5
[10] 1 Korr. 15,55
[11] Humboldt Wilhelm v., Brief an eine Freundin 8.11.1826
[12] Humboldt Wilhelm v., Brief an eine Freundin 4.6.1832
[13] Frankhauser Alfred, Das wahre Gesicht der Astrologie, Orell Füssli Verlag Zürich 1932, S.256
[14] Goethe J.W.v., Faust 2. Teil, A. 5 Bergschluchten

Die Krise um die Lebensmitte und die kosmischen Rhythmen, ab Seite 142

[1] Kaleko Mascha, Verse für Zeitgenossen, Rowohlt, Reinbeck 1980

War Goethe homosexuell?, ab Seite 177

[1] Karl Hugo Pruys, Die Liebkosungen des Tigers – eine erotische Goethe-Biographie, edition z, 1997
[2] Alexander von Prónay, Das große Buch vom Horoskop, Moewig Verlag Rastatt 1994

Ulrike von Levetzow – Goethes letzte Liebe, ab Seite 181

[1] Wilhelm Pfeifer, Goethes letzte Liebe – Die Geschichte der Ulrike von Levetzow, Niederland Verlag Backnang 1997
[2] Schopenhauer, Aphorismen zur Lebensweisheit, Reclam UB 5002/03/03w S. 248ff.

Diana – der »Engel des Volkes«, ab Seite 192

[1] Der Spiegel, Nr. 37/8.9.1997, S. 216
[2] NDR-Redakteur Christoph Lütgert in den ARD-Tagesthemen am 5.9.1997
[3] Vgl. Urania – Das astrologische Magazin Nr. 1/1973, S. 42, Der Mensch in der Schicksalsgemeinschaft
[4] Lorcher astrologischer Kalender 1990, S. 91
[5] Prónay Mein astrologisches Jahrbuch 1995, S. 121

Astrologie und Kommunismus, ab Seite 216

Der utopische Staat, Hamburg 1960

[1] S. 152
[2] S. 128
[3] S. 132
[4] S. 133
[5] a.a.O.S. 154
[6] a.a.O.S. 155
[7] a.a.O.S. 146
[8] a.a.O.S. 163/164

Zahlen, Noten und Geheimdienst – von den Merkwürdigkeiten des Fische-Typus, ab Seite 240

[1] Wilhelm Knappich, Der Mensch im Horoskop, Moritz Stadler Verlag Villach 1951, S. 57

Das Ende des Jahrhunderts – Geburtswehen einer neuen Zeit, ab Seite 244

[1] Siehe Tagesprognose im Lorcher astrologischer Kalender 1986 zum 26.4.
[2] Siehe Monatsprognose Dezember im Lorcher 1987
[3] Heine E.W., Der moderne Nomade, Diogenes Verlag Zürich, 1992

Uranus und sein Tierkreiszeichen Wassermann, ab Seite 253

[1] Quelle: Julius Schwabe, Archetyp und Tierkreis, Basel 1951

Jenseits der Grenzen – das Okkulte, ab Seite 263

[1] Charubel, Die Grade des Zodiak, berlin 1960
[2] Dr. N.A.Centurio, Nostradamus, Bietigheim 1971
[3] Hans Driesch, Parapsychologie, München o.J.

BÜCHER DES AUTORS

Astrologische Direktionen – verständlich und praktisch, Rohm Verlag Bietigheim 1983

Das Astrobuch von Menschen – Wetter – Wein, Gewa Druck Bingen 1986

Das große Buch vom Horoskop – Wege zur individuellen Schicksalsdeutung, Moewig Verlag 1994

Das große Transitbuch zur astrologischen Prognose, 3. Aufl. Realis Verlag 1996

Das Sonnenhoroskop, Moewig Verlag 1987

Die Deutung des Solarhoroskops und aller Grade des Zodiaks, Rohm Verlag Bietigheim, 1988

Die große Partnerschaftsanalyse 2. Aufl., auch in polnisch, Rohm Verlag Bietigheim, 1990

Die Liebe im Zeichen der Sterne – astrologische Lebenshilfe zu einer glücklichen Partnerschaft, Moewig Verlag 1996

Die Prognose nach dem Geburtshoroskop, auch in polnisch, Rohm Verlag Bietigheim, 1984

Die Sterne haben doch recht, Econ 1973, auch als TB bei Heyne und bei Moewig

Glücklich durch richtige Partnerwahl – die 12 antiken Tierkreiszeichen neu gesehen, Rohm Verlag Bietigheim, 1984, auch als Heyne TB

Handdeutung und Horoskop, Moewig 1984, 4. Auflage 1996, 5. in Vorbereitung

Helfen Horoskope hoffen? auch in polnisch, Rohm Verlag Bietigheim, 1973 u. Neuaufl.

Horoskop und Politik, Rohm Verlag Bietigheim, 1973

Kartenlegen und astrologisch deuten, Heyne 1994 und Seehammer Verlag 1997, auch in französisch

Mithras und die geheimen Kulte der Römer, Aurum 1989, auch in italienisch

Sterne in uns – Überlegungen zur Astrologie, Rohm Verlag Bietigheim, 1974

Alexander von Prónay
Heimstättenweg 38
D-44577 Castrop-Rauxel

Ihr persönliches Geburtshoroskop als wertvolles Buch

EDITION REALIS

276

Ein Buch nur über sich selbst zu besitzen – davon hätte gewiß auch Gutenberg geträumt.

SIE HABEN JETZT DIE CHANCE DAZU!

DAS BIN ICH ist weltweit das erste Buch, das nach Ihren persönlichen astrologischen Daten individuell für Sie angefertigt und von Hand in Echtleinen gebunden wird. Eine bibliophile Kostbarkeit!

Der Inhalt mit seinen durchschnittlich 220 Seiten wird von der ersten bis zur letzten Seite ausschließlich durch Ihr persönliches Geburtshoroskop bestimmt. Da es praktisch nie zwei Menschen gibt, die am gleichen Tag, zur gleichen Minute am gleichen Ort geboren wurden, können wir garantieren, daß es niemals zwei identische Exemplare geben wird.

Zum Inhalt und Aufbau Ihres persönlichen Exemplars: Nach einer Einführung in Ihr persönliches Geburtshoroskop (mit Abbildung) werden Schritt für Schritt Ihre kosmischen Schwerpunkte, Ihre Aspekte, Ihre astrologischen Häuser und deren Planetenbesetzung dargestellt.

Ein erstklassiges Astrologenteam hat keine Mühe gescheut, dafür zu sorgen, daß Ihnen Ihr persönliches Exemplar ein Maximum an Einblick in Ihre kosmischen Anlagen bietet. Alle notwendigen astrologischen Zusammenhänge werden verständlich erklärt, erläuternde Grafiken zu jedem der rund 100 Einzelkapitel erleichtern den raschen Überblick. So gilt DAS BIN ICH auch als eine vorzügliche Einführung in die Astrologie – am Beispiel Ihres eigenen Horoskops.

Kein Wunder, daß DAS BIN ICH als eine der ausführlichsten und besten Persönlichkeitsanalysen der Welt gilt.

DIESE THEMEN WERDEN BEHANDELT

- Ihr Verhältnis zur eigenen Persönlichkeit, zum Intellekt, zu Familie, Liebe, Kreativität, Beruf, Gesundheit, Partnerschaft, Sexualität, Tod, Philosophie, sozialer Position, Freundschaften, Unterbewußtem, Geld und Besitz.

- Die Betonung der vier Elemente, der Dynamik und der Zeichen in Ihrem Geburtshoroskop (mit Abbildung Ihres persönlichen Geburtshoroskops)

- Die herausfordernden Aspekte in Ihrem Geburtshoroskop, (Konjunktionen, Quadrate, Oppositionen)

- Ihre harmonischen Aspekte (Sextile und Trigone)

- Ihre »Kleinaspekte« (Halbsextile und Halbquadrate)

- Die Besetzung Ihrer 12 astrologischen Häuser

- Ihr Aszendent und seine besondere Bedeutung für Sie

- Die Position der Planeten in Ihren Häusern

- Die Position der Planeten in Ihren Zeichen.

Das unvergeßliche Geschenk

Sicherlich ist DAS BIN ICH eines der persönlichsten Geschenke, das Sie überhaupt finden können. Sein zeitloser Wert macht es zu einer unvergeßlichen Überraschung – zu Geburtstagen, Jubiläen, zu Weihnachten oder einfach »zwischendrin«. Unser Geschenkservice gibt Ihnen zusätzlich die Möglichkeit, das verschenkte Buch nach Ihren Wünschen noch individueller auszustatten. Sie können wählen:

EINDRUCK IHRER PERSÖNLICHEN WIDMUNG

Diese wird in englischer Schreibschrift auf Seite 2 in das Buch eingedruckt. In der Formulierung sind Sie völlig frei (maximal drei Zeilen). Sie können zum Beispiel schreiben:

*In Erinnerung an Deinen
40. Geburtstag von Deiner ...*

oder, was Ihnen gerade einfällt …
Ihrer Phantasie sind keine Grenzen gesetzt. Die Mehrkosten hierfür betragen DM 18.-.

WUNDERSCHÖNE GESCHENKVERPACKUNG

Ein eigens in der Buchbinderwerkstatt angefertigter Geschenkschuber aus wertvollem dunkelblauen Karton mit Silberprägung ist zugleich eine außergewöhnliche Geschenkverpackung und ein dauerhafter Schutz für das kostbare Buch. Der Mehrpreis hierfür: DM 15.-.

DIE LUXUSAUSGABE IN LEDER

Sie können DAS BIN ICH auch in einer absolut einmaligen Ausstattung erhalten: Als Luxusausgabe in echtem, wohlriechenden Leder handgebunden (dunkelblau wie das Leinenbuch). Der Name des Empfängers wird von Hand auf den Einband geprägt. Der Mehrpreis für die Luxusausgabe beträgt DM 140.-.

TERMINDIENST

Normalerweise halten Sie Ihr Exemplar 7 bis 10 Arbeitstage nach Bestelleingang in Händen. Wenn Sie es schneller benötigen, steht Ihnen unser Eilservice zur Verfügung. Dieser ermöglicht eine Eilauslieferung an Sie zwei Arbeitstage nach Bestelleingang oder eine präzise Terminlieferung zu dem von Ihnen gewünschten Eintreffdatum. Mehrkosten hierfür: DM 22.-.

Jedes einzelne Exemplar wird in der Buchbinderwerkstatt liebevoll von Hand in Echtleinen gebunden

Wenn Sie DAS BIN ICH bestellen wollen, machen Sie eine
Fotokopie von diesem Coupon und senden Sie ihn an:

Realis Verlags-GmbH
Ostmarkstr. 18
D-81377 München

Tel.: 089-741 53 00
Fax: 089-741 53 019
e-mail: Realis_Verlag@compuserve.com
Internet: http://www.realis.de

BESTELL- UND INFOCOUPON

Ja, bitte senden Sie mir gegen Rechnung _ Ex. DAS BIN ICH zum Preis von je DM 89.- zzgl. DM 7.-
Versandkostenanteil für folgende Personen (bitte in Druckbuchstaben schreiben):

1. Bestellung   **2. Bestellung**

Name, Vorname   Name, Vorname

Geburtsdatum   Geburtszeit   Geburtsdatum   Geburtszeit

Geburtsort (bei kleinem Ort bitte nächstgrößere Stadt angeben)   Geburtsort (bei kleinem Ort bitte nächstgrößere Stadt angeben)

Straße   Straße

PLZ   Ort   PLZ   Ort

Datum   Unterschrift   Telefon (für evtl. Rückfragen)   Datum   Unterschrift   Telefon (für evtl. Rückfragen)

☐ Ich bestelle jetzt noch kein Buch – bitte senden Sie mir unverbindlich Ihren Farbprospekt (in diesem Fall bitte keine Geburtsdaten angeben)

weltweit einzigartig

EDITION REALIS